珞珈政管学术丛书

# 中国民众政治心理研究

Research on Chinese People's Political Psychology

刘 伟◎等 著

中国社会科学出版社

# 图书在版编目（CIP）数据

中国民众政治心理研究 / 刘伟等著 . —北京：中国社会科学出版社，2023.10

（珞珈政管学术丛书）

ISBN 978 – 7 – 5227 – 2700 – 4

Ⅰ.①中… Ⅱ.①刘… Ⅲ.①公民—政治心理学—中国 Ⅳ.①D0 – 05

中国国家版本馆 CIP 数据核字（2023）第 190484 号

| | |
|---|---|
| 出 版 人 | 赵剑英 |
| 责任编辑 | 郭曼曼 |
| 责任校对 | 韩天炜 |
| 责任印制 | 王 超 |

| | |
|---|---|
| 出　　版 | 中国社会科学出版社 |
| 社　　址 | 北京鼓楼西大街甲 158 号 |
| 邮　　编 | 100720 |
| 网　　址 | http：//www.csspw.cn |
| 发 行 部 | 010 – 84083685 |
| 门 市 部 | 010 – 84029450 |
| 经　　销 | 新华书店及其他书店 |
| 印　　刷 | 北京明恒达印务有限公司 |
| 装　　订 | 廊坊市广阳区广增装订厂 |
| 版　　次 | 2023 年 10 月第 1 版 |
| 印　　次 | 2023 年 10 月第 1 次印刷 |
| 开　　本 | 710×1000　1/16 |
| 印　　张 | 20 |
| 插　　页 | 2 |
| 字　　数 | 288 千字 |
| 定　　价 | 106.00 元 |

凡购买中国社会科学出版社图书，如有质量问题请与本社营销中心联系调换
电话：010 – 84083683
版权所有　侵权必究

# 《珞珈政管学术丛书》
# 出版说明

自 2013 年党的十八届三中全会提出"国家治理体系和治理能力现代化"的重大命题以来，"国家治理"便成为政治学和公共管理的焦点议题。相比于"政府改革""政治发展"和"国家建设"，"国家治理"是一个更具包容性的概念，也是内涵本土政治诉求的概念。改革开放以来尤其是近十年来，中国在此领域的自觉追求、独特道路、运作机理和丰富经验，成为中国政治学和公共管理研究的富矿所在。对此主题展开自主挖掘和知识提纯，是政治学者和公共管理学者义不容辞的责任。

武汉大学政治与公共管理学院由政治学和公共管理两个一级学科构成，每个一级学科的二级学科较为完备，研究方向也比较齐全，形成了颇具规模的学科群。两个一级学科均学术积累深厚，研究定位明确，即始终注重对政治学和公共管理基本问题的理论探讨与实践探索。从内涵上讲，不管是政治学，还是公共管理，探讨的问题都属于"国家治理"的范畴，也无外乎理念、结构、制度、体系、运行、能力和绩效等不同层面。在此意义上，持续探索国家治理现代化的理论与经验问题，也就成为学院人才培养、科学研究和学科发展的主旨。

对社会科学学者而言，专著相比于论文更能体现其长远的学术贡献。对科学研究和学科建设而言，代表性著作和系列丛书更是支撑性的评价维度。为迎接武汉大学 130 周年校庆，更为了集中呈现学院教师十余年来学术研究的最新进展，激励老师们潜心治学、打磨精品，同时也为了促进学院的学科建设，推出有代表性的学者和作品，学院经讨论后决定启动《珞珈政管学术丛书》出版计划，并与长期以来与学院多有合作的中国社会科学出版社再续前缘。经教师个人申报，学院教授委员会把关，2023年共有十份书稿纳入此套丛书。

这套丛书的内容，大体涉及政治学、国际关系和公共管理三大板块。既有国内治理，也有国际关系；既有经验挖掘，也有理论提炼；既有量化研究，也有质性研究；既有个案呈现，也有多案例比较。但大都围绕国家治理现代化的重大现实议题展开，因此初步形成了一个涵盖问题较为丰富的成果集群。需要说明的是，这次的丛书出版只是一个开端。《珞珈政管学术丛书》是一套持续展开的丛书，今后学院教师的学术书稿在经过遴选后，仍可纳入其中出版。相信经过多年的积累，将会蔚为大观，以贡献于政治学界和公共管理学界。

学者靠作品说话，作品靠质量说话。这套丛书的学术水准如何，还有待学界同行和广大读者的评鉴。而从学术角度所提的任何批评和建议，都是我们所欢迎的。

武汉大学政治与公共管理学院院长

刘伟

2023年8月24日

# 目　录

导　论　普通人的政治观念与国家治理现代化　/ 1

第一章　中国民众政治心理调查报告（2019）　/ 9
　　一　引言　/ 9
　　二　研究介绍　/ 12
　　三　政治认知　/ 14
　　四　政治评价　/ 17
　　五　政治态度　/ 21
　　六　政治人格　/ 28
　　七　政治效能感与政治参与倾向　/ 33
　　八　讨论与总结　/ 36

第二章　政府满意度、生活满意度与基层人大选举参与
　　　　——基于2019年"中国民众政治心态
　　　　调查"的分析　/ 39
　　一　引言　/ 39
　　二　文献综述　/ 42
　　三　理论框架与研究假设　/ 44
　　四　数据来源、变量选取与样本特征　/ 49
　　五　实证分析　/ 52

六　结论与启示　/60

**第三章　政治信任、主观绩效与政治参与**
　　　　——基于2019年"中国民众政治心态
　　　　调查"的分析　/63
　　一　问题的提出　/63
　　二　文献回顾与研究假设　/65
　　三　数据与方法　/70
　　四　分析结果　/74
　　五　讨论与结论　/82

**第四章　国企改革后下岗职工政治认同的生成机制　/85**
　　一　既有研究的总结　/86
　　二　访谈中发现的突出现象　/90
　　三　下岗职工政治认同的生成机制　/94
　　四　结语　/102

**第五章　流动工人政治认同生成中的国家因素　/104**
　　一　问题的提出　/104
　　二　工人政治认同研究与国家角色问题　/107
　　三　流动工人政治认同生成中的国家因素　/110
　　四　总结与反思　/118

**第六章　群体性活动视角下的村民信任结构研究**
　　　　——基于问卷的统计分析　/120
　　一　问题的提出　/120
　　二　研究设计　/124
　　三　对调查问卷的统计分析　/126
　　四　结语　/141

**第七章 政策变革与差序政府信任再生产**
　　　　——取消农业税的政治效应分析　/ 143
　一　访谈中发现的突出现象　/ 144
　二　既有研究的发现与局限　/ 147
　三　取消农业税与差序政府信任再生产　/ 149
　四　差序政府信任与基层治理重塑　/ 154
　五　结论与讨论　/ 156

**第八章 业主维权困局何以形成？**
　　　　——基于 B 市 Q 区 S 小区业主维权事件的
　　　　　过程分析　/ 159
　一　既有研究回顾　/ 160
　二　S 小区业主维权的大致进程　/ 165
　三　S 小区业主维权困局的生成逻辑　/ 170
　四　结论与讨论　/ 178

**第九章 互联网的政治性使用与中国公众的政治信任**
　　　　——一项经验性研究　/ 180
　一　引言　/ 180
　二　文献回顾与研究问题　/ 183
　三　研究方法与变量描述　/ 194
　四　研究发现　/ 203
　五　结论与讨论　/ 208

**第十章 中国治理场景中的合法性话语**
　　　　——反思与重构　/ 213
　一　引言　/ 213
　二　自上而下的合法性论证话语　/ 215
　三　自下而上的合法性描述话语　/ 222

四　重构中国治理场景中的合法性话语　/ 227

## 第十一章　"民心政治"的实践与表达
　　　　　——兼论中国政治心理学研究的拓展　/ 230
一　引言　/ 230
二　"民心政治"：从传统中国到当代中国　/ 232
三　"民心政治"与政治合法性　/ 241
四　当代中国政治心理学研究中的"民心政治"　/ 248
五　拓展基于中国实践的政治心理学研究　/ 255
六　结语　/ 258

**附录　政治心理学的学科发展与前沿议题　/ 260**
一　政治心理学的学科发展　/ 260
二　政治心理学的前沿议题　/ 265
三　结语　/ 271

**参考文献　/ 273**

**后　记　/ 308**

# 导　　论
## 普通人的政治观念与国家治理现代化

政治心理学是政治学研究中较为重要的分支学科。近年来，政治心理研究者一直在发展理解普通民众政治心理的理论与方法。总的来看，在目前的中国政治心理学研究中，更多研究视角集中于民众政治心理的整体特质，研究议题大多是政治信任、政治支持、政治认同、政治参与等，其研究方法多为基于代表性样本抽样调查的统计分析。诚然，这些研究能够帮助我们从宏观层面理解普通民众的心理特征，但却较难理解民众政治心理与行为形成背后的逻辑。

本书尝试通过理解普通民众的政治心理来助推中国国家治理的现代化，并提供一种更为全面和深入的政治心理学研究框架。本书各章既有从宏观一般层面，也有从微观个体层面切入运思，希望能在一定程度上弥补中国民众政治心理实证研究的不足。换言之，本书既从全国层面开展抽样调查来理解普通民众政治心理的共性特征，亦基于工人、农民、市民、网民等不同群体的视角深入分析民众政治心理的异质性，更重要的是，基于深度访谈从民众个体生命史的角度去理解普通民众政治心理形成背后的逻辑。

当前最为盛行的政治心理学研究范式是基于微观个体数据来测量宏观层面的政治心理特征，这实际上兴起于以阿尔蒙德和维巴为代表的政治文化研究范式。在此研究范式之下，诞生了一批具有代表性的经典作品，也在一定程度上呈现了普通民众的政治心理图景。不过，基于微观个体政治心理的量化分析难以整体、全面地把握和判断民众的政治态度，且难以帮助我们直接理解更深层次的民众政治心理形成的逻辑，进而难以提炼出中国政治心理学的中观和宏观理论。

如果我们把目光放在从古代中国到当代中国几千年的政治历程中，就会发现领导者在国家治理的过程中始终高度重视普通人的政治心理。就当代中国政治的场域而言，从制度与决策来看，这不仅表现在人民代表大会制度是中国的根本政治制度，而且体现在各类政治决策过程中对民意民情的高度重视。可以看到，在当代中国政治制度与政治组织建构中，"人民"一直处于核心位置。比如，权力机关是人民代表大会，政府的全称为人民政府，军队的全称为人民军队，等等。从民众日常生活来看，党和国家始终基于人民群众的立场开展工作，关注民众个体的意志、想法和需求，重视民众政治参与渠道的拓展与维系。这实际上反映了民众的政治认知、政治情感、政治态度、政治评价等在国家治理中的重要作用。这背后呈现了一个值得思考的问题：执政者为何如此重视普通人的政治心理？普通人的政治心理究竟在国家治理中发挥着怎样的作用？显然，在国家治理的实践场景中，理解普通人的心理与行为是极为重要的。

目前学界和传媒对于国家治理现代化的讨论，一方面往往聚焦于执政党和国家本身，很少从普通人的立场出发来看待国家治理的实践形态。实际上，在政治生活中，普通人也是具有主体性的。对于国家的政策和治理行为，他们一直有着独特的理解和回应方式。他们所持有的政治观念，也从深层影响甚至决定着国家治理的过程与绩效。另一方面，学术界对政治观念问题的关注，也多聚焦于政治精英、知识分子和大众传媒等方面，却很少关注到普通人的政治观念。若将普通人的政治观念与国家治理结合起来，我们或许能更好地发现国家治理现代化的可行路径。本书则试图从普通民众政治心理与行为的角度来分析中国国家治理的逻辑，并从国家治理的过程—事件中理解普通民众的政治心理。换言

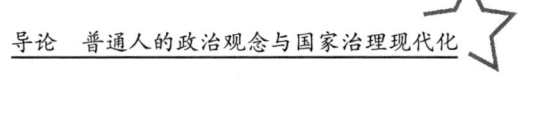

之，既从总括性的视角理解当代中国普通人的政治心理特征，又从微观的视角深入探究民众个体在政治过程与政治事件中的心理历程。因此，可以说本书讨论的主题是当代中国普通民众的政治心理与受之影响下的政治行为，及其对于当代中国国家治理的影响。

需要说明的是，这里所讲的"普通人"，并不等同于我们通常所说的"公民"。从宪法的角度看，每一个人都是公民。但这并不意味着普通人都具有公民的观念和行为取向。普通人是一个丰满而复杂的概念。他们身上兼具现实主义和机会主义等各种特性。当政策不利于个人时，他们会利用"公民"的身份去抗争。当享受着来自国家的政策优惠和福利时，他们的行为又会部分体现出"臣民"的特征。而从社会分层的意义上讲，我们应予以重点关注的普通人，是农民（包括农民工）、工人、市民、下岗职工、失业群体、城市小摊贩等社会的中下层群体。显然，他们往往是基层治理空间的主要人群。

从学术上分析，普通人对于国家治理行为，在不同的情境下会形成相应的策略。换言之，普通人的政治观念往往是情境取向的。学术上流行的公民调查，往往是通过同一时间段的横截面数据来呈现普通人的政治观念，这对理解转型期中国普通人的政治观念仍然是不够的。不管是结构—功能主义的讨论，抑或是制度主义的讨论，都存在一个共同的缺憾，即普通人能动的心理因素都没有被当作政治生活的主要变量来看。尤其是对基层治理而言，普通人如何与政府互动，甚至会影响基层政府最终的治理模式。普通人的政治观念尽管是不系统的，但具有内在的生活逻辑、常识理性或生存性智慧。从总体上看，普通人的政治观念，往往呈现出如下的格局和倾向：信中央而不信地方和基层；总体肯定而局部否定；抽象肯定而具体否定；信赖国家而不信赖社会，等等。由是观之，从普通人的视角或是从普通人与国家互动的视角来理解国家治理就显得极为必要。

国家治理从其最主要的方面看，无非追求如下三大目标。一是合法性，即有利于党和政府的权力获得民众更多的政治支持。二是合理性，即在治理的手段、过程、制度等方面越来越理性化，越来越强调照章办事和成本收益计算。三是有效性，即治理要达到目标并有效率。考虑到前文概括的中国普通人的政治观念，我们不难发现，国家治理在理论与实践之间的距离，很大一部分原因就在于普通人的政治观念。国家治理得到了普通人的认可，党和政府就能够持续生产合法性。而何种治理方式能够得到普通人的认可也需要通过他们在治理过程中的感知与体验来评价，这就涉及到了国家治理的合理性与有效性问题。就此而言，国家治理现代化的下一步推进，非常有必要正视普通人政治观念的现状与后果。而本书则是从普通人的政治观念理解国家治理的一种尝试。

举例来说，我们能够从以下三种治理情境中理解普通人政治观念对于国家治理的作用。一是上访治理。上访显然有利于中央政权合法性的扩充和再生产，但是某些地方政府为消除"一票否决"的压力而不惜成本，这显然违背了上访制度设计的初衷。二是基层治理。基层治理也是一样的，其逻辑与上访治理的逻辑相近，要结合具体的问题来分析，包括村民自治和乡村建设等举措，也呈现这样的困局。国家通过制定有利于基层民众的政策，不断获取基层民众的政治支持，基层民众也拿出国家的相应政策做依据，回应地方和基层政府。问题在于，一些地方政府特别是基层政府一直难以获得基层民众的大力支持。而国家治理终究要依靠地方和基层政府去执行。这背后其实也是普通人的政治观念在起作用。三是社会治理。显然，强调社会基于自身的力量解决自己的问题，提升社会治理的质量，不仅是理论界的期待，更是党和政府所提倡的。问题在于，中国的普通民众信任执政党和国家而不信任社会，社会治理要想培育社会空间的自组织，可能失去了民众认同意义上的合法性。即使党和政府着力培养基层组织的功能，事实上的治理效果也不一定就理想。促进社会组织的发育，发挥社会组织的功能，在现实的基层治理领域，其效果可能也需要审慎评估。

进一步研究可以发现：第一，普通人现有的政治态度和政治观念影响其政治行为，最终会塑造国家治理的过程、形态和结果。第二，普通人的政治观念既有现代的要素也有传统的和近现代革命的遗产，既可能和中央的主流表述是一致的，也可能与中央的主流表述存在差异。第三，普通人的政治观念是政权合法性再生产的基础，它决定了国家治理基本的导向和逻辑，尤其是在普通人信中央不信地方，信高层不信基层，信国家不信社会的格局下面，国家治理只能顺着这个格局走。结果往往是：中央受到普通民众的政治支持，而地方和基层的治理水平却一直难以顺利提升。第四，普通人的政治观念决定我们的制度和规则能否有效运作起来，否则制度就会变成"空制度"——与实践相脱离的文本规定而已。第五，因为普通人的政治观念，国家治理在合理性、正当性和有效性之间呈现出比较突出的结构性难题。一种情况是，它实现了合法性，却往往要牺牲掉有效性。另一种情况是，因为普通人的政治观念，合理的治理举措得不到普通人的政治支持，也因此失去治理的有效性。针对目前这样一个尴尬的状况，理论上有两个方向值得我们思考：要么通过制度变革、治理实践和宣传教育，改变普通人的政治观念，进而推动国家治理的现代化；要么短期内顺应普通人政治观念的格局和倾向，等待以社会自身的发展促成国家治理的现代化。

普通人的政治观念与政治态度实际上是国家治理进程中的一种关键的、直接的推动力量。这一点在新时代尤为突出，这就体现在党和政府一直强调要关注民情、重视民意。比如，在"十四五"规划制定的过程中，首次通过互联网向普通人公开征求意见；各地方政府也非常重视民意，北京市12345接诉即办平台接诉量大、投诉率低；武汉市"民呼我应"信息化服务平台已在市区街道社区各级运用；"枫桥经验"实际上也呈现了基层治理场景中对于"民心"的重视。由此观之，普通人的政治观念与政治行为能够直接影响到国家治理行为，进而影响到国家治理现代化的进程。

政治心理学研究是政治学研究的重要组成部分。理解普通人的政治心理有助于从鲜活的普通人视角理解国家治理进程如何被普通人所影响与塑造。也即是能够回答以下问题：普通人如何理解国家治理行为？在何种治理情境之下，普通民众会支持并配合执政党和国家治理？为什么不同群体中的民众呈现了不同的心理特质？等等。如果不对普通民众的政治心理进一步展开深入的质性分析，就难以解决通过量化分析无法观察到的个体异质性问题，从而很难得到满意的答案。尽管现在学界非常重视对于国家治理过程与治理行为的实证研究，但依然缺乏从政治心理视角理解国家治理过程中的国家—社会/个人互动的机制。换言之，本书尝试描绘普通人的政治心理，并分析国家治理行为如何影响普通人的政治态度，普通人的政治观念又如何作用于国家治理进程。

进一步来说，本书从以下几个方面展开具体分析，希望通过书中的系列研究启发政治心理学研究与当代中国政治研究既重视从宏观层面关注民众政治心理的共性特征，也关注政治过程与政治事件中的民众个体心理。进而，试图呈现普通人的政治观念及其对于国家治理影响的全景图像。

其一，基于专门性的民众政治心理调查，测量与记录普通民众的政治心理，主要呈现于本书的第一至第三章。很重要的一点是，虽然中国的民意调查已经积累了丰富成果，但却更多侧重于社会性问题的调查，对于民众政治心理的调查散见于各大社会调查中，因而较难完整描绘中国民众政治心理的全貌。在充分借鉴现有调查的题项基础上，我们针对性地开展了覆盖全国范围的中国民众政治心理的专门调查。在这种全国范围代表性样本的问卷调查中，能够全面系统地呈现中国普通民众共性的政治心理特征，并通过对不同政治态度与政治行为的统计分析，描绘政治态度与政治行为的作用路径，进一步揭示普通民众政治心理行为的形成机制。

其二，基于深度访谈的民众个体心理调查，主要呈现于本书的第四到第八章。这一部分的相关研究实际上能够补充第一部分的研究发现。如果说民众的政治心理共性特征需要在更多具有代表性民众的量化数据中呈现的话，那么很重要的一点就是，政治心理学研究不仅要通过统计分析研究代表全国民众政治心理的数据，而且要对民众中的不同群体政治心理的生成机制展开分析。因而，本书强调通过量化研究和质性研究相结合的方式来理解民众政治心理的必要性，尤其注重通过深度访谈以及口述史梳理等方式来呈现民众政治心理的生成机制。同时，本书的一些经验研究也表明，采用量化分析与质性分析相结合的研究方法，有助于我们更好地理解普通民众的政治心理特征及他们对于国家治理的认知、情感与评价。

其三，不同群体政治心理的分析也应该受到政治心理学研究者的关注，这就包括本书第四到第九章中对于工人、农民、业主、网民等的分析。一方面，民众个体的政治心理能够在一定程度上影响群体心理与群体意见的形成。另一方面，民众个体在不同群体中就使得其具备了不同的群体心理特征，也即是说，每一个体一般不仅仅具备一种身份，这就使得其站在不同身份立场进行思考时会产生心理变化。进一步而言，即使每一个体处于不同的群体之中，其总体的对于执政党和国家的政治态度与政治观念却是较为稳定的。值得注意的是，每一个体对于党和国家的认知、期待和情感等实际上是在个体多重身份、在不同治理情境中所逐渐形成的。比如，在研究下岗工人政治认同生成机制的过程中，我们就发现虽然国家意识形态宣传能够同化与塑造下岗工人的政治认同，但其个人的自身认知与理解也会在一定程度上助推其认同感的产生。

其四，观察并分析党和国家在治理过程中对于民众政治心理的关注与重视，并试图基于实证研究发现进行理论提炼，主要呈现于本书的第十章至第十一章。如果说实证研究的相关发现能够为我们观察普通民众的政治心理提供更为直观的理解，那么从普通民众政治心理的现实图景中提炼政治心理学与当代中国政治研究的理论就显得极为必要。可以发现，不论是代表性样本呈现的普通民众政治心理的数据图景，还是在民众个体访谈中呈现的民众政治心理生成机制，实际上都展现了普通人对于执政党和国家的认同，以及国家治理行为对于普通民众政治心理的影响。在研究流动工人的过程中，能够发现党和政府通过制度安排的利益实现与价值吸引、对流动工人具体诉求的及时回应等，实际上都影响着他们对于党和国家的感知与理解，进而促进其政治认同感的增强。从中我们能够看到国家治理是如何影响民众政治心理的。与此同时，本书也致力于推进研究普通民众政治心理与行为的特征及其对国家治理现代化的影响。

我们能够看到全书实际上在尽力避免因偏向于使用量化或质性研究方法，而导致无法透视中国普通人政治心理全貌的情况。需要指出的是，本书并不认为在政治心理学研究中量化分析与质性分析在进行一场零和博弈，而是当我们在探寻不同层次、不同形式的研究结论时应找到更为合适的研究方法。从已有的中国政治心理学的研究来看，量化分析的比例明显超过了质性分析。这就导致政治心理学研究愈来愈往更为抽象的、精细化的层面发展，一定程度上窄化了政治心理学的研究范畴、浅化了政治心理学的研究结论。因此，本书实际上建议在进行政治心理学研究时，既要从整体层面基于问卷调查分析普通民众政治心理的总体情况，也要从个体层面基于访谈、口述史、生命史等方式来理解不同个体、不同群体政治心理的生成机制。这样方能帮助研究者更全面地测量与呈现当代中国普通民众的政治心理，更准确地理解当代中国的国家治理过程与国家治理行为，进而为政治心理学研究与当代中国政治研究的创新性发展作出贡献。

# 第一章

# 中国民众政治心理调查报告（2019）

基于2019年中国民众政治心理调查数据，本章对当前中国民众的政治认知、政治评价、政治态度、政治人格、政治效能感与政治参与倾向，进行了全面、系统的描述性分析。研究发现：第一，从国家政权合法性角度来看，近年来中国民众对政府绩效满意程度高，对国家政治体制支持水平高，对民族和国家具有强烈认同感，对政治机构信任度高，对中国未来信心较强，中国政治合法性基础稳固。第二，从政治人格特征来看，中国民众政治认知意愿强烈，但认知水平较低；民众的内部效能感较低，外部效能感较高；法律意识、监督意识等公民意识初步形成，但权威人格仍主导着中国民众；中国民众处于向"公民"转型的现代化过程中。第三，从未来国家治理的重心来看，针对中国民众的政治心理现状及特征，党和政府应着眼于促进经济持续发展、维护国内政治稳定、促进国家统一、缩小贫富差距以及加强公民文化建设。

## 一 引言

2019年是中华人民共和国成立70周年。回顾70年来波澜壮阔的历史，伴随着建设社会主义的制度探索，中国自上而下经历了多次急促而深刻的社会变革，这对民众的生命历程产生了巨大影响，也给社会成员的政治心理留下了不可磨灭的烙印。2019年10月1日，首都北京举行了隆重盛大的中华人民共和国成立70周年庆典。在此前后，中国民众的爱国热情达到了高峰。对于中国而言，2019年是值得庆祝的一年，同时也是较为艰难的一年。中美两国在2019年展开了激烈而持久的经贸摩擦，引发了民众热议。在澳门回归祖国20周年之际，基本国策"一国两制"被视为中国国家治理伟大创举的同时，香港的抗议活动却完全超出了集会游行示威自由的范畴，演化为极端的暴力行动，引发国际社会广泛关注。在经济发展方面，受中美经贸摩擦的部分影响，中国经济增长速度放缓，私营企业发展状况不容乐观，实体经济发展空间缩小。对于中国民众而言，2019年无疑是极不平凡的一年。在这一年各种政治事件的相关争议中，中国民众的声音既在不断地发出，也在不停地被引导和塑造。在这样的时代背景下，普通民众究竟会呈现出怎样的政治心理，这是值得我们去测量和记录的。

所谓政治心理，就是社会成员在政治社会化过程中对社会政治关系以及由此而形成的政治行为、政治体系和政治现象等政治生活的各个方面的一种自发的心理反映，表现为人们对政治生活某一特定方面的认知、情感、态度、情绪、兴趣、愿望和信念，等等，构成了人们政治性格的基本特征。[①] 在中国，"政治心理"这一概念更为通俗的说法为"民意""民心"。中国重视民意的历史颇为久远。《尚书·酒诰》称："古人有言曰：人无于水监，当于民监。"司马迁记载："汤曰：予有言，人视水见形，视民知治否。"（《史记·殷本纪》）可见，自古以来，中国的政治精英就已经意识到民意对国家统治的重要性。当前，民众的政治心理已经成为社会政治价值判断的风向标和晴雨表，是国家治理者在进行政治决策时必须考虑的重要因素之一。2016年1月，习近平总书记在第十八届中央纪律检查委员会第六次全体会议上强调："民心是

---

[①] 王浦劬：《政治学基础》，北京大学出版社1995年版，第308—309页。

最大的政治，正义是最强的力量。正所谓'天下何以治？得民心而已！天下何以乱？失民心而已！'"① 2018 年 12 月，在庆祝改革开放 40 周年大会上，习近平总书记重申："必须以最广大人民根本利益为我们一切工作的根本出发点和落脚点，坚持把人民拥护不拥护、赞成不赞成、高兴不高兴作为制定政策的依据，顺应民心、尊重民意、关注民情、致力民生。"② 一个民族在特定时期流行的一套政治态度、情感和信仰形成于本民族的历史及社会、经济、政治活动进程之中，引导或影响着社会成员对未来的政治行动、政治发展及政治情景的反应。随着信息技术的快速发展，社会矛盾在公共舆情瞬息万变的互联网时代极易被聚焦和放大。据此适时开展专门性、系统性的全国民意调查研究，有利于调整政治关系，辅助政府部门进行科学、民主决策。

中国既有的民意调查已积累了丰富成果，但也存在较大局限和不足。从研究内容来看，全国性民意调查对民众政治心理的测量较为片面。政府机构组织的民意调查着重点在于民众对政府绩效的评价，而诸多学术单位组织的民意调查侧重于测量社会性问题。这两类机构组织的民意调查关于民众政治心理的问题都较为零散，缺乏民众政治心理的专门性研究，因而未能呈现出完整的中国民众政治心理图景。由张明澍、沈明明、肖唐镖、楚成亚、孙永芬、陈捷、徐勇等政治学者主持的相关调查研究③在一定程度上弥补了全国性调查研究在内容上的不足，但由于学者个人难以展开全国范围内的大型调查，往往将视野聚焦于某一特

---

① 习近平：《在第十八届中央纪律检查委员会第六次全体会议上的讲话》，《人民日报》2016 年 5 月 3 日第 2 版。

② 习近平：《在庆祝改革开放 40 周年大会上的讲话》，《人民日报》2018 年 12 月 19 日第 1 版。

③ 参见张明澍《中国人想要什么样民主》，社会科学文献出版社 2013 年版；沈明明等《中国公民意识调查数据报告》，社会科学文献出版社 2009 年版；肖唐镖、王欣《中国农民政治信任的变迁——对五省份 60 个村的跟踪研究（1999—2008）》，《管理世界》2010 年第 9 期；楚成亚、徐艳玲《变迁、分化与整合：当代中国政治文化实证研究》，山东大学出版社 2010 年版；孙永芬《中国社会各阶层政治心态研究：以广东调查为例》，中央编译出版社 2007 年版；陈捷《中国民众政治支持的测量与分析》，中山大学出版社 2011 年版；徐勇主编、邓大才执行主编《中国农民的政治认知与参与》，中国社会科学出版社 2012 年版。

定阶层和对象（如市民、农民、农民工、网民、中产阶级、大学生等），或限定于某一特定地区和城市，其研究结论在普遍性上说服力不强。因此，本章在充分吸收和借鉴既有调查的基础上对其研究内容、抽样方案进行修正和补充，将研究内容聚焦于民众政治心理，将样本范围覆盖全国，以期对现阶段中国民众的政治心理进行准确的总体把握。

## 二 研究介绍

本章通过问卷调查法对全国18周岁及以上的公民进行访问，内容包括政治认知、政治评价、政治态度、政治人格、政治效能感与政治参与倾向。本章采用电话访问的方式，委托专业调查公司按照抽样方案展开随机电话调查，研究团队对整个调查过程进行监控，并对电话录音进行了随机抽查，保证了调查数据的真实性与可靠性。

综合考虑精确度、费用、调查实施的可行性等因素以及以往若干全国社会调查的经验，本章进行了分层抽样，并将样本量确定为7000个。根据第一阶段抽样方案得到的各省（自治区、直辖市）的样本分配份数如表1-1所示。每个阶段的样本数在确定过程中，均做四舍五入处理。经过后期整理，在分析过程中剔除了一部分逻辑混乱的样本，最终，本章实际获得有效问卷6586份，问卷有效率为93.9%。

表1-1　　　　　　　各地区样本分布情况

| 省（自治区、直辖市） | 2017年末常住人口数（万人） | 人口比例（%） | 原始样本数（份） | 分地区加总样本数（份） | 调整样本数（份） | 实际样本数（份） |
| --- | --- | --- | --- | --- | --- | --- |
| 北京 | 2171 | 1.56 | 109 | 109 | 109 | 109 |
| 天津 | 1557 | 1.12 | 79 | 79 | 79 | 79 |
| 河北 | 7520 | 5.42 | 379 | 379 | 379 | 379 |
| 山西 | 3702 | 2.67 | 187 | 187 | 187 | 187 |

第一章 中国民众政治心理调查报告（2019）

续表

| 省（自治区、直辖市） | 2017年末常住人口数（万人） | 人口比例（%） | 原始样本数（份） | 分地区加总样本数（份） | 调整样本数（份） | 实际样本数（份） |
|---|---|---|---|---|---|---|
| 内蒙古 | 2529 | 1.82 | 128 | 129 | 129 | 129 |
| 辽宁 | 4369 | 3.15 | 220 | 221 | 221 | 221 |
| 吉林 | 2717 | 1.96 | 137 | 137 | 137 | 137 |
| 黑龙江 | 3789 | 2.73 | 191 | 190 | 190 | 190 |
| 上海 | 2418 | 1.74 | 122 | 122 | 122 | 122 |
| 江苏 | 8029 | 5.78 | 405 | 406 | 406 | 406 |
| 浙江 | 5657 | 4.07 | 285 | 284 | 284 | 284 |
| 安徽 | 6255 | 4.51 | 315 | 315 | 315 | 315 |
| 福建 | 3911 | 2.82 | 197 | 198 | 198 | 201 |
| 江西 | 4622 | 3.33 | 233 | 234 | 234 | 234 |
| 山东 | 10006 | 7.21 | 505 | 505 | 505 | 505 |
| 河南 | 9559 | 6.89 | 482 | 481 | 481 | 481 |
| 湖北 | 5902 | 4.25 | 298 | 297 | 298 | 298 |
| 湖南 | 6860 | 4.94 | 346 | 345 | 345 | 345 |
| 广东 | 11169 | 8.04 | 563 | 563 | 563 | 563 |
| 广西 | 4885 | 3.52 | 246 | 245 | 245 | 245 |
| 海南 | 926 | 0.67 | 47 | 47 | 48 | 48 |
| 重庆 | 3075 | 2.21 | 155 | 155 | 155 | 165 |
| 四川 | 8302 | 5.98 | 419 | 419 | 419 | 419 |
| 贵州 | 3580 | 2.58 | 181 | 182 | 182 | 182 |
| 云南 | 4801 | 3.46 | 242 | 243 | 243 | 243 |
| 西藏 | 337 | 0.24 | 17 | 18 | 18 | 18 |
| 陕西 | 3835 | 2.76 | 193 | 191 | 192 | 192 |
| 甘肃 | 2626 | 1.89 | 132 | 132 | 132 | 132 |
| 青海 | 598 | 0.43 | 30 | 30 | 30 | 30 |
| 宁夏 | 682 | 0.49 | 34 | 34 | 34 | 34 |

续表

| 省（自治区、直辖市） | 2017年末常住人口数（万人） | 人口比例（%） | 原始样本数（份） | 分地区加总样本数（份） | 调整样本数（份） | 实际样本数（份） |
|---|---|---|---|---|---|---|
| 新疆 | 2445 | 1.76 | 123 | 120 | 122 | 122 |
| 总计 | 138834 | 100.00 | 7000 | 6997 | 7002 | 7015 |

注："原始样本数"指根据中国国家统计局发布的《中国统计年鉴2018》所得数据。"分地区加总样本数"是指在对各个省（自治区、直辖市）内部各地区的样本进行分配之后，加总所得的样本数量。"调整样本数"是指在"分地区加总样本数"的基础上，将因四舍五入造成的样本减少进行手动调整后的样本数量。"实际样本数"是指因部分地区在执行过程中略有超额，最终实际执行的样本数量。

## 三　政治认知

政治认知是政治主体对于政治生活中各种人物、事件、活动及其规律等方面的认识、判断和评价，即对各种政治现象的认识和理解，[①] 也是整个政治心理体系形成和发展的前提。政治认知的意愿、途径、程度、水平等因素都将对民众政治心理的形成产生基础性影响。

### （一）政治认知意愿

本章通过"您对政治非常感兴趣并且经常关注吗？"这一问题来测量民众的政治认知意愿以及对政治信息的关注度。如表1-2所示，43.2%的民众选择"非常符合"和"较为符合"选项，可见相当一部分民众对政治保持着一定的兴趣和关注。47.2%的民众选择了"一般符合"选项，对政治既不是特别感兴趣，也不刻意回避。仅有9.7%的民众选择"比较不符合"和"完全不符合"选项，表现出政治冷漠和政治兴趣缺失。也就是说，大部分中国民众的政治认知意愿较强烈，明

---

① 王浦劬：《政治学基础》，北京大学出版社1995年版，第322页。

确表示抗拒接触和认知政治的人仅不足一成。在中国，政治渗透于民众生活的各个方面，与人们的日常生活息息相关。近年来，在权力下沉的过程中，人们与国家和政府的接触更加频繁，民众在生活中对国家、政府及权力的感知更加敏锐。人们主动或被动接触、参与到国家公共权力关系及活动中，成为"政治人"，由此对政治关注程度较高。

表1-2　　　　　　　　　政治认知意愿

| 您对政治非常感兴趣并且经常关注吗？ | | | |
|---|---|---|---|
| | 频数 | 百分比（％） | 累计百分比（％） |
| 完全不符合 | 201 | 3.1 | 3.1 |
| 比较不符合 | 432 | 6.6 | 9.6 |
| 一般符合 | 3109 | 47.2 | 56.8 |
| 较为符合 | 1733 | 26.3 | 83.1 |
| 非常符合 | 1111 | 16.9 | 100.0 |
| 总计 | 6586 | 100.0 | |

注：在数据计算过程中保留两位小数，此处显示一位小数。

### （二）政治认知途径

本章通过"您平时获取政治、社会新闻最主要的渠道是什么？"一题来考察中国民众的政治认知途径（如表1-3所示）。75.1％的民众通过"互联网"获取政治、社会新闻；19.9％的民众通过"电视"获取政治、社会新闻；通过"报纸杂志"和"广播"获取政治新闻的民众占比共计仅1.8％。在信息化时代，网络电子平台和新媒体已经逐渐取代传统的报纸杂志和广播电视成为民众政治认知的主要信息来源，以纸媒和广播电视为代表的传统媒体日渐式微。

根据2019年发布的《中国互联网络发展状况统计报告》显示：截至2019年6月，中国网民规模达8.54亿，互联网普及率达61.2％。[①]

---

① 《第44次中国互联网络发展状况统计报告》，2019年8月30日，中国互联网络信息中心，http://www.cac.gov.cn/2019-08/30/c_1124938750.htm。

与传统媒体时代不同，互联网为大众提供了一个人人皆可发声的平台，网络舆情和民意早已不容忽视。近年来，诸多政治事件在短时间内迅速获得民众高度关注，经过在热门网络平台上的发酵成为重大舆情事件。现阶段，互联网已经成为重要的政治舆论阵地，成为各方角逐、争夺话语权的场域。互联网舆论的重要性及其发展的不稳定性要求政府部门随时关注网络舆论导向，对时政事件和热点问题及时做出积极、正面的回应。

表1-3　　　　　　　　　　政治认知途径

| 您平时获取政治、社会新闻最主要的渠道是什么？ | | | |
|---|---|---|---|
| | 频数 | 百分比（%） | 累计百分比（%） |
| 电视 | 1308 | 19.9 | 19.9 |
| 互联网 | 4949 | 75.1 | 95.0 |
| 报纸杂志 | 73 | 1.1 | 96.1 |
| 广播 | 44 | 0.7 | 96.8 |
| 与亲朋的聊天谈话 | 97 | 1.5 | 98.3 |
| 不关注 | 115 | 1.7 | 100.0 |
| 总计 | 6586 | 100.0 | |

### （三）政治认知水平

政治认知作为人们对政治事务的主观反映，包括事实性认知和价值性认知。本章通过测量民众对我国根本政治制度的事实认知来反映中国民众的政治认知水平（如表1-4所示）。在学理层面，人民代表大会制度是中国的根本政治制度，全国人民代表大会是中国的最高国家权力机关。对于"我国最高国家权力机关是什么？"这一问题，37.7%的受访者选择了正确答案"全国人民代表大会"。仅有不足四成的民众了解中国最高国家权力机关，这表明中国民众政治认知的整体水平较低。此外，其他民众基于对中国政治事实的认知和判断，没有做出理论层面的正确选择。29.4%的民众认为"国务院"作为中国最高权力执行机关，在中国权力结构中具有最高地位；11.7%的民众认为"中共中央委员会"在中国的权力格局中位列第一；9.2%的民众认为"中央军委"在我国具有最高权威。五成民众对中国最高国家权力机关的认知与国家制度文本规定存在一定偏差，这种偏差可能是由民众政治认知水平较低、理论知识不足导致的。

表1-4　　　　　　　　　政治认知水平

| 我国最高国家权力机关是什么？ | | | |
| --- | --- | --- | --- |
| | 频数 | 百分比（%） | 累计百分比（%） |
| 国务院 | 1933 | 29.4 | 29.4 |
| 中共中央委员会 | 768 | 11.7 | 41.0 |
| 最高人民法院 | 219 | 3.3 | 44.3 |
| 最高人民检察院 | 84 | 1.3 | 45.6 |
| 全国人民代表大会 | 2481 | 37.7 | 83.3 |
| 中央军委 | 605 | 9.2 | 92.5 |
| 不知道 | 496 | 7.5 | 100.0 |
| 总计 | 6586 | 100.0 | |

通过对中国民众的政治认知进行测量，可以发现，中国民众主要以互联网作为政治认知的重要途径，其政治心理的产生和形成基于高政治热情和低政治认知水平相结合的认知模式。中国民众对中国政治制度有关知识储备不足，这与其浓烈的政治兴趣度与关注度形成鲜明反差。由此可见，中国民众政治心理特点表现为感性和情绪性，而非理性和逻辑性。

## 四　政治评价

### （一）经济发展感知

如表1-5所示，82.4%的民众认为目前中国社会的经济状况和五年前相比"进步很多"或者"有一定进步"，仅有6.3%的民众认为中国社会的经济状况和五年前相比有"很大退步"或者"有一些退步"。可见绝大部分民众对于中国社会经济发展状况持认可态度,而持负面或者中性评价的民众占比不到五分之一。纵观2019年,中国经济发展面临较为恶劣的外部环境和诸多内部挑战。在全球经济下行、中美经贸摩擦加大的情况下,国内的消费增速总体呈现放缓趋势,制造业投资不振,出口较为疲弱。然而,中国民众的经济发展感知却相当正面。导致这一状况的原因可能在于,近年来,"中国经济奇迹论"的舆论宣传呈现出经济发展层面的昂扬态势,使得民众的经济发展感知大多偏向正面。

表1-5　　　　　　　　　　经济发展感知

| 您认为中国社会的经济状况和五年前相比是进步了、退步了,还是和之前差不多? | | | |
| --- | --- | --- | --- |
| | 频数 | 百分比(%) | 累计百分比(%) |
| 很大退步 | 179 | 2.7 | 2.7 |
| 有一些退步 | 240 | 3.6 | 6.4 |
| 和之前差不多 | 740 | 11.2 | 17.6 |
| 有一定进步 | 1428 | 21.7 | 39.3 |
| 进步很多 | 3999 | 60.7 | 100.0 |
| 总计 | 6586 | 100.0 | |

(二)政府绩效评价

民众对政府绩效的评价可以反映出其对政府表现的满意程度。本章通过测量民众对政府在促进经济发展、缩小贫富差距、打击腐败、维护社会秩序以及维护司法公正五个方面的绩效的评价,来反映民众对政府部门近年来工作绩效的满意程度。

从表1-6可知,总体而言,民众对政府各领域的表现较为满意。将"非常满意""比较满意""一般满意"定义为正面评价,"非常不满意"和"不太满意"定义为负面评价。在各项政府绩效中,获得民众正面评价较高的前三位分别是"维护社会秩序""维护司法公正""促进经济发展",对此三项政府绩效满意的民众分别占比97.4%、91.8%和90.8%。这表明中国近年来在扫黑除恶、打击腐败、促进经济发展方面的工作和宣传取得了显著效果，获得了民众的普遍好评。

表1-6　　　　　　　　　　政府绩效评价

| | | 非常不满意 | 不太满意 | 一般满意 | 比较满意 | 非常满意 | 总计 |
|---|---|---|---|---|---|---|---|
| 促进经济发展 | 频数 | 200 | 406 | 2295 | 2284 | 1401 | 6586 |
| | 百分比（%） | 3.0 | 6.2 | 34.8 | 34.7 | 21.3 | 100.0 |
| 缩小贫富差距 | 频数 | 489 | 982 | 2472 | 1636 | 1007 | 6586 |
| | 百分比（%） | 7.4 | 14.9 | 37.5 | 24.8 | 15.3 | 100.0 |
| 打击腐败 | 频数 | 313 | 410 | 1424 | 1977 | 2462 | 6586 |
| | 百分比（%） | 4.8 | 6.2 | 21.6 | 30.0 | 37.4 | 100.0 |
| 维护社会秩序 | 频数 | 62 | 110 | 962 | 2345 | 3107 | 6586 |
| | 百分比（%） | 0.9 | 1.7 | 14.6 | 35.6 | 47.2 | 100.0 |
| 维护司法公正 | 频数 | 186 | 350 | 1964 | 2149 | 1937 | 6586 |
| | 百分比（%） | 2.8 | 5.3 | 29.8 | 32.6 | 29.4 | 100.0 |

民众对政府在缩小贫富差距方面的工作评价最为负面，明确表示对政府在"缩小贫富差距"方面的工作不满意的人数比例最高，达到了22.3%。这表明在部分民众心中，中国目前的贫富差距问题较为严重，且政府在"缩小贫富差距"领域需要有更多的作为。为解决贫富两极分化问题，中国政府一直致力于采取各种措施缩小地区间、城乡间的贫富差距。近年来，国家通过乡村振兴战略和精准扶贫政策，加大对扶贫工作的投入，对贫困落后地区的教育、医疗和社会保障等方面的扶持工作也取得了一定的成效。2021年2月25日，中国脱贫攻坚战取得了全面胜利，中华民族的历史翻开崭新篇章。导致政府投入与民众评价之间差距的原因可能是，贫富差距在网络平台的直观呈现度与频率更高，信息时代给民众带来的贫富差距冲击更大。对于政府而言，"缩小贫富差距"工作的舆论监管和宣传在互联网时代更为艰难。对"贫富差距"这一话题的敏感，也显露出中国民众对"平等"价值的重视。

### (三) 中国是一个民主、自由、法治的国家吗?

如表1-7所示,对于"中国是一个民主国家"这一说法,84%的民众表示"非常赞同"和"比较赞同",仅有4.8%的民众"不太赞同"和"强烈反对"。如表1-8所示,在"您认为民主最重要的是什么?"一题中,选择"政府能为民众着想"的民众占比最高,达到38.2%。另外,35.0%的民众对民主的理解是"通过协商达成共识"。认为民主最重要的是"定期的竞争性选举"的民众人数最少,仅有7.4%。对于中国民众而言,"民主"一定程度上等同于传统中国政治思想中的"民本"思想。

表1-7  中国是一个民主、自由、法治的国家吗?

| | | 强烈反对 | 不太赞同 | 中立 | 比较赞同 | 非常赞同 | 总计 |
|---|---|---|---|---|---|---|---|
| 中国是一个民主国家 | 频数 | 69 | 248 | 735 | 2123 | 3411 | 6586 |
| | 百分比(%) | 1.0 | 3.8 | 11.2 | 32.2 | 51.8 | 100.0 |
| 中国是一个自由的国家 | 频数 | 72 | 278 | 749 | 2466 | 3021 | 6586 |
| | 百分比(%) | 1.1 | 4.2 | 11.4 | 37.4 | 45.9 | 100.0 |
| 中国是一个法治国家 | 频数 | 25 | 136 | 376 | 1660 | 4389 | 6586 |
| | 百分比(%) | 0.4 | 2.1 | 5.7 | 25.2 | 66.6 | 100.0 |

下列说法您的赞同程度为?

表1-8  对民主的认知

您认为民主最重要的是什么?

| | 频数 | 百分比(%) | 累计百分比(%) |
|---|---|---|---|
| 定期的竞争性选举 | 489 | 7.4 | 7.4 |
| 政府能为民众着想 | 2518 | 38.2 | 45.6 |
| 民众能够参与政治 | 1276 | 19.4 | 65.0 |
| 通过协商达成共识 | 2303 | 35.0 | 100.0 |
| 总计 | 6586 | 100.0 | |

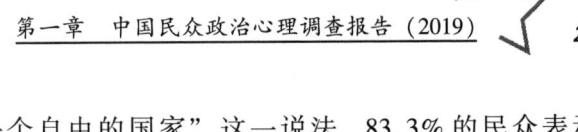

对于"中国是一个自由的国家"这一说法,83.3%的民众表示"非常赞同"和"比较赞同",5.3%的民众表示"不太赞同"和"强烈反对"。普通民众基于日常交流、人身自由、社会流动等个体生活不受干扰的事实,做出"中国是一个自由的国家"的判断。

对于"中国是一个法治国家"这一说法,91.8%的民众表示"非常赞同"和"比较赞同",2.5%的民众表示"不太赞同"和"强烈反对"。九成民众认为中国是一个法治国家的原因在于,一方面,中国近年来的法治工作取得了长足的进步;另一方面,"送法下乡"等普法工作在普通民众中卓有成效,中国民众的法律意识得到显著提升。

在"中国是一个民主、自由、法治的国家吗"这一问题上,中国民众的评价和判断与部分学者和国际社会对中国的评价不一致。原因在于,首先,中国民众对民主、自由、法治的理解来源于日常生活,而非学理层面的现代政治价值;其次,政治体制领域的改革促进了中国政治发展的制度化、规范化和程序化,在政治改革领域的进步促使民众做出了"中国是一个民主、自由、法治的国家"的判断。

## 五 政治态度

### (一) 政治支持

戴维·伊斯顿(David Easton)将"政治支持"定义为:"在A以B的名义从事活动,或者在A对B表示赞同的时候,我们就说A支持B。这里的B可以是一个人,也可以是一个团体;或者是一个目标、一种思想、一个机构。"[①] 伊斯顿进一步对政治支持进行二元区分,分为普遍支持和特定支持。普遍支持代表公民对政府的存在或运转是否符合他对于政治价值(如正义、道德等)的判断,而特定支持是衡量一个

---

① [美] 戴维·伊斯顿:《政治生活的系统分析》,王浦劬译,华夏出版社1999年版,第185页。

人对现行具体政策和政府政绩的满意程度,受公民对当局政策结果的感知、评价的影响。本章的政治支持指普遍支持,是中国公民对现政体倡导的基本价值以及对这个国家基本政治制度的支持态度。

本章通过考察中国民众对"中国的政治体制具有集中力量办大事的特点""中国的政治体制比美国的政治体制更好""如果有人抨击中国的政治体制我会感到不快"这三种说法的赞同程度,来测量中国民众的政治支持水平。

如表1-9所示,对于"中国的政治体制具有集中力量办大事的特点"这一说法,表示"非常赞同"和"比较赞同"的民众占80.8%,而表示不赞同的民众仅占1.8%。对于"中国的政治体制比美国的政治体制更好"这一说法,表示"非常赞同"和"比较赞同"的民众占74.9%,而表示"不太赞同"和"强烈反对"的民众占6.3%。中国民众对本国政治体制具有较高的认同感。对于"如果有人抨击中国的政治体制我会感到不快"这一说法,表示"非常赞同"和"比较赞同"的民众占比76.0%,表示"不太赞同"和"强烈反对"的民众占比13.5%。

表1-9 政治支持

| | | 强烈反对 | 不太赞同 | 中立 | 比较赞同 | 非常赞同 | 总计 |
|---|---|---|---|---|---|---|---|
| 中国的政治体制具有集中力量办大事的特点 | 频数 | 26 | 92 | 1147 | 2448 | 2873 | 6586 |
| | 百分比(%) | 0.4 | 1.4 | 17.4 | 37.2 | 43.6 | 100.0 |
| 中国的政治体制比美国的政治体制更好 | 频数 | 85 | 328 | 1242 | 1752 | 3179 | 6586 |
| | 百分比(%) | 1.3 | 5.0 | 18.9 | 26.6 | 48.3 | 100.0 |
| 如果有人抨击中国的政治体制我会感到不快 | 频数 | 614 | 276 | 692 | 1222 | 3782 | 6586 |
| | 百分比(%) | 9.3 | 4.2 | 10.5 | 18.6 | 57.4 | 100.0 |

下列说法您的赞同程度为?

总体而言，中国民众的政治支持处于较高水平，七成以上的民众明确表现出对国家政治体制的支持态度。结合中国民众较低的政治认知水平和较高的政治支持水平来看，中国民众对中国政治体制的支持不一定完全源自理性的制度思考，可能还受到舆论宣传、直觉习惯或情感支持等因素的影响。

### （二）政治认同

威尔特·A.罗森堡姆（Wilt A. Rosenbaum）指出："政治认同——指一个人感觉他属于什么政治单位（国家、民族、城镇、区域）、地理区域和团体，在某些重要的主观意识上，此是他自己的社会认同的一部分；特别地，这些认同也包括那些他感觉到要强烈效忠、尽义务或责任的单位和团体。"① 本章通过考察民众对"我为自己是中华民族的一分子而感到自豪""我国政府在中美经贸摩擦上应该更强硬""看到台独的相关新闻时我感到愤怒"这三种说法的赞同程度，来测量中国民众的政治认同现状。

中国作为历史悠久的大一统国家，在千年以来的民族磨合与文化交融中，形成了中华民族和以儒家文化为主体的正统文化价值。这一传统使得中国民众的文化认同感极高。如表1-10所示，对于"我为自己是中华民族的一分子而感到自豪"这一说法，97.5%的民众表示"非常赞同"和"比较赞同"，仅有0.3%的民众表示"不太赞同"和"强烈反对"。可见，中国民众的民族认同感非常高，对于"中华民族"这一民族身份具有强烈的心理归属感。中国作为一个民族国家，民众对中华民族的认同感也加强了其国家认同感。对于"我国政府在中美经贸摩擦上应该更强硬"这一说法，88.8%的民众表示"非常赞同"和"比较赞同"，2.3%的民众表示"不太赞同"和"强烈反对"。这从侧面表明我国对外政策具有坚实的民意基础。对于"看到台独的相关新

---

① ［美］威尔特·A.罗森堡姆：《政治文化》，陈鸿瑜译，台北：桂冠图书有限公司1992年版，第6页。

闻时我感到愤怒"这一说法，88.7%的民众表示"非常赞同"和"比较赞同"，5.5%的民众表示"不太赞同"和"强烈反对"。对民族国家的认同和忠诚使得中国民众在外交事务上十分维护中国的形象和利益，在情感上与国家荣辱与共。近年来，互联网平台上屡次因某些知名人士"台独""港独"言行而掀起的舆论战，也反映出中国民众对国家统一和主权完整有强烈的体会和诉求。总体看来，中国民众的国家认同程度很高，基于对国家的热爱，民众在情感上对国家较为忠诚。

表 1-10　　　　　　　　　　政治认同

| | | 强烈反对 | 不太赞同 | 中立 | 比较赞同 | 非常赞同 | 总计 |
|---|---|---|---|---|---|---|---|
| 我为自己是中华民族的一分子而感到自豪 | 频数 | 5 | 13 | 150 | 750 | 5668 | 6586 |
| | 百分比（%） | 0.1 | 0.2 | 2.3 | 11.4 | 86.1 | 100.0 |
| 我国政府在中美经贸摩擦上应该更强硬 | 频数 | 38 | 112 | 587 | 1360 | 4489 | 6586 |
| | 百分比（%） | 0.6 | 1.7 | 8.9 | 20.6 | 68.2 | 100.0 |
| 看到台独的相关新闻时我感到愤怒 | 频数 | 273 | 93 | 377 | 928 | 4915 | 6586 |
| | 百分比（%） | 4.1 | 1.4 | 5.7 | 14.1 | 74.6 | 100.0 |

下列说法您的赞同程度为？

社会成员对其所在政治共同体的认同感越强，支持和拥护的程度才会越高，由此构成了政治统治的合法性。此外，民族认同作为一种稳定而持久的文化认同，使得人们对共同体产生稳固的"合法性信仰"，带来政治稳定。中国民众的高政治认同感表明，中国目前不会出现认同危机，这为政治发展提供了基本前提和不竭动力。

### （三）政治信任

政治信任指公众对政治体系、政治机构及其运行的信念和信心，是民众对于政治体系的基本评价与情感取向。① 本章通过询问受访者对政府、法院、检察院、人大、军队、警察的信任程度来考察中国民众的政治信任。

如表1-11所示,将"非常信任""比较信任""一般信任"定义为"信任",可发现民众对所列6个组织政治信任从高到低的排名为:军队、人大、检察院、警察、法院、政府,分别获得99.4%、96.9%、95.6%、94.7%、94.3%、94%的民众政治信任。整体来看,中国民众的政治信任水平极高,本章所涉及的6个组织都获得了九成以上民众的信任。

表1-11　　　　　　　政治信任

您对下列组织的信任程度如何?

| | | 非常不信任 | 不太信任 | 一般信任 | 比较信任 | 非常信任 | 总计 |
|---|---|---|---|---|---|---|---|
| 政府 | 频数 | 159 | 229 | 1438 | 2255 | 2505 | 6586 |
| | 百分比(%) | 2.4 | 3.5 | 21.8 | 34.2 | 38.0 | 100.0 |
| 法院 | 频数 | 131 | 248 | 1626 | 2252 | 2329 | 6586 |
| | 百分比(%) | 2.0 | 3.8 | 24.7 | 34.2 | 35.4 | 100.0 |
| 检察院 | 频数 | 105 | 187 | 1579 | 2250 | 2465 | 6586 |
| | 百分比(%) | 1.6 | 2.8 | 24.0 | 34.2 | 37.4 | 100.0 |
| 人大 | 频数 | 70 | 138 | 1217 | 1966 | 3195 | 6586 |
| | 百分比(%) | 1.1 | 2.1 | 18.5 | 29.9 | 48.5 | 100.0 |
| 军队 | 频数 | 15 | 21 | 370 | 1211 | 4969 | 6586 |
| | 百分比(%) | 0.2 | 0.3 | 5.6 | 18.4 | 75.4 | 100.0 |
| 警察 | 频数 | 155 | 196 | 1579 | 1879 | 2777 | 6586 |
| | 百分比(%) | 2.4 | 3.0 | 24.0 | 28.5 | 42.2 | 100.0 |

---

① 李艳霞:《何种信任与为何信任?——当代中国公众政治信任现状与来源的实证分析》,《公共管理学报》2014年第2期。

### (四) 政治信心

本章通过"您对我国的前途和命运持什么看法?"一题来反映中国民众的政治信心（如表1-12所示）。表示对中国的前途和命运"非常有信心"和"比较有信心"的民众占比93.4%，表示"不太乐观"和"很不乐观"的民众占比2.6%。原因可能在于，一方面，改革开放后，国家在各方面建设上都取得了显著成就，总体上呈现出积极昂扬的态势，激起了民众对未来的信心。另一方面，近年来，政府越发重视政治绩效宣传，中国在经济增长、科技发展、军事实力等方面取得的成就众所周知。政治绩效宣传在增强民众的国家自豪感和爱国热情的同时，也增强了民众对国家发展的信心。另外，2019年中华人民共和国成立70周年庆典的宣传热潮也在一定程度上增强了民众的爱国热情，塑造了民众对中国未来发展的普遍乐观。

表1-12　　　　　　　　　　政治信心

| 您对我国的前途和命运持什么看法? | | | |
| --- | --- | --- | --- |
|  | 频数 | 百分比（%） | 累计百分比（%） |
| 很不乐观 | 35 | 0.5 | 0.5 |
| 不太乐观 | 141 | 2.1 | 2.6 |
| 不太确定 | 261 | 4.0 | 6.6 |
| 比较有信心 | 1394 | 21.2 | 27.8 |
| 非常有信心 | 4755 | 72.2 | 100.0 |
| 总计 | 6586 | 100.0 | |

### (五) 政治期待

在"您认为目前中国最优先做的事情应该是什么?"一题中（如表1-13所示），选择"促进经济持续发展"的民众人数最多，占比28.8%。其次是"促进国家统一"和"维护国内政治稳定"，选择这两项的民众分别占比24.8%和24.7%。"深化政治体制改革"和"保护言论自由"被认为是中国目前发展中最不重要的事情，分别仅有6.1%

和 2.1% 的民众认为"深化政治体制改革"和"保护言论自由"应该是目前中国最优先做的事情。

表 1-13　　　　　　　　　政治期待（a）

| 您认为目前中国最优先做的事情应该是什么？ | 频数 | 百分比（%） | 累计百分比（%） |
| --- | --- | --- | --- |
| 维护国内政治稳定 | 1627 | 24.7 | 24.7 |
| 促进经济持续发展 | 1895 | 28.8 | 53.5 |
| 深化政治体制改革 | 401 | 6.1 | 59.6 |
| 保护言论自由 | 141 | 2.1 | 61.7 |
| 改善社会道德风气 | 891 | 13.5 | 75.2 |
| 促进国家统一 | 1631 | 24.8 | 100.0 |
| 总计 | 6586 | 100.0 | |

在"您认为目前中国第二优先做的事情应该是什么？"一题中（如表 1-14 所示），有 28.1% 的民众选择了"促进经济持续发展"，20.0% 的民众选择"维护国内政治稳定"，19.5% 的民众选择了"促进国家统一"。可见，当前民众认为"促进经济持续发展"是中国发展诸事项中最重要的事情。1978 年 12 月 18—22 日，党的十一届三中全会召开，作出把党和国家工作中心转移到经济建设上来，实行改革开放的历史性决策，中国民众的政治心理及行为方式也随之发生变化。民众对政府"促进经济持续发展"的期待表明，国家追求经济发展的总体势头影响着中国民众的政治心理。"维护国内政治稳定"被不少民众认为是中国在未来需要优先做的事情，导致这一结果的原因可能是：一方面，党和国家尤其强调政治秩序稳定，舆论宣传始终将社会的政治安定团结放在首位。另一方面，民众对现有政治体系比较认同，希望保持现有的政治制度和环境，对政治改革带来的不稳定性感到担忧。民众对"促进国家统一"的期待反映出中华民族追求"一"的统一性心态，可见，国家统一、领土完整对中国民众而言意义重大。在大部分民众看来，相较于"促进经济持续发展""维护国内政治稳定""促进国家统

一""深化政治体制改革"和"保护言论自由"对中国发展不太重要。

表1-14　　　　　　　　　政治期待（b）

| 您认为目前中国第二优先做的事情应该是什么？ | | | |
|---|---|---|---|
| | 频数 | 百分比（%） | 累计百分比（%） |
| 维护国内政治稳定 | 1316 | 20.0 | 20.0 |
| 促进经济持续发展 | 1852 | 28.1 | 48.1 |
| 深化政治体制改革 | 785 | 11.9 | 60.0 |
| 保护言论自由 | 243 | 3.7 | 63.7 |
| 改善社会道德风气 | 1105 | 16.8 | 80.5 |
| 促进国家统一 | 1285 | 19.5 | 100.0 |
| 总计 | 6586 | 100.0 | |

## 六　政治人格

政治人格是人格在政治生活中的反映，是政治主体在政治生活中表现出来的对政治生活的基本认知、态度和乐于采取的行为模式。一个国家或民族的群体性政治人格往往被称为"国民性"或"民族性"，是一国国民或民族成员在特殊社会历史条件下形成的各种心理与行为特征的总和。[①] 本章从个人与国家的关系、权威人格、现代政治价值取向三方面来测量中国民众政治人格。

### （一）个人与国家的关系

在帝制时期，传统农民的生产机会都掌握在皇权手中，减轻赋税、放粮赈灾等都仰仗皇恩浩荡，导致普通民众对皇权既崇拜又感恩。这种对领导者的感激和崇拜心态在当前也有部分体现。如表1-15所示，对

---

[①] 周晓虹：《理解国民性：一种社会心理学的视角——兼评英克尔斯的〈国民性：心理—社会的视角〉》，《天津社会科学》2012年第5期。

于"我的生活水平提高应该感谢党和政府的政策"这一说法,表示"非常赞同"和"比较赞同"的民众占比86.0%,表示"不太赞同"和"强烈反对"的民众占比3.7%。对于"我对领导国家走向强大的领导人表示崇敬"这一说法,94.5%的民众表示"非常赞同"和"比较赞同",仅有0.8%的民众表示"不太赞同"和"强烈反对"。可见,我国民众在心理上对国家较为依赖,倾向于将个人生活水平的提高归因于国家政策,对国家抱有感恩心态。

表1-15　　　　　　　　　　个人与国家的关系

| | | 强烈反对 | 不太赞同 | 中立 | 比较赞同 | 非常赞同 | 总计 |
|---|---|---|---|---|---|---|---|
| 我的生活水平提高应该感谢党和政府的政策 | 频数 | 70 | 171 | 682 | 1783 | 3880 | 6586 |
| | 百分比(%) | 1.1 | 2.6 | 10.4 | 27.1 | 58.9 | 100.0 |
| 我对领导国家走向强大的领导人表示崇敬 | 频数 | 17 | 34 | 315 | 1309 | 4911 | 6586 |
| | 百分比(%) | 0.3 | 0.5 | 4.8 | 19.9 | 74.6 | 100.0 |
| 我应该对社会和国家的发展担负起一定的责任 | 频数 | 10 | 37 | 327 | 1429 | 4783 | 6586 |
| | 百分比(%) | 0.2 | 0.6 | 5.0 | 21.7 | 72.6 | 100.0 |

对于"我应该对社会和国家的发展担负起一定的责任"这一说法,表示"非常赞同"和"比较赞同"的民众占比94.3%,表示"不太赞同"和"强烈反对"的民众占比0.8%。这表明,"天下兴亡,匹夫有责"的政治责任观对民众影响深远,个人奉献社会的责任观是民众普遍认可的道德伦理。

(二)权威人格

权威人格是一种基本人格类型,其典型特征表现为固守传统等级观念，敌视其他群体，顺从强有力的权威和以权威自居并存等。中国学者在对传统社会的研究中得出，中国传统政治文化是家长本位的政治文化，由此塑造了中国人的权威人格（皇权崇拜意识、虚伪好饰倾向和奴性仆从习惯）。[①] 传统社会中的普通民众崇尚权威，畏惧权威，是君主专制下的忠臣顺民。本章通过民众对以下四种说法的赞同程度测量现代民众的权威人格："即使有不同意见，老百姓也应该听政府的""只要政府的本意是为老百姓好，犯了错误也可以原谅""个人利益应该为集体和国家利益让步""新闻媒体应该接受政府的监管和审查"（如表1-16所示）。

表1-16　　　　　　　　　权威人格

| 下列说法您的赞同程度是？ | | 强烈反对 | 不太赞同 | 中立 | 比较赞同 | 非常赞同 | 总计 |
|---|---|---|---|---|---|---|---|
| 即使有不同意见，老百姓也应该听政府的 | 频数 | 476 | 1434 | 1812 | 1764 | 1100 | 6586 |
| | 百分比（%） | 7.2 | 21.8 | 27.5 | 26.8 | 16.7 | 100.0 |
| 只要政府的本意是为老百姓好，犯了错误也可以原谅 | 频数 | 682 | 1433 | 1488 | 1806 | 1177 | 6586 |
| | 百分比（%） | 10.4 | 21.8 | 22.6 | 27.4 | 17.9 | 100.0 |
| 个人利益应该为集体和国家利益让步 | 频数 | 116 | 220 | 860 | 2013 | 3377 | 6586 |
| | 百分比（%） | 1.8 | 3.3 | 13.1 | 30.6 | 51.3 | 100.0 |
| 新闻媒体应该接受政府的监管和审查 | 频数 | 84 | 251 | 697 | 1778 | 3776 | 6586 |
| | 百分比（%） | 1.3 | 3.8 | 10.6 | 27.0 | 57.3 | 100.0 |

对于"即使有不同意见，老百姓也应该听政府的"这一说法，表示"非常赞同"和"比较赞同"的民众占比43.5%，表示"不太赞

---

① 马庆钰：《论家长本位与"权威主义人格"——关于中国传统政治文化的一种分析》，《中国人民大学学报》1998年第5期。

同"和"强烈反对"的民众占比29.0%,对该说法表示认同的民众比反对的民众多出14.5个百分点。对于"只要政府的本意是为老百姓好,犯了错误也可以原谅"这一说法,45.3%的民众表示"非常赞同"和"比较赞同",32.2%的民众表示"不太赞同"和"强烈反对"。近半的民众对政府的职能与责任认知不足,对政府表现较为宽容。对于"个人利益应该为集体和国家利益让步"这一说法,81.9%的民众表示"非常赞同"和"比较赞同",仅有5.1%的民众表示"不太赞同"和"强烈反对",表明中国民众的集体主义倾向非常明显。对于"新闻媒体应该接受政府的监管和审查"这一说法,表示"非常赞同"和"比较赞同"的民众占比84.3%,表示"不太赞同"和"强烈反对"的民众占比5.1%。

可见,权威主义者在中国占多数,他们倾向于顺从政治权威,并且认为政府应该监管和审查新闻媒体。八成民众赞同"少数服从多数""个人利益服从集体利益"的价值取向,团体权利优先于个人权利。民众受到当下政治环境的影响,培养了顺从权威、遵守纪律、遵从集体利益等观念,形成了顺从型、依附型的权威人格。这一结果的可能原因在于,中国传统社会结构在几千年间呈现"家国同构"的特征,普通民众在宗族统治下,接受了等级秩序、孝悌仁义等观念的驯化,塑造了顺从型和依附型人格。这种人格成为民众政治人格形成的基础。费正清指出:在传统中国社会,"家庭生活中灌输的孝道和服从,是培育一个人以后忠于统治者并顺从国家现政权的训练基地"。[①] 这种传统文化价值延续至今,对中国民众政治人格的塑造持续发挥着重要作用。

### (三) 现代政治价值取向

一个国家的现代化不仅仅包括经济现代化、政治现代化、文化现代化等,也包括人的现代化。人的现代化描述的是现代化进程中人的行为、素质、能力和观念的一种深刻变化。有学者认为,作为现代社会的

---

① [美]费正清:《美国与中国》,张理京译,世界知识出版社1999年版,第22页。

价值体系,"现代性"体现为以下主导性价值:独立、自由、民主、平等、正义、个人本位、总体性、认同感、中心主义、崇尚理性、追求真理、征服自然等。①

如表1-17所示,本章通过民众对以下四种说法的赞同程度来反映中国民众的现代政治价值取向:"公共权力的行使应该置于宪法和法律的约束下""是否民主对我的生活影响不大""自由就是在遵守法律的前提下,想做什么就做什么""新闻媒体应该发挥对政府的监督作用"。

表1-17　　　　　　　　　现代政治价值取向

| 您对下列说法的赞同程度是? | | 强烈反对 | 不太赞同 | 中立 | 比较赞同 | 非常赞同 | 总计 |
|---|---|---|---|---|---|---|---|
| 公共权力的行使应该置于宪法和法律的约束下 | 频数 | 8 | 41 | 317 | 1645 | 4575 | 6586 |
| | 百分比(%) | 0.1 | 0.6 | 4.8 | 25.0 | 69.5 | 100.0 |
| 是否民主对我的生活影响不大 | 频数 | 792 | 1595 | 1329 | 1742 | 1128 | 6586 |
| | 百分比(%) | 12.0 | 24.2 | 20.2 | 26.5 | 17.1 | 100.0 |
| 自由就是在遵守法律的前提下,想做什么就做什么 | 频数 | 373 | 968 | 1039 | 1965 | 2241 | 6586 |
| | 百分比(%) | 5.7 | 14.7 | 15.8 | 29.8 | 34.0 | 100.0 |
| 新闻媒体应该发挥对政府的监督作用 | 频数 | 22 | 81 | 607 | 1616 | 4260 | 6586 |
| | 百分比(%) | 0.3 | 1.2 | 9.2 | 24.5 | 64.7 | 100.0 |

对于"公共权力的行使应该置于宪法和法律的约束下"这一说法,94.5%的民众表示"非常赞同"和"比较赞同",仅有0.7%的民众表示"不太赞同"和"强烈反对"。可见,对权力进行制约与监督已经成为普遍共识,中国民众对公共权力的认识和理解已形成一定的民主倾向。对于"是否民主对我的生活影响不大"这一说法,表示"非常赞

---

① 俞吾金:《马克思对现代性的诊断及其启示》,《中国社会科学》2005年第1期。

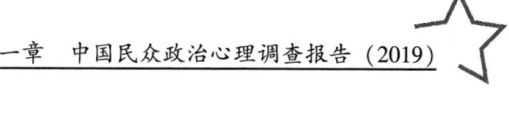

同"和"比较赞同"的民众占比43.6%，表示"不太赞同"和"强烈反对"的民众占比36.2%。导致这一现象的原因可能在于，一方面，部分民众对民主的认识不足，在对民主的理解上与现代政治价值观上的"民主"之间存在一定偏差；另一方面，民众与民主关联度不够紧密，使得民众对民主的感受和体会不深。对于"自由就是在遵守法律的前提下，想做什么就做什么"这一说法，63.8%的民众表示"非常赞同"和"比较赞同"，20.4%的民众表示"不太赞同"和"强烈反对"。对于"新闻媒体应该发挥对政府的监督作用"这一说法，89.2%的民众表示"非常赞同"和"比较赞同"，0.3%的民众表示"强烈反对"，1.2%的民众表示"不太赞同"。这意味着，现代政治价值观对中国民众产生了一定影响。民众已形成一定规则意识、法律意识、自由意识和监督意识，公民意识有所提升。

## 七 政治效能感与政治参与倾向

1954年，美国学者安格斯·坎贝尔（Angus Campbell）等人首次提出"政治效能感"（political efficacy）这一概念，将其界定为"公民认为自己能够在可能的社会和政治变革中发挥一定影响力的感觉"。[1] 从政治效能感的分类来看，学界的普遍做法是将其分为内部效能感与外部效能感。内部效能感一般是指公民对自身政治影响力的主观感知，即"我能对政治和社会系统有多大的影响"。外部效能感是基于公民从个体角度对政府、政治体系回应和反馈的主观感知，即"政府多大程度上会重视和回应我的要求"，着重考察个体对选民与政府之间互动关系的认知。[2]

---

[1] Angus Campbell, Gerald Gurin, and Warren E. Miller, *The Voter Decides*, New York: Row, Peterson and Company, 1954, p. 187.

[2] Rober E. Lane, *Political Life: Why People Get Involved in Politics*, New York: Free Press, 1959, p. 149.

### (一) 内部效能感

一般而言，当民众希望对政治过程有所影响，并且相信自己的行为会产生效果时，他们就会积极参政议政；反过来，当民众不相信自己在政治领域内会有所作为，不相信自己的行为会对政治事务产生任何影响时，他们就不会积极地参与政治实践活动。本章通过"您觉得自己的参与能够在一定程度上对政治事务产生影响"一题来考察中国民众的内部效能感（如表1-18所示）。总体而言，66.4%的中国民众不相信自己的政治参与能在一定程度上对政治事务产生影响，持相反意见的民众仅占比9.2%。可见，中国民众在政治参与方面的内部效能感低，民众普遍认为自己的参政、议政发挥的作用不大。

表1-18　　　　　　　　　　内部效能感

您觉得自己的参与能够在一定程度上对政治事务产生影响

|  | 频数 | 百分比（%） | 累计百分比（%） |
| --- | --- | --- | --- |
| 完全不符合 | 2714 | 41.2 | 41.2 |
| 比较不符合 | 1657 | 25.2 | 66.4 |
| 一般符合 | 1609 | 24.4 | 90.8 |
| 较为符合 | 432 | 6.6 | 97.4 |
| 非常符合 | 174 | 2.6 | 100.0 |
| 总计 | 6586 | 100.0 |  |

### (二) 外部效能感

外部效能感反映着公民对于政治系统对其可能的政治回应程度的主观感知，即"政治系统在多大程度上会重视、回应我的要求"。本章通过"您认为政府部门和领导干部对于公众政治参与的反应是积极有效的？"来考察中国民众的外部效能感（如表1-19所示）。48.3%的民众认为政府的回应是积极有效的，13.5%的民众持相反意见。总体来

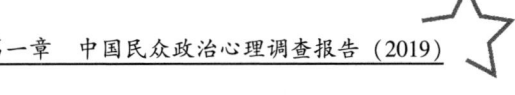

看,将近一半的中国民众外部效能感高。

表1-19　　　　　　　　　　外部效能感

| 您认为政府部门和领导干部对于公众政治参与的反应是积极有效的? |||| 
| --- | --- | --- | --- |
|  | 频数 | 百分比(%) | 累计百分比(%) |
| 很不认同 | 406 | 6.2 | 6.2 |
| 较不认同 | 483 | 7.3 | 13.5 |
| 一般 | 2519 | 38.2 | 51.7 |
| 比较认同 | 2160 | 32.8 | 84.5 |
| 非常认同 | 1018 | 15.5 | 100.0 |
| 总计 | 6586 | 100.0 |  |

### (三) 政治参与倾向

本章通过"如果遭到政府有关部门的不公正对待,您倾向于怎样做?"来考察中国民众的政治行为倾向(如表1-20所示)。在遭遇政府有关部门的不公正对待的背景下,选择"申请行政复议"的民众最多,人数比例达到38.2%;其次是"向有关部门写检举信或上访",人数比例达到31.8%,这两种途径成为中国民众遭遇政府有关部门不公正对待后的主要行为选择。另有10.5%的民众选择"忍了算了",9.2%的民众选择"向新闻媒体投诉",7.0%的民众选择"把事情曝光到网上",2.7%的民众选择"找政府机关里的关系帮忙",0.5%的民众选择"私下报复"。通过对中国民众政治行为倾向的测量,可以窥见其政治行为特点,首先,七成的民众选择遭遇不公正对待后"申请行政复议"和"向有关部门写举报信或上访",表明大部分中国民众相信政府部门会积极回应公众的政治参与行为,这一结论验证了前文提出的"中国民众外部效能感高"的观点。其次,中国民众的政治行为整体呈现出理性化、规范化的特点,多数民众选择在政府的规章制度下依法维权。最后,随着信息社会和网络时代的来临,民众不再拘泥于传统的政治参与方式,其维护个人权利的方式和渠道更为多元化。

表1-20　　　　　　　　　政治参与倾向

如果遭到政府有关部门的不公正对待，您倾向于怎样做？

| | 频数 | 百分比（%） | 累计百分比（%） |
|---|---|---|---|
| 忍了算了 | 693 | 10.5 | 10.5 |
| 申请行政复议 | 2516 | 38.2 | 48.7 |
| 向有关部门写检举信或上访 | 2096 | 31.8 | 80.5 |
| 找政府机关里的关系帮忙 | 181 | 2.7 | 83.3 |
| 向新闻媒体投诉 | 606 | 9.2 | 92.5 |
| 把事情曝光到网上 | 462 | 7.0 | 99.5 |
| 私下报复 | 32 | 0.5 | 100.0 |
| 总计 | 6586 | 100.0 | |

通过对民众政治效能感及政治参与倾向的测量可以发现，中国民众对其政治能力持有怀疑态度，期待并依赖政府部门对他们的政治行为给予回应和反馈。"低内部效能感、高外部效能感"的中国民众参与政治活动时的态度是消极的——他们对选举、投票、参与社会抗争等政治活动的热情不高，认为自己的政治参与不会对社会公共事务产生影响；同时相信政府和政治体系能够充分理解并回应他们的政治诉求。

## 八　讨论与总结

政治认知、政治评价、政治态度、政治人格和政治参与倾向相互联系，共同构成社会成员政治心理的全过程。从本章的分析讨论中可以发现，虽然大部分民众不具备理解政治理论的理性自觉，但他们对中国社会发展中的微小变动迅速做出相对感性、积极的反应。这种反应不仅作用于国内政治生活，也作用于国际关系之中；不仅作用于当下的政治生活，也会逐渐积淀为中国绵延不绝的政治文化。本章通过对中国民众政治心理进行调查分析，得出以下三方面结论。

首先，现阶段，中国民众对国家政治体系的高度评价、信任、认同和支持为国家政权提供了牢固的合法性基础。合法性是社会成员对于政治统治正当性的承认，强调的是民众对政治统治心理上的认同、支持和信任。第一，从政府绩效评价来看，政府在促进经济发展、维护社会秩序、缩小贫富差距、打击腐败、维护司法公正等方面所做出的努力满足社会成员的利益需求，得到民众的高度评价。有效性是合法性的重要基础之一，国家政权的合法性需要有一定的政府绩效支撑。从这一角度看，中国现阶段的合法性基础较为稳固。第二，从政治支持来看，中国政治制度得到社会公众的接受和认可，赢得七成以上民众的政治支持。可以说，作为中国政权合法性重要来源的政治支持处于较高水平，这也是中国长治久安的重要保障。第三，从政治认同来看，中国民众的民族认同感和国家认同感很高，基于对中华民族的归属感以及对国家的热爱，民众在情感上对国家较为忠诚。第四，从政治信任来看，本章所涉及的6个政府机构和组织都获得了九成以上民众的信任，表明中国民众对政治体系、政治机构及其运行的信任程度高。第五，从政治信心来看，九成民众对中国未来局势的预测持乐观态度，对国家的前途和命运有信心。综上所述，现阶段，中国民众对政府绩效满意度高，对政治体制的支持水平高，对民族及国家的认同感强烈，对各个政府机构的信任程度高，对国家未来的发展充满信心。由此可见，中国政治合法性基础十分稳固，国家政权的统治压力较小，在短期内遭遇冲击的可能性不大。

其次，中国民众的公民意识已初步形成，但其政治人格仍以权威人格为主导，正处于向"公民"转型的现代化过程之中。第一，从中国民众的政治认知现状来看，其认知意愿较为浓厚，对政治有较大兴趣和热情，但其认知水平较低，相关理论知识储备不足。第二，从个人与国家的关系来看，中国民众对领导者秉持感激和崇拜的政治心态，在心理上对国家较为依赖，个体的自主性和能动性作用尚未得到有效发挥。第三，从民众对权威的态度来看，在中国的现代化转型过程中，民众尚未具有独立人格和自我价值认知，倾向于顺从权威。第四，从民众的现代政治价值取向来看，中国民众具备一定的法律意识、监督意识和自由意识，其公民意识已初步形成。第五，从民众的政治效能感来看，其内部效能感较低，认为自己的参政行为不会对政治事务产生任何影响；外部效能感较高，认为政府部门和领导干部对公众政治参与的反应积极有效。综上所述，一方面，传统政治价值仍发挥着关键作用，民众还未摆脱传统的政治思维模式，仍由权威人格主导；另一方面，民众对现代政治价值有一定了解，公民意识已初步形成。可见，中国正处于公民的现代化转型过程中。

最后，基于中国民众政治心理现状及特征，党和政府在未来国家治理工作和政治决策过程中，应当将治理重心放在以下几个方面：第一，促进经济持续发展、促进国家统一、维护国内政治稳定，以满足中国民众的政治期待；第二，严控贫富差距扩大化，通过完善个税制度、推动消费税改革、促进城乡协调发展等方式缩小贫富差距，以提高中国民众的政治评价；第三，促进公民文化建设，加快中国民众从"臣民"走向"公民"、从"传统"走向"现代"的转型进程。只有人的现代化与国家治理的现代化协同并进，方能使得公民个体与国家关系形成良好的互动循环，加快现代化发展进程，促进国家治理目标的实现。

# 第二章

## 政府满意度、生活满意度与基层人大选举参与

——基于2019年"中国民众政治心态调查"的分析

基层人大选举参与是我国社会主义民主建设的重大议题，也是公民基于整体生活质量、政府工作表现认知的行为选择。根据6579份全国性调查问卷，本章对政府满意度、生活满意度与基层人大选举参与的关系进行了考察。研究发现：政府满意度和生活满意度均对基层人大选举参与具有显著正向影响；生活满意度在政府满意度和基层人大选举参与之间起到了部分中介作用。上述研究结果表明，尽管政府满意度高的公民比政府满意度低的公民参与基层人大选举的概率更高，但这一差异不完全由政府满意度造成，还受到生活满意度的中介效应影响。为此，我们建议，要从认知重构、注意力引导以及互动情境营造入手，促进公民的政府满意度、生活满意度转化为基层人大选举参与行为。

## 一 引言

"得民心者得天下，失民心者失天下，人民拥护和支持是党执政最

牢固的根基。"① 作为彰显民心、表达民意的一种制度化形式，基层人大选举允许公民直接表达政治意见，能够在较短时间内汇聚多数人的想法并达成一定的政治承诺，从而得到广泛关注。从主流话语来看，公民参与人大选举无疑具有极强的政治意义。无论是党的十九大报告指出要"扩大人民有序政治参与"②，还是党的十九届五中全会强调让"人民平等参与、平等发展权利得到充分保障"③，均反映出以基层人大选举为主要形式的公民政治参与被提升到中国社会主义民主建设的重要位置。从经验现实来看，基层人大的转型升级离不开公民的深度参与。相较于"政治嵌入"，重视公民力量的"社会嵌入"更能体现人大机关的代表性和回应性，推动人大机关的进一步发展。④ 因此，如何在基层人大选举活动中更好地发挥公民作用显得尤为重要。

有关研究在对近年来中国公民政治参与趋势进行总结时发现，虽然基层选举活动仍是中国公民政治参与的首选方式，但投票参与在所有政治参与活动中的占比已由 2002 年的 54.6% 下降至 2015 年的 46.9%，公众政治参与正处于由传统型政治参与向效用型政治参与的转型时期。⑤ 这意味着，当前公民参与基层人大选举并不必然是政治动员的被动结果，而是公民表达"对现行权威结构的支持""维护或获取自身利益"⑥ 的自觉选择。也就是说，公民的政治参与行为将会越发紧密地与

---

① 习近平：《在党的群众路线教育实践活动总结大会上的讲话》，《人民日报》2014 年 10 月 9 日第 2 版。
② 习近平：《决胜全面建成小康社会 夺取新时代中国特色社会主义伟大胜利——在中国共产党第十九次全国代表大会上的报告》，《人民日报》2017 年 10 月 28 日第 1 版。
③ 《中共中央关于制定国民经济和社会发展第十四个五年规划和二〇三五年远景目标的建议》，《人民日报》2020 年 11 月 4 日第 1 版。
④ 庄文嘉、岳经纶：《政治嵌入，还是嵌入社会——2006—2009 年地方人大经费支出的影响因素分析》，《学术研究》2014 年第 1 期。
⑤ 易申波、肖唐镖：《衰落抑或转型：近年来我国公民政治参与的新动向——基于 3 波 ABS 调查数据的分析》，《探索》2017 年第 3 期。
⑥ 刘欣、朱妍：《中国城市的社会阶层与基层人大选举》，《社会学研究》2011 年第 6 期。

# 第二章 政府满意度、生活满意度与基层人大选举参与

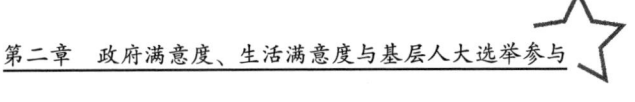

个体的内心感受、分析判断联系在一起。在此背景下，如果没有对公民的政府满意度、生活满意度进行重新审视，我们将难以理解公民选择"参与"或者"不参与"基层人大选举背后的心理动因，也将难以推动"建设人民满意的服务型政府"[①]目标的实现。

尽管公民的政府满意度和生活满意度在基层人大选举参与实践中起到不可忽视的作用，但是这种重要影响并未得到有效探讨。目前有关主观因素与基层选举参与之间关系的研究主要集中于村委会/居委会选举以及村/单位选举层面，[②]即使部分研究将焦点转向基层人大选举，也仅限于关注城镇居民等特定群体[③]或者一定区域范围内的公民选举参与情况[④]，而不是对基层人大选举参与进行整体性讨论。如果能够从政府满意度和生活满意度出发，对基层人大选举参与的主观影响因素开展整体性研究，厘清基层人大选举参与的认知机制，不仅有助于扩充现有研究内容，还能够为中国公民政治参与行为研究提供更丰富的理论内涵。

本章内容安排如下：第二部分对制度化政治参与和人大选举参与进行简要回顾；第三部分对本章的理论框架和研究假设进行阐述；第四部分介绍了本章的数据来源、主要变量和样本特征；第五部分对实证分析结果进行了讨论；第六部分进一步指出了研究发现对政策和理论的影响。

---

[①] 习近平：《决胜全面建成小康社会 夺取新时代中国特色社会主义伟大胜利——在中国共产党第十九次全国代表大会上的报告》，《人民日报》2017年10月28日第1版。

[②] John James Kennedy, Haruka Nagao, and Liu Hongyan, "Voting and Values: Grassroots Elections in Rural and Urban China", *Politics and Governance*, Vol. 6, No. 2, 2018, pp. 90 – 102；王丽萍、方然：《参与还是不参与：中国公民政治参与的社会心理分析——基于一项调查的考察与分析》，《政治学研究》2010年第2期。

[③] Chen Jie, and Zhong Yang, "Why Do People Vote in Semicompetitive Elections in China?" *The Journal of Politics*, Vol. 64, No. 1, 2002, pp. 178 – 197.

[④] 郑建君：《参与意愿的中介效应与政治知识的边界效应——基于政治效能感与参与行为的机制研究》，《南京大学学报》（哲学·人文科学·社会科学）2019年第3期。

## 二 文献综述

### (一) 制度化政治参与

一般认为,政治参与不仅具有多元形态,涉及"政治系统的所有层次",还对"个体道德、公民健康和国家的政治生活"均具有积极意义。[①] 以参与方式是否程序化为标准,可以将政治参与划分为制度化政治参与和非制度化政治参与。与非制度化政治参与不同,制度化政治参与强调公民的政治参与行动在制度过程中展开。罗维和弗鲁尔从信息传递视角出发,将制度化政治参与进一步划分为两种模式:一是自上而下的单向沟通模式。在这种模式中,公民处于被动接受位置,政治参与水平较低,如以传递科学知识为主要目标的新闻发布会。二是双向对话与信息交换。这种模式中的公民扮演着更为积极、主动的角色,政策制定成为公民与政府间互动的结果。[②] 很显然,具有一定民主价值取向的基层人大选举属于后者。随着中国人大选举制度改革由"协商酝酿"转变为"适度竞争",人大监督功能由"形式化监督"转变为"实质性监督",[③] 公民已经获得具有一定开放性的政治机会结构,这成为扩大制度化政治参与、削弱非制度化政治参与的有利条件。但是,中国制度化政治参与和非制度化政治参与之间的现实界限并不清晰,甚至存在"行政吸纳"的"中间地带"。[④] 这种模糊状态使得部分群体的意志与利益未能得到有效表达,其政治参与行为也未能完全进入制度化轨道,

---

[①] Frank Bealey, *The Blackwell Dictionary of Political Science*, Oxford, UK: Blackwell Publishing Ltd, 1999, p. 254.

[②] Gene Rowe, and Lynn Frewer, "Public Participation Methods: A Framework for Evaluation", *Science, technology, & human values*, Vol. 25, No. 1, 2000, pp. 3-29.

[③] 陈文、陈科霖:《当代中国政治制度研究 70 年的进路与逻辑》,《政治学研究》2019 年第 6 期。

[④] 郎友兴、谢安民:《行政吸纳与农民工政治参与的制度化建设——以浙江省乐清市 L 镇"以外调外"实践为例》,《理论与改革》2017 年第 4 期。

存在一定的社会治理风险。只有妥善处理好政治参与和制度化水平之间的关系，将政治参与和制度化水平的比率控制在合理范围内，才能真正保持国家的政治稳定。① 本章聚焦于基层人大选举参与这种制度化程度相对较高的政治参与活动，并将公民的基层人大选举行为视为在既定制度框架内进行的政治行动，强调公民依托于投票这类制度化渠道进行认知传递和意愿表达。

### （二）人大选举参与

目前，中国人大选举制度建设工作仍在持续推进中。与以往相比，最明显的变化在于，人大代表选举方式由等额选举转变为差额选举，直接选举范围也由乡一级拓展到县一级。② 这不仅为公民参与基层人大选举活动提供了精神动力和选择余地，还为中国发展参与型政治文化奠定了制度基础。党的十八大以来，中国人大选举制度建设工作进入了新阶段：一是在关系确认方面，"人大与人民群众的关系"被列入人大工作重点关注的"五个关系"；二是在机构定位方面，人大及其常委会在"党的领导、人民当家作主和依法治国"中的桥梁角色逐渐凸显；③ 三是在人大代表定位方面，人大选举制度对人大代表的代表性和工作能力提出了更高的要求；四是在制度环境方面，通过开辟人大代表联络站、立法听证会、座谈会等多种渠道，中国为公民进行利益表达、加强与人大代表的日常联系提供制度便利。但是，在人大选举制度日趋完善的同时，选举参与冷漠、选举参与行动转化率不高④等一系列问题依然存在。根据理性选择制度主义理论，基层人大选举参与是人大选举制度与公民个体互动的产物。在相关制度条件已经较为完善的前提下，公民参

---

① ［美］塞缪尔·亨廷顿：《变化社会中的政治秩序》，王冠华等译，生活·读书·新知三联书店1989年版，第73页。
② 何俊志：《当代中国人大代表选举研究的话语比较》，《探索》2018年第3期。
③ 郝铁川、竺常赟：《试论习近平同志关于人大理论和工作的新阐述》，《学习与探索》2019年第8期。
④ 徐理响：《论基层群众选举认知与行动间的悖论》，《学术界》2019年第11期。

选率不高的原因部分源于公民自身。这的确反映了公民政治参与实践的部分事实，但也忽略了中国公民向"政治人"转化过程中的自我评判倾向。公民的参与动机并不能直接转化为基层人大选举参与行为，而是受到公民主观认知的重要影响。因此，我们在分析公民的基层人大选举参与行为时，有必要从微观层面出发，将公民的认知因素纳入分析范围内，分析公民对日常生活、政府绩效的认知如何以及在多大程度上转化为基层人大选举过程中的投票行为。

## 三　理论框架与研究假设

### （一）认知行为理论与倒置溢出理论

认知行为理论，又称认知行为疗法（cognitive - behavioral theory/therapy），是行为理论和认知理论在概念、方法、技术等方面进行一定整合的结果。该理论最早应用于个体和群体的心理疾病、消极行为治疗，随后扩展到积极行为引导、建构等领域。哈耶斯曾对认知行为理论的发展历程进行了阶段性划分，即将情绪与行为直接关联、推动经验转向的第一波，将研究焦点由行为转向认知作用的第二波以及关注心理现象的语境和功能变化的第三波。[①] 虽然认知行为理论内部仍存在较大分歧，但它们都具有以下共同点：第一，对认知和行为进行了根本性区分，指出认知活动能够对人类行为产生重要影响，而且人类行为会随着认知活动的改变而改变。[②] 第二，研究者通常围绕情感、认知与行为之间的关系开展相关研究，并开发了诸如 KAP 模型、社会认知理论等分

---

[①] Steven C. Hayes, "Acceptance and Commitment Therapy, Relational Frame Theory, and the Third Wave of Behavioral and Cognitive Therapies", *Behavior Therapy*, Vol. 35, No. 4, 2004, pp. 639 – 665.

[②] Stephen D. A. Hupp, David Reitman, and Jeremy D. Jewell, "Cognitive – Behavioral Theory", in Hersen, M., and Gross A. M. (eds.), *Handbook of Clinical Psychology*, Vol. 2: *Children and Adolescents*, Hoboken, NJ, US: John Wiley & Sons Inc., 2008, p. 263.

## 第二章 政府满意度、生活满意度与基层人大选举参与

析框架。但是，认知行为理论一方面未能对认知作用于行为的过程进行明确回答，另一方面也未能对认知的内涵和层次进行明确界定，使得认知与其他变量之间的关系呈现出模糊状态。例如，罗森博格将情感与认知统一于态度之中[1]，而弗里吉达则指出情感涉及基础性的认知过程[2]。对认知定义和作用过程的模糊处理在一定程度上限制了认知行为理论的解释力。

如果说认知行为理论将研究对象的内在认知与外在行为进行了统合，倒置溢出理论（bottom-up spillover theory）则揭示了特定认知变量的层次结构，对位于不同层面或领域的认知之间的关系进行了探讨，从而部分弥补了认知行为理论的不足。具体而言，倒置溢出理论主要关注满意度这一认知变量，将满意度按照由低到高的顺序依次划分为：与具体生活事件密切相关的满意度，与家庭、休闲、工作等特定生活领域密切相关的满意度以及整体生活满意度。[3] 倒置溢出理论认为，低层级的满意度对高层级的满意度具有一种自下而上的垂直溢出效应。事实上，这种认知影响已经得到部分研究的证实。例如，戴维斯等人对主要欧盟国家的调查表明，住房满意度和邻里满意度对整体生活满意度具有显著预测作用。[4] 而瑟奇等人则发现，良好的旅游体验不仅对休闲生活领域的满意度具有积极作用，还进一步影响了整体生活满意度。[5]

因此，为了更好地理解公民的基层人大选举参与行为的认知机制，

---

[1] 参见 Richard Cooke, and Paschal J. Sheeran, "Moderation of Cognition – Intention and Cognition – Behaviour Relations: A Meta – Analysis of Properties of Variables from the Theory of Planned Behaviour", *British Journal of Social Psychology*, Vol. 43, No. 2, 2004, pp. 159 – 186。

[2] Nico H. Frijda, "The Place of Appraisal in Emotion", *Cognition & Emotion*, Vol. 7, No. 3 – 4, 1993, pp. 357 – 387.

[3] M. Joseph Sirgy et al., "Developing a Measure of Community Well – being Based on Perceptions of Impact in Various Life Domains", *Social Indicators Research*, Vol. 96, No. 2, 2010, pp. 295 – 311.

[4] Earl E. Davis, and Margret Fine – Davis, "Social Indicators of Living Conditions in Ireland with European Comparisons", *Social Indicators Research*, Vol. 25, No. 2 – 4, 1991, pp. 103 – 365.

[5] M. Joseph Sirgy et al., "How Does a Travel Trip Affect Tourists' Life Satisfaction?", *Journal of Travel research*, Vol. 50, No. 3, 2011, pp. 261 – 275.

本章选择认知行为理论和倒置溢出理论作为分析工具。本章将认知界定为个体基于特定情境对自我关系和自我与他者间关系的思维过程，这在相当程度上设定并限制了个体的行为选择空间。① 基层人大选举参与行为正是来自公民个体对这两种关系的判断。政府满意度是公民个体对公民与政府间关系这一特定领域的判断，而生活满意度则是公民个体对自我生活质量的综合评估。一言以蔽之，认知行为理论为政府满意度、生活满意度这两个认知变量与基层人大选举参与行为之间搭建了理论桥梁，而倒置溢出理论则对政府满意度和生活满意度的认知层面和作用方向进行了明确定位。

### (二) 政府满意度、生活满意度与基层人大选举参与

#### 1. 政府满意度与基层人大选举参与

政府满意度是公民政治态度的彰显，也是公民是否接受政府领导[②]的重要指标之一。本章对政府满意度的考察主要限定在"政府职能范围满意"[③]范围内，认为公民定期对政府各项工作表现进行评价，有利于政府及时回应公民现实需求，不断提升公共服务水平。现有研究已经意识到公民对政府表现的满意度与其政治行为之间的可能关联，这表现为以下两点：第一，公民的政府满意度对其参与不同类型的政治活动的意愿具有显著影响。例如，公民对政府工作的满意程度对其参与温和型、激烈型群体性事件具有良好的预测作用。[④] 第二，公民对政府绩效的良好评价会促进公民的制度化政治参与行为。公民对公共政策的满意

---

① Kristen Renwick Monroe, and Connie Epperson, "'But What else Could I Do?' Choice, Identity and a Cognitive - Perceptual Theory of Ethical Political Behavior", *Political Psychology*, Vol. 15, No. 2, 1994, pp. 201 – 226.
② 朱志玲：《矛盾遭遇对基层政府满意度的影响——以社会公平感、社会安全感为中介变量》，《华东理工大学学报》（社会科学版）2018 年第 5 期。
③ 王浦劬、孙响：《公众的政府满意向政府信任的转化分析》，《政治学研究》2020 年第 3 期。
④ 李保臣、李德江：《生活满意感、政府满意度与群体性事件的关系探讨》，《中南民族大学学报》（人文社会科学版）2013 年第 2 期。

程度越高，越倾向于采取制度化维权行为，反之则易引起过激维权行为。① 对政府表现感到满意的公民会更倾向于参与选举投票活动以表示对政府的支持。② 由此推断，公民对政府表现的满意度可能会对其基层人大选举参与行为具有正向作用。

2. 生活满意度与基层人大选举参与

作为主观幸福感的认知部分，生活满意度是人们根据一定标准对其整体生活质量的主观判断③，反映了个体愿望与现实之间的差距④。部分学者将生活满意度视为被解释变量以分析特定群体的生活满意度的可能影响因素。例如，有学者发现邻里联系、非正式社会参与等因素对北京等地的城乡居民的生活满意度产生正向作用。⑤ 也有学者将生活满意度视为解释变量以探讨其对公民的个性特征和行为的影响。较高的生活满意度不仅能提高公民对周围环境的适应性，塑造公民的成熟人格⑥，还降低了公民选择持有股票等风险性资产⑦的可能性。具体到政治学研究领域，有关研究表明，生活满意度与政治参与行为之间可能存在显著相关关系⑧，主观幸福感越高的公民越倾向于进行制度化政治参

---

① 卢海阳、郑逸芳、黄靖洋：《公共政策满意度与中央政府信任——基于中国 16 个城市的实证分析》，《中国行政管理》2016 年第 8 期。

② Daniel Stockemer, "What Drives Unconventional Political Participation? A Two Level Study", *The Social Science Journal*, Vol. 51, No. 2, 2014, pp. 201 – 211.

③ Edward Diener et al., "The Satisfaction with Life Scale", *Journal of Personality Assessment*, Vol. 49, No. 1, 1985, pp. 71 – 75.

④ ［葡］佩德罗·孔塞桑、罗米娜·班德罗：《主观幸福感研究文献综述》，卢艳华译，《国外理论动态》2013 年第 7 期。

⑤ 马丹：《社会网络对生活满意度的影响研究——基于京、沪、粤三地的分析》，《社会》2015 年第 3 期。

⑥ Jule Specht, Boris Egloff, and Stefan C. Schmukle, "Examining Mechanisms of Personality Maturation: The Impact of Life Satisfaction on the Development of the Big Five Personality Traits", *Social Psychological and Personality Science*, Vol. 4, No. 2, 2013, pp. 181 – 189.

⑦ 张海洋、耿广杰：《生活满意度与家庭金融资产选择》，《中央财经大学学报》2017 年第 3 期。

⑧ ［英］宋丽娜、西蒙·阿普尔顿：《中国城市地区的生活满意度：构成要素与决定因素》，肖辉译，《国外理论动态》2014 年第 6 期。

与活动①。根据马斯洛的需求层次理论，人们的各类需求具有一定优先次序。当人们最基本的生活需求得以满足，其会进一步寻求诸如尊重和自我实现需求的满足。② 当生活满意度得以提高时，公民参与基层人大选举活动的可能性也会随之提高。

根据本章的理论框架，政府满意度和生活满意度均属于认知因素，但两者所涉及的范围与层次并不相同。政府满意度是公民对政府工作表现这一生活子领域的特定认知，而生活满意度是公民对周遭生活的总体认知。伊兰指出，公民的主观认知需要一定的转变过程才能转换为政治参与行为③，而已有研究表明政府满意度与生活满意度之间可能存在显著正相关关系④。由于"溢出效应"的存在，公民对政府绩效的良好认知会对生活满意度产生积极作用。进而言之，公民的政府满意度可能会通过生活满意度对其基层人大选举参与行为产生间接影响。

因此，针对政府满意度、生活满意度以及基层人大选举参与之间的关系，可以提出以下假设：

H1：政府满意度与基层人大选举参与之间存在显著正相关关系。公民的政府满意度越高，其参与基层人大选举活动的可能性越高。

H2：生活满意度与基层人大选举参与之间存在显著正相关关系。公民的生活满意度越高，其参与基层人大选举活动的可能性越高。

---

① Jasmine Lorenzini, "Subjective Well-being and Political Participation: A Comparison of Unemployed and Employed Youth", *Journal of Happiness Studies*, Vol. 16, No. 2, 2015, pp. 381-404.

② 参见 Mahmound A. Wahba, and Lawrence G. Bridwell, "Maslow Reconsidered: A Review of Research on the Need Hierarchy Theory", *Organizational Behavior and Human Performance*, Vol. 15, No. 2, 1976, pp. 212-240。

③ Eran Vigoda-Gadot, "Citizens' Perceptions of Politics and Ethics in Public Administration: A Five-year National Study of Their Relationship to Satisfaction with Services, Trust in Governance, and Voice Orientations", *Journal of Public Administration Research and Theory*, Vol. 17, No. 2, 2007, pp. 285-305.

④ M. Joseph Sirgy et al., "A Method for Assessing Residents' Satisfaction with Community-Based Services: a Quality-of-life Perspective", *Social Indicators Research*, Vol. 49, No. 3, 2000, pp. 279-316；郑昱：《生活满意度与政府满意度的关系变迁——基于2005年—2010年某省城乡居民社会态度的调查数据》，《天津行政学院学报》2014年第3期。

第二章　政府满意度、生活满意度与基层人大选举参与

H3：政府满意度与生活满意度之间存在显著正相关关系。公民的政府满意度越高，其对生活的满意度越高。

H4：生活满意度在政府满意度与基层人大选举参与的关系中起到中介作用。

## 四　数据来源、变量选取与样本特征

### （一）数据来源

本章所使用的数据来源于武汉大学地方政治研究中心2019年"中国民众政治心态调查"项目组的调研。该调查数据采用了分层抽样方法，根据中国行政区划，抽样分为两层：第一层为一级行政区划单位，包括中国31个省、自治区、直辖市（不含港澳台地区）；第二层为二级行政区划单位，包括31个一级行政单位下的各个地区、盟、自治州、（地级）市。本次调查将调查对象限定为全国范围内18周岁以上具有完全行为能力的公民，调查内容主要涉及中国民众的政治社会心态和政治行为。作为一项专门性的深度调查，本次调查委托专业调查公司进行数据录入，通过电话访谈的方式共获得7015份样本。在问卷设计阶段，笔者进行了小规模试调查，向专家咨询问卷修改意见，剔除不合理选项后形成最终调查问卷。整个调查过程受到严格监控，有效确保了调查数据的质量。经过后期处理，本章剔除了部分逻辑混乱、信息缺失的样本，获得有效样本6579份。本章所使用的调查数据具有一定优势：第一，时效性强。通过对2019年中国民众的政治社会心态和政治行为数据进行分析，能够反映当前中国民众的政治社会价值判断和行为倾向。第二，覆盖面广。本次调查作为一项全国性调查，研究对象包括全国范围内18周岁及以上的公民，有关结论具有代表性和普遍意义。

### （二）变量选取

根据本章的研究目的，选取基层人大选举参与、政府满意度和生活

满意度作为主要变量,各变量的具体赋值如表2-1所示。

表2-1　　　　　　　　　　变量赋值情况

| 变量名称 | 变量赋值 |
| --- | --- |
| 政府满意度 | 取各题项的算术平均值 |
| 生活满意度 | 1—10 |
| 性别 | 男=1,女=0 |
| 年龄 | 18—34岁=1,35—54岁=2,55岁及以上=3 |
| 文化程度 | 文盲=1,小学=2,初中=3,高中=4,中职=5,大学专科=6,大学本科=7,研究生及以上=8 |
| 户口类型 | 农业户口=1,非农业户口=0 |
| 政治面貌 | 党员=1,非党员=0 |
| 职业 | 国家机关人员=1,非国家机关工作人员=0 |
| 现居地类型 | 乡镇=1,县或县级市=2,中等城市(地级市)=3,大城市(直辖市、省会城市、特区城市等)=4 |
| 基层人大选举参与 | 参与=1,没参与=0 |
| 人大代表候选人推荐 | 从不=1,偶尔=2,一般=3,经常=4,总是=5 |

(1) 基层人大选举参与。基层人大选举参与是本章的被解释变量。通过"您是否在最近一次当地人大代表选举中投票"[①] 进行测量。回答"是"赋值为1,回答"否"赋值为0。

(2) 政府满意度。通过询问"您如何评价下列领域(促进经济发展、缩小贫富差距、打击腐败、维护社会秩序和维护司法公正)中的政府表现"进行测量。回答"非常不满意"赋值为1,回答"不太满意"赋值为2,回答"一般满意"赋值为3,回答"比较满意"赋值为4,回答"非常满意"赋值为5,并取样本对上述5个方面的回答的算术平均值为政府绩效评价的最终测量结果,该量表的α系数为0.817。

(3) 生活满意度。通过询问"从1到10,您的生活整体满意度是

---

① 本章"人大选举"是指县(区)乡(镇)两级的人大代表选举活动,这也是绝大多数公民最常参与的人大选举活动。

多少？1表示非常不满意，10表示非常满意"进行测量。

（4）人大代表候选人推荐。通过询问"在过去的三年中，您'在人大选举中推荐候选人'的参与情况如何？1表示从不参与，2表示偶尔参与，3表示一般参与，4表示经常参与，5表示总是参与"进行测量。

（5）人口统计学变量。在参考以往文献的基础上，本章将性别、年龄、户口类型、现居地类型、文化程度、政治面貌和职业设为控制变量。

(三) 样本特征

总体而言，本章的样本具有以下特征：从性别分布来看，样本共包括4316名男性和2263名女性，近一年内参与过基层人大选举活动的公民主要为男性，占比70.6%；从年龄分布来看，年龄段人数最多的是18—34岁，占比为46.5%，近一年内参与过基层人大选举活动的公民主要集中于35—54岁，这部分群体占参与投票群体的51.9%；从户口类型来看，两类居民分布较为均衡，农业户口居民为3319人，非农业户口居民为3260人。在参与基层人大选举活动的群体中，非农业户口居民参与程度略高于农业户口居民，占比为55.1%；从现居地类型来看，调研对象主要居住于乡镇，占比为33.7%，在参与基层人大选举活动的群体中，居住于乡镇的居民参与率最高，占比为35.6%；从文化程度来看，占比最高的是大学专科生，为25.1%，而参与基层人大选举活动的群体多数都拥有本科学历，占比为25.1%；从政治面貌来看，参与本次调研的公民主要为非党员群体，占比为81.2%，在参与基层人大选举活动的群体中占比为65.4%；从职业分布来看，非国家机关工作人员占大多数，占比为96.1%，同时他们也是参与基层人大选举活动的主要群体，占比为92.3%。

## 五 实证分析

### (一) 相关性分析

本章在变量赋值的基础上对各变量进行了相关性分析（如表2-2所示）。结果显示，基层人大选举参与与政府满意度、生活满意度均呈现显著的正相关（在1%的置信水平上显著），政府满意度与生活满意度之间呈现显著的正相关（在1%的置信水平上显著），初步验证了前文提出的有关研究假设。此外，基层人大选举参与与性别、年龄、户口、现居地、文化程度、政治面貌和职业均呈现显著相关关系，因此，这些人口统计学变量可作为后续分析的控制变量。

### (二) Logit 回归分析

由于被解释变量基层人大选举参与是离散变量且公民只有两种选择，$y=1$（参与投票）或 $y=0$（没有参与投票），因此本章选择Logit模型对调研数据进行回归分析（如表2-3所示）。

在模型1中，加入控制变量后，除了文化程度和户口类型，其他变量均对公民的基层人大选举参与行为具有显著影响。在其他因素不变的情况下，男性的基层人大选举参与概率是女性的1.18倍；相对于18—34岁的公民，35—54岁的公民的基层人大选举参与概率高2.39倍，55岁及以上的公民的基层人大选举参与概率高3.06倍；与居住于乡镇的公民相比，居住于县或县级市的公民的基层人大选举参与概率高0.81倍，居住于中等城市的公民的基层人大选举参与概率高0.68倍，居住于大城市的公民的基层人大选举参与概率高0.71倍；党员的基层人大选举参与概率是非党员的2.24倍，国家机关工作人员的基层人大选举参与概率是非国家机关工作人员的1.57倍。在模型2中，加入政府满意度后，在其他因素不变的条件下，政府满意度每增加一个单位，公民

表 2-2　变量的均值、标准差和相关系数

| | 1 | 2 | 3 | 4 | 5 | 6 | 7 | 8 | 9 | 10 |
|---|---|---|---|---|---|---|---|---|---|---|
| 1. 基层人大选举参与 | 1 | | | | | | | | | |
| 2. 政府满意度 | 0.149*** | 1 | | | | | | | | |
| 3. 生活满意度 | 0.123*** | 0.372*** | 1 | | | | | | | |
| 4. 性别 | 0.054*** | −0.014 | −0.077*** | 1 | | | | | | |
| 5. 年龄 | 0.184*** | 0.015 | 0.077*** | 0.063*** | 1 | | | | | |
| 6. 户口类型 | −0.056*** | 0.018 | −0.070*** | 0.087*** | −0.136*** | 1 | | | | |
| 7. 现居地类型 | −0.044*** | −0.056*** | 0.001 | −0.088*** | −0.095*** | −0.356*** | 1 | | | |
| 8. 文化程度 | 0.021* | 0.002 | 0.064*** | −0.103*** | −0.305*** | −0.379*** | 0.393*** | 1 | | |
| 9. 政治面貌 | 0.205*** | 0.112*** | 0.123*** | 0.086*** | 0.168*** | −0.165*** | 0.015 | 0.186*** | 1 | |
| 10. 职业 | 0.100*** | 0.075*** | 0.087*** | 0.020 | 0.045*** | −0.131*** | 0.010 | 0.133*** | 0.253*** | 1 |
| M | 0.21 | 3.77 | 7.47 | 0.67 | 1.66 | 0.50 | 2.21 | 5.11 | 0.19 | 0.039 |
| SD | 0.40 | 0.77 | 2.15 | 0.48 | 0.69 | 0.50 | 1.04 | 1.65 | 0.39 | 0.19 |

注：* $p<0.1$，** $p<0.05$，*** $p<0.01$。

的基层人大选举参与概率会增加60.3%。模型3在模型1的基础上加入了生活满意度,在其他因素不变的条件下,生活满意度每增加一个单位,公民的基层人大选举参与概率会增加13%。模型4则是在模型3的基础上加入了政府满意度,可以看到,在其他因素不变的条件下,政府满意度每增加一个单位,公民的基层人大选举参与概率会增加49.9%;生活满意度每增加一个单位,公民的基层人大选举参与概率会增加7%。Logit回归分析结果表明,政府满意度和生活满意度对基层人大选举参与均具有显著正向影响且在1%置信水平上显著,因此,H1和H2得到了验证。

表2-3　　　　　　　　　　Logit回归分析

| | (1) 基层人大选举参与 | (2) 基层人大选举参与 | (3) 基层人大选举参与 | (4) 基层人大选举参与 |
| --- | --- | --- | --- | --- |
| 性别(女) | 1.180* (0.0824) | 1.210** (0.0853) | 1.232** (0.0866) | 1.235** (0.0874) |
| 35—54岁 | 2.394*** (0.181) | 2.468*** (0.189) | 2.369*** (0.180) | 2.442*** (0.187) |
| 55岁及以上 | 3.056*** (0.324) | 3.127*** (0.336) | 2.860*** (0.306) | 3.002*** (0.324) |
| 户口(非农业户口) | 0.986 (0.0771) | 0.964 (0.0761) | 0.992 (0.0778) | 0.971 (0.0768) |
| 县或县级市 | 0.809* (0.0713) | 0.825* (0.0736) | 0.812* (0.0719) | 0.826* (0.0738) |
| 中等城市(地级市) | 0.684*** (0.0650) | 0.706*** (0.0677) | 0.694*** (0.0662) | 0.709*** (0.0680) |
| 大城市(直辖市、省会城市、特区城市等) | 0.708** (0.0816) | 0.772* (0.0897) | 0.732** (0.0848) | 0.780* (0.0907) |

续表

| | （1）基层人大选举参与 | （2）基层人大选举参与 | （3）基层人大选举参与 | （4）基层人大选举参与 |
|---|---|---|---|---|
| 小学 | 0.939<br>(0.512) | 0.822<br>(0.462) | 0.975<br>(0.538) | 0.851<br>(0.479) |
| 初中 | 1.114<br>(0.587) | 1.078<br>(0.586) | 1.161<br>(0.619) | 1.102<br>(0.601) |
| 高中 | 1.042<br>(0.551) | 1.018<br>(0.555) | 1.081<br>(0.578) | 1.036<br>(0.566) |
| 中职 | 1.113<br>(0.597) | 1.074<br>(0.593) | 1.137<br>(0.616) | 1.085<br>(0.600) |
| 大学专科 | 1.355<br>(0.718) | 1.324<br>(0.723) | 1.373<br>(0.735) | 1.331<br>(0.728) |
| 大学本科 | 1.528<br>(0.812) | 1.462<br>(0.801) | 1.537<br>(0.826) | 1.467<br>(0.806) |
| 研究生及以上 | 2.624<br>(1.473) | 2.718<br>(1.571) | 2.780<br>(1.576) | 2.778<br>(1.608) |
| 政治面貌（非党员） | 2.244***<br>(0.174) | 2.069***<br>(0.162) | 2.128***<br>(0.166) | 2.032***<br>(0.160) |
| 职业（非国家机关工作人员） | 1.571**<br>(0.226) | 1.442*<br>(0.209) | 1.476**<br>(0.213) | 1.408*<br>(0.205) |
| 政府满意度 | | 1.603***<br>(0.0711) | | 1.499***<br>(0.0710) |
| 生活满意度 | | | 1.130***<br>(0.0184) | 1.070***<br>(0.0185) |
| 常量 | 0.103***<br>(0.055) | 0.100***<br>(0.055) | 0.097***<br>(0.052) | 0.098***<br>(0.054) |
| 样本量 | 6579 | 6579 | 6579 | 6579 |
| 伪$R^2$ | 0.072 | 0.090 | 0.081 | 0.092 |

注：* $p<0.1$，** $p<0.05$，*** $p<0.01$。

### (三) 中介效应分析

由于被解释变量选举参与是二分类变量，中介变量生活满意度为连续变量，因此，本章选取广义结构方程模型进行中介效应分析。为保证路径分析清晰明确，图2-1主要选取重点关注的部分变量进行汇报。如图2-1所示，从政府满意度→生活满意度→基层人大选举参与的影响路径来看，生活满意度在政府满意度对基层人大选举参与的影响中起到部分中介效应。政府满意度对生活满意度具有显著正向影响且在1%置信水平上显著。也就是说，政府满意度不仅对基层人大选举参与具有直接影响，还会通过生活满意度促进基层人大选举参与，H3和H4得到验证。

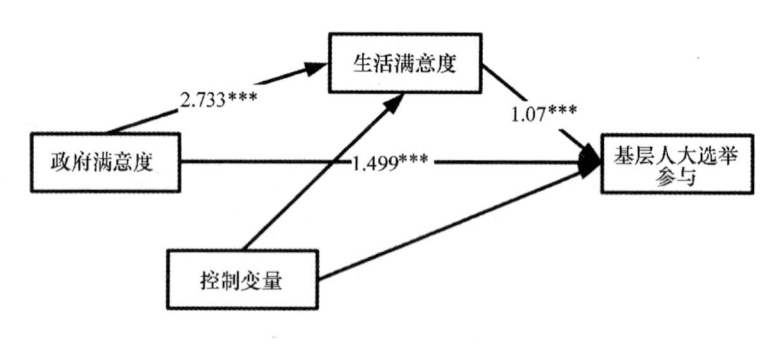

图2-1 中介效应分析

注：* $p<0.1$，** $p<0.05$，*** $p<0.01$。

### (四) 稳健性检验

与仅基于基准模型的推断相比，稳健性检验通过提供来自合理替代模型的额外证据，潜在地提高了推断的有效性，实现了简洁性与普遍性之间的最佳平衡。[①] 鉴于基层人大选举参与与人大代表候选人推荐正相关，在基层人大选举中投票的公民参与推荐代表候选人的可能性也相对

---

① Eric Neumayer, and Thomas Plümper, *Robustness Tests for Quantitative Research*, Cambridge, UK: Cambridge University Press, 2017, pp. 12-18.

较高①。本章选取人大代表候选人推荐作为基层人大选举参与的代理变量进行稳健性检验。由于 $p<0.05$，拒绝原假设，相关模型的平行性检验未能通过，因此本章选择使用多项逻辑回归进行分析。如表 2-4 所示，以"从不参与"人大代表候选人推荐作为参照组，在其他因素不变的情况下，模型 5 的政府满意度每增加一个单位，公民"偶尔参与"人大代表候选人推荐的概率会增加 27.5%；模型 6 的政府满意度每增加一个单位，公民"一般参与"人大代表候选人推荐的概率会增加 35.5%；在模型 7 中，政府满意度每增加一个单位，公民"经常参与"人大代表候选人推荐的概率会增加 110.6%，而生活满意度每增加一个单位，公民"经常参与"人大代表候选人推荐的概率会增加 12.8%；在模型 8 中，政府满意度每增加一个单位，公民"总是参与"人大代表候选人推荐的概率会增加 130.4%，生活满意度每增加一个单位，公民"总是参与"人大代表候选人推荐的概率会增加 15.1%。

表 2-4　　　　　　　　　　多项逻辑回归分析

| | (5) | (6) | (7) | (8) |
|---|---|---|---|---|
| | 偶尔参与 | 一般参与 | 经常参与 | 总是参与 |
| 性别（女） | 0.992 | 1.201* | 1.530** | 1.619** |
| | (0.0673) | (0.107) | (0.213) | (0.277) |
| 年龄（18—34 岁） | | | | |
| 35—54 岁 | 1.546*** | 1.646*** | 3.419*** | 3.961*** |
| | (0.113) | (0.156) | (0.529) | (0.739) |
| 55 岁及以上 | 1.874*** | 2.692*** | 5.459*** | 5.030*** |
| | (0.214) | (0.359) | (1.076) | (1.260) |
| 户口（非农业户口） | 1.015 | 0.913 | 1.044 | 1.170 |
| | (0.0776) | (0.0898) | (0.156) | (0.214) |

---

① 相关研究通常将两项内容纳入直接选举参与进行考虑，例如郑建君《政治知识、社会公平感与选举参与的关系——基于媒体使用的高阶调节效应分析》，《政治学研究》2019 年第 2 期。

续表

| | (5) | (6) | (7) | (8) |
| --- | --- | --- | --- | --- |
| | 偶尔参与 | 一般参与 | 经常参与 | 总是参与 |
| 现居地（乡镇） | | | | |
| 县或县级市 | 0.893 | 0.877 | 0.663 ** | 0.905 |
| | (0.0800) | (0.100) | (0.103) | (0.177) |
| 中等城市 | 0.803 * | 0.893 | 0.315 *** | 0.479 ** |
| （地级市） | (0.0753) | (0.105) | (0.0613) | (0.111) |
| 大城市（直辖市、 | 0.827 | 0.828 | 0.407 *** | 0.782 |
| 省会城市、特区城市等） | (0.0936) | (0.122) | (0.0982) | (0.205) |
| 文化程度（文盲） | | | | |
| 小学 | 1.749 | 3.229 | 1.096 | 246725.6 |
| | (1.150) | (3.417) | (0.967) | (117576295.5) |
| 初中 | 1.653 | 4.652 | 1.311 | 278688.0 |
| | (1.060) | (4.848) | (1.117) | (132807838.1) |
| 高中 | 2.563 | 4.366 | 2.034 | 392928.4 |
| | (1.644) | (4.558) | (1.736) | (187248724.6) |
| 中职 | 2.436 | 4.169 | 1.463 | 319171.4 |
| | (1.575) | (4.375) | (1.278) | (152100091.9) |
| 大学专科 | 2.376 | 3.913 | 1.580 | 489211.1 |
| | (1.526) | (4.089) | (1.359) | (233131956.4) |
| 大学本科 | 2.700 | 4.387 | 1.981 | 647422.9 |
| | (1.739) | (4.591) | (1.713) | (308527289.0) |
| 研究生及以上 | 3.095 | 4.810 | 3.739 | 1210762.1 |
| | (2.094) | (5.214) | (3.488) | (576984895.6) |
| 政治面貌（非党员） | 1.544 *** | 1.393 ** | 3.250 *** | 4.130 *** |
| | (0.136) | (0.156) | (0.441) | (0.662) |
| 职业（非国家 | 1.108 | 1.426 | 1.970 ** | 1.448 |
| 机关工作人员） | (0.199) | (0.300) | (0.443) | (0.379) |
| 政府满意度 | 1.275 *** | 1.355 *** | 2.106 *** | 2.304 *** |
| | (0.0584) | (0.0793) | (0.194) | (0.266) |

续表

|  | （5） | （6） | （7） | （8） |
| --- | --- | --- | --- | --- |
|  | 偶尔参与 | 一般参与 | 经常参与 | 总是参与 |
| 生活满意度 | 1.017 | 1.038 | 1.128*** | 1.151** |
|  | (0.0166) | (0.0217) | (0.0380) | (0.0501) |
| 常量 | 0.121*** | 0.030*** | 0.015*** | 2.24e−08 |
|  | (0.078) | (0.031) | (0.013) | (0.000) |
| 样本量 | 6579 | | | |
| 伪 $R^2$ | 0.065 | | | |

注：* $p<0.1$，** $p<0.05$，*** $p<0.01$。

在中介效应分析中，如图2-2所示，政府满意度不仅直接影响生活满意度（在1%的置信水平上显著），还通过生活满意度，对公民"偶尔参与""一般参与""经常参与""总是参与"人大代表候选人推荐均具有部分中介效应。尽管生活满意度在多项逻辑回归中对公民"偶尔参与""一般参与"人大代表候选人推荐的直接影响并不显著，但是"偶尔参与""一般参与"比较接近于"从不参与"，整体而言，以人大代表候选人推荐为被解释变量而做出的结论较为稳健可靠。

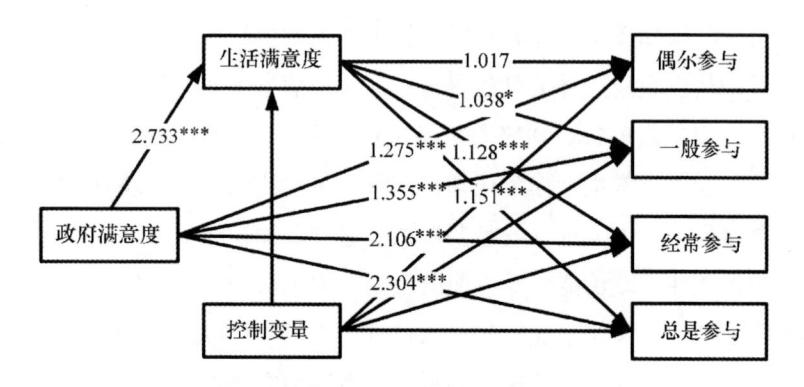

图2-2 中介效应分析

注：* $p<0.1$，** $p<0.05$，*** $p<0.01$。

## 六　结论与启示

基于 2019 年"中国民众政治心态调查"的 6579 份数据，本章在认知行为理论、倒置溢出理论的基础上，对生活满意度、政府满意度和基层人大选举参与之间的关系进行了考察。整体而言，本章的理论价值和政策含义主要表现为：一是本章从个体心理层面证明了生活满意度在政府满意度和基层人大选举参与之间起到部分中介效应，构建了"专项认知—综合认知—行为"的作用路径，进一步揭示了基层人大选举参与的认知机制。二是本章发现的"高政府满意度、高生活满意度与高概率基层人大选举参与"之间的联系，也为有关部门制定促进公民基层人大选举参与的政策提供一定依据，有助于在政策设计过程中对公民的认知因素进行重新审视，引导公民的政府满意度、生活满意度转化为积极的基层人大选举参与行为。立足于经验观察和研究结论，本章拟从认知重构、注意力引导以及互动情境营造三个方面提出有效促进公民基层人大选举参与行为的政策建议。

第一，认知重构。随着互联网技术在日常生活中的广泛应用，公民可接触的信息数量、种类日趋丰富。在这种信息爆炸背景下，公民倾向于付出"最低限度的认知努力"做出自认为最合理的行为选择。[1] 这使公民通常会以日常生活作为认知参照系，将生活满意度、政府满意度作为是否参与基层人大选举的重要依据。这种认知策略虽然部分弥补了公民在政治关注、政治能力等方面的不足，但也潜藏着行为偏差风险，不利于我国社会主义民主建设的深入推进。为此，可以从归因层面和实践层面入手：一方面，要通过多种渠道开展政治文化教育，培养公民责任

---

[1] Richard R. Lau, and David P. Redlawsk, "Advantages and Disadvantages of Cognitive Heuristics in Political Decision Making", *American Journal of Political Science*, Vol. 45, No. 4, 2001, pp. 951–971.

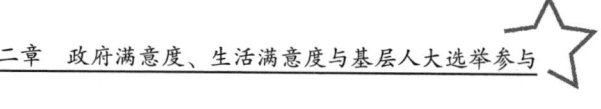

意识，增强基层人大选举与日常生活的关联程度，引导公民进行正确归因，将参与基层人大选举活动转化为公民的自觉、自发行为。另一方面，社区要承担起组织原子化公民的责任，举办多种贴近居民日常生活的政治社会实践活动，加深公民对制度化政治参与的理解，让公民积累丰富的"政治认知储蓄"，以强化公民的适应性认知的方式促进基层人大选举参与。

第二，注意力引导。如果说决策者的注意力分配在很大程度上决定了哪些政策问题和政策方案会纳入政策议程，[①] 那么，对于普通公民而言，作为一种稀缺性资源的注意力推动了公民认知结构的形成，进而引导着公民政治行为的建构。公民的有限注意力若能聚焦于基层人大选举，将会极大地提升公民的参与积极性，而这一目标的实现有赖于多元主体的协同合作。一是塑造长期记忆。在注重正式文件颁布、官方媒体宣传的同时，以短视频、广场舞、社区娱乐、民俗活动等生活化方式增强公民的视觉体验和参与意识，将基层人大选举活动融入公民的日常记忆。二是培养参与习惯。基层人大代表是作为人民群众意愿和利益需求的"代言人"，也是公民是否参与基层人大选举活动的重要影响因素。基层人大代表在工作过程中要充分关注公民的生活需求和政府工作建议，增强自身与公民之间的关系黏性，进而培养公民的基层人大选举参与习惯。

第三，互动情境营造。公民的认知根植于特定的互动情境，公民的基层人大选举参与行为是特定认知在互动情境中的具化。要促进公民的生活满意度、政府满意度转化为基层人大选举参与行为，就必须重视相关互动情境的营造。根据实证分析结果可知，虽然政府满意度和生活满意度均对基层人大选举参与具有显著正向影响，但政府满意度对基层人大选举参与的影响强于生活满意度。这意味着互动情境的营造不仅要发挥先进人物的朋辈效应、增强公民身份认同、设置具有公共价值的社会

---

[①] 向玉琼：《注意力竞争的生成与反思：论政策议程中的注意力生产》，《行政论坛》2021年第1期。

议题以改善公民间的日常互动，更要在公民与政府的互动过程中始终保持公民表达和监督渠道的畅通，及时回应公民对政府工作的关切，强化公民制度化政治参与的正向反馈，最终促进基层人大选举参与行为的可持续性。

　　需要指出的是，本章仍存在以下研究局限：一是在数据类型方面，本章所使用的调研数据为横截面数据，难以解决由不可观察的个体差异或异质性导致的遗漏变量问题，这一问题的解决有待后续调研过程中纳入政府动员、就业单位性质等变量。二是在受访者应答方面，本章采取了受访者匿名进行自我报告的形式，这在一定程度上使得结论能否完全反映出公民个体的真实情况受到质疑。为此，本章在研究设计过程中通过采取分层随机抽样的方式提升了样本的代表性。三是在题项设计方面，对生活满意度以及基层人大选举参与行为等变量的单题项测量可能存在一定风险，后续需要细化有关变量的测量内容以进一步提升研究结论的有效性。

# 第三章
## 政治信任、主观绩效与政治参与
——基于2019年"中国民众政治心态调查"的分析

政治参与是维持和促进政府合法性的有效手段,是民众表达意见和维护权益的重要途径,且与民众的政治信任密切相关。本章基于2019年"中国民众政治心态调查"的全国性抽样调查数据,分析政治信任对制度化政治参与和非制度化政治参与的影响机制及主观绩效在其中发挥的调节效应。通过对6579份样本的统计分析,结果发现:政治信任与制度化政治参与具有显著的正相关关系,与非制度化政治参与具有显著的负相关关系。具体而言,民众的政治信任度越高,就越倾向于进行制度化政治参与,反之则越倾向于进行非制度化政治参与。同时,政治信任与制度化政治参与之间的正向关系,受到了民众主观绩效的调节作用,即在政治信任水平稳定不变的情况下,民众主观绩效的提升将显著影响其进行制度化政治参与的积极性,但政治信任并不能通过主观绩效影响非制度化政治参与。

## 一 问题的提出

在新时代国家治理格局和协商民主政治的实践中,民众的政治参与发挥了重要的作用。近年来，中国产生了多形式、多层次的政治参与方式，且近十年内民众政治参与的广度和深度均有明显的提高。① 那么，民众广泛地参与政治生活是不是因为其对政府的信任呢？民众对政府治理绩效的评价又是否能影响其选择的政治参与形式呢？政治参与和政治信任是政治学的核心议题，二者与政治体系的合法性和政治体系运行的有效性密切相关。与西方国家政府相比，已有研究表明中国政府一直享有较高的政治信任。② 古往今来中西政治文化的差异，也让国内民众政治参与的形式与其他国家略有不同。关于中国政治信任影响政治参与的机制研究，不仅有助于深化我们对二者之间关系的认识，也有利于增进对民众为何选择某种政治参与形式的理解，从而推动建设中国特色社会主义民主政治，维护中国政治体系的稳定发展。为此，本章将运用全国性抽样调查数据来分析政治信任和制度化政治参与、非制度化政治参与之间的关系，以及主观绩效在其中的调节效应，从而拓展对三者关系的认识。

　　政治信任和政治参与的关系一直受到国内外学者的广泛关注，学者们对我国政治信任和政治参与的关系进行的众多理论研究和实证检验都为后续研究奠定了良好基础。但总体来看，相对于政治信任和政治参与对我国民主政治生活的重要性，关于二者之间关系的研究仍显不足：一是对于政治信任影响政治参与的方向并未得出一致的研究结论。以往的研究证明，政治信任会显著正向影响政治参与③，但这种影响机制并未得到经验研究的一致支持。也有学者认为存在相反的情况，即民众的政治信任度越高，其参与政治活动的意愿越低。④ 二是缺乏对政治信任影

---

① 肖唐镖、易申波：《当代我国大陆公民政治参与的变迁与类型学特点——基于2002与2011年两波全国抽样调查的分析》，《政治学研究》2016年第5期。

② Wang Zhengxu, "Before the Emergence of Critical Citizens: Economic Development and Political Trust in China", *International Review of Sociology*, Vol. 15, No. 1, 2005, pp. 155–171.

③ 孙昕、徐志刚、陶然等：《政治信任、社会资本和村民选举参与——基于全国代表性样本调查的实证分析》，《社会学研究》2007年第4期。

④ 王丽萍、方然：《参与还是不参与：中国公民政治参与的社会心理分析——基于一项调查的考察与分析》，《政治学研究》2010年第2期。

响政治参与作用机制的深入研究。从学者具体的研究对象来看，多集中于农村基层研究，或是重点讨论政治信任与某一类型政治参与之间的关系，如政治信任与选举，政治信任与非制度化政治参与等。因此，本章在已有研究的基础上，基于全国性抽样调查数据展开分析，通过划分制度化政治参与和非制度化政治参与来进一步拓展前人的研究，从而更为全面地掌握政治信任对政治参与的影响情况与机制。此外，本研究将尝试探索主观绩效如何影响政治信任和政治参与之间的关系，进一步揭示主观绩效度的高低是否会影响政治信任对政治参与的作用机制。

## 二 文献回顾与研究假设

### （一）制度化政治参与和非制度化政治参与

学者范·戴斯为了能够准确概括民众的政治参与行为，对政治参与的概念进行了系统的梳理和总结。范·戴斯认为，政治参与是公民自愿开展的，与政府、政治或国家打交道的一种活动或行为。[1] 从这个定义来看，当代民众政治参与的范围十分广泛。在早期关于政治参与的研究中，学者们集中关注制度化政治参与，随着政治参与活动的迅速发展和政治参与类型学研究的不断推进，学者们逐渐将非制度化政治参与纳入了政治参与的研究范畴。[2] 中国学者在总结中国民众政治参与行为的基础上，对政治参与进行了较为细致的分类。根据政治参与的制度化程度和主动性强弱，把非制度化、低制度化和高制度化政治参与三个概念具体操作化为"维权抗争""利益表达""人大选举"[3]；根据影响类型、结果范围、主动性要求、冲突水平、合作性与风险程度6个维度，将中

---

[1] Jan W. Van Deth, "A Conceptual Map of Political Participation", *Acta Politica*, Vol. 49, No. 3, 2014, pp. 349-367.

[2] 宁晶、孟天广:《成为政治人：政治参与研究的发展与未来走向》,《国外理论动态》2019年第11期。

[3] 胡荣:《社会资本与城市居民的政治参与》,《社会学研究》2008年第5期。

国公民（不包含港澳台地区的公民）政治参与行为细化为投票、竞选、接触、沟通、抗争5种类型；① 根据组织化程度和参与冲突程度，将非制度框架内的政治参与细分为个人接触行为、个人抗拒行为、集体抗拒行为和集体暴力行为。② 为了厘清政治信任对政治参与的影响关系，更全面地分析二者之间的影响关系，本章根据既有研究对政治参与的概念界定与分类，将研究对象确定为制度化政治参与和非制度化政治参与。制度化政治参与通常是政治制度下合法的常规性参与渠道，包括投票、选举、听证会、联系人大代表和领导干部等。与传统的主要以沟通或权益表达为主的制度化政治参与形式相比，非制度化政治参与主要是合法或非法的抗争行动或抗议行为，如签署请愿书、上访、示威游行和静坐等。③

### （二）政治信任与政治参与

政治信任究竟会促进还是抑制民众的政治参与？学者们对此进行了丰富的探索，也对二者之间的关系持有两种不同的看法。④ 一些学者认为，当民众觉得政府值得信赖时，更有可能参与政治活动。⑤ 阿尔蒙德和维巴关于公民文化的研究发现，积极的政治参与者对政治体制更满意。⑥ 在这种观点看来，民众进行政治参与，以表示政治支持⑦，政治

---

① 肖唐镖、易申波：《当代我国大陆公民政治参与的变迁与类型学特点——基于2002与2011年两波全国抽样调查的分析》，《政治学研究》2016年第5期。

② 王衡、季程远：《互联网、政治态度与非制度化政治参与——基于1953名网民样本的实证分析》，《经济社会体制比较》2017年第4期。

③ 宁晶、孟天广：《成为政治人：政治参与研究的发展与未来走向》，《国外理论动态》2019年第11期。

④ Margaret Levi, and Laura Stoker, "Political Trust and Trustworthiness", *Annual Review of Political Science*, Vol. 3, No. 1, 2000, p. 475.

⑤ 郑建君：《"央—地政府信任"一致性与公民参与的关系》，《学术交流》2020年第8期。

⑥ [美]加布里埃尔·A.阿尔蒙德、西德尼·维巴：《公民文化——五个国家的政治态度和民主制》，徐湘林等译，东方出版社2008年版，第213—232页。

⑦ Chen Jie, and Zhong Yang, "Why Do People Vote in Semicompetitive Elections in China?", *The Journal of Politics*, Vol. 64, No. 1, 2002, pp. 178–197.

信任可以提高制度化政治参与的范围和程度，对于政治参与有着积极的影响。研究发现，村民认为参加选举能收获利益并实现政治价值，此时，村民对基层政府政治信任度越高，其参与选举的倾向就可能会更强。[1] 因此，政治信任的提高有助于民众进行制度化政治参与如投票、选举等，而政治信任的减少就会使得民众投票率降低。[2] 由于制度化政治参与和非制度化政治参与蕴含着不同的政治情感，其与政治信任的关系可能存在区别。[3] 依照这种观点，民众对政府的信任程度越低，则越不愿意表达对政府的支持与认同，也不愿意相信政治参与是有效的，此时，民众可能会选择政治冷漠或是进行非制度化政治参与。实证结果表明，政府和政治机构的信任程度较低与游行、示威等抗议行为水平较高相关。[4] 政治信任度低的民众会进行示威、请愿、游行等抗争性政治行为，以表达对政府的不满、愤怒和怀疑。[5] 因此，民众越信任政府，则越不会选择参与请愿、抵制等非制度化政治活动。[6]

与之不同的是，也有学者认为正是由于对政府的不信任，促进了民众的政治参与。研究证明，中国民众对基层政府的不信任及想要促进政治发展的愿望，成为他们参与投票的动力。[7] 这种观点强调的是民众对某些基层政府治理现状的不满，而这种不满和不信任可能会促使民众将

---

[1] 孙昕、徐志刚、陶然等：《政治信任、社会资本和村民选举参与——基于全国代表性样本调查的实证分析》，《社会学研究》2007年第4期。

[2] Jean Schroedel et al., "Political Trust and Native American Electoral Participation: An Analysis of Survey Data from Nevada and South Dakota", *Social Science Quarterly*, Vol. 101, No. 5, 2020, pp. 1885–1904.

[3] 郑建君：《政治信任、社会公正与政治参与的关系——一项基于625名中国被试的实证分析》，《政治学研究》2013年第6期。

[4] 杨鸣宇：《谁更重要？——政治参与行为和主观绩效对政治信任影响的比较分析》，《公共行政评论》2013年第2期。

[5] Max Kaase, "Interpersonal Trust, Political Trust and Non-Institutionalised Political Participation in Western Europe", *West European Politics*, Vol. 22, No. 3, 1999, pp. 1–21.

[6] 王思琦：《政治信任、人际信任与非传统政治参与》，《公共行政评论》2013年第2期。

[7] Shi TianJian, "Voting and Nonvoting in China: Voting Behavior in Plebiscitary and Limited-Choice Elections", *The Journal of Politics*, Vol. 61, No. 4, 1999, pp. 1115–1139.

政治参与作为一种改善现状的手段，推动政府承担责任和履行职责，从而建立一个回应性更强更快的政府。① 实证研究表明，对公安机关、检察院、法院、人民代表大会、新闻媒体等机构信任度高的民众反而投票率低。② 此时，出于对政府机构的信赖，民众更可能相信政府能够履行好职责。③ 在这种视角下，政治信任与非制度化政治参与则可能呈现正相关关系。关于农民上访行为与政治信任关系的研究发现，相信中央政府具有伸张正义的能力的农民更可能会选择上访。④ 一项印度的研究也发现了政治信任与抗议行为之间的正相关关系，更信任政府的印度民众倾向于认为抗议能够取得有效的成果，而对政府信任度低的民众则可能认为向反应迟钝的政府施压是徒劳无效的。⑤ 基于上述讨论，本章从前种观点的理论视角出发提出假设：

假设1：政治信任对制度化政治参与有正向预测作用，对非制度化政治参与有负向预测作用。具体来说，民众对政府越信任，就越倾向于参加制度化的政治活动；而当民众对政府越不信任，就更愿意走出常规的参与渠道，参加非制度化的政治活动。

### （三）主观绩效的调节作用

由前文可知，政治信任在影响政治参与的过程中，其影响力度可能受到其他变量的影响，如民众对政府绩效的感知可能会影响其对政府机构的整体看法，从而影响民众的政治信任与政治参与行为。因此，本章

---

① Shaun Goldfinch, Robin Gauld, and Peter Herbison, "The Participation Divide? Political Participation, Trust in Government, and E-Government in Australia and New Zealand", *Australian Journal of Public Administration*, Vol. 68, No. 3, 2009, pp. 333–350.

② 王丽萍、方然：《参与还是不参与：中国公民政治参与的社会心理分析——基于一项调查的考察与分析》，《政治学研究》2010年第2期。

③ 肖唐镖、王欣：《农民政治信任变化的政治效应分析——对五省、市60个村的跟踪研究（1999—2008）》，《社会科学研究》2012年第3期。

④ Li Lianjiang, "Political Trust and Petitioning in the Chinese Countryside", *Comparative Politics*, Vol. 40, No. 2, 2008, pp. 209–226.

⑤ Scott Spehr, and Nitish Dutt, "Exploring Protest Participation in India: Evidence from the 1996 World Values Survey", *African & Asian Studies*, Vol. 3, No. 3/4, 2004, pp. 185–218.

选择主观绩效作为调节变量来进一步考察政治信任和政治参与之间的关系。主观绩效是民众对政府治理绩效的主观评价。虽然，政府绩效并不是民众评估政府的唯一标准①，但更好的政府绩效能使民众对政府具有更高的信任度，通过改善民众对政府绩效的看法能够提升其对政府的信任②。因此，学者们普遍认为，民众对政府的主观绩效评价是政治信任的核心内涵之一，并作用于政府信任③，政府绩效主观认知与政府信任的影响的关系是正向的。也就是说，民众对政府绩效的评价越高，其对政府的信任度也会越高④，而当民众普遍持较低信任度时，就会产生政治疏离与政治冷漠，直至向政府表达不满，进而影响政府绩效⑤。在分析城市居民对政府信任的过程中，学者发现，政府绩效对于提升政府信任具有重要意义。⑥ 由于中国民众的政治信任结构存在典型的"央强地弱"的差序性样态⑦，学者进一步对主观绩效和基层政府信任关系进行研究，发现民众对乡镇政府绩效的主观感受会显著影响其对政府的信任，政府的行为越符合民众的偏好、越满足他们的期望，那么他们对政府也就更信任⑧。

---

① Steven Van de Walle, and Geert Bouckaert, "Public Service Performance and Trust in Government: The Problem of Causality", *International Journal of Public Administration*, Vol. 26, No. 8-9, 2003, pp. 891-913.

② Yang Kaifeng, and Marc Holzer, "The Performance-Trust Link: Implications for Performance Measurement", *Public Administration Review*, Vol. 66, No. 1, 2006, pp. 114-126.

③ 李艳霞：《何种信任与为何信任？——当代中国公众政治信任现状与来源的实证分析》，《公共管理学报》2014年第2期；李艳霞：《何种治理能够提升政治信任？——以当代中国公众为样本的实证分析》，《中国行政管理》2015年第7期。

④ Yang Qing, and Tang Wenfang, "Exploring the Sources of Institutional Trust in China: Culture, Mobilization, or Performance?", *Asian Politics and Policy*, Vol. 2, No. 3, 2013, pp. 415-436.

⑤ 刘伟：《政策变革与差序政府信任再生产——取消农业税的政治效应分析》，《复旦学报》（社会科学版）2015年第3期。

⑥ 胡荣、胡康、温莹莹：《社会资本、政府绩效与城市居民对政府的信任》，《社会学研究》2011年第1期。

⑦ Li LianJiang, "Political Trust in Rural China", *Modern China*, Vol. 30, No. 2, 2004, pp. 228-258.

⑧ 胡荣、范丽娜、龚灿林：《主观绩效、社会信任与农村居民对乡镇政府信任》，《社会科学研究》2018年第6期。

而主观绩效对于政治参与的作用也是客观存在的。一方面，当民众对政府绩效有负面感知时，其可能会认为政府机构是不可靠的，需要通过主动参与来改变现状，比如弥补公共服务的供给不足。另一方面，当民众对政府绩效有积极感知时，也会表现出更强的参与意愿，因为他们认为政府机构是值得信赖的，则可能会愿意与有效的政府机构合作，从而增进政治参与。在这种情况下，民众更可能自愿进行政治参与，而不是因为被需要而参与政治活动。[①] 实证研究证明，民众对卫生政策的主观绩效在政治参与和政治信任之间起着中介作用。[②]

假设 2：主观绩效在政治信任对政治参与的影响机制中表现出显著的调节作用。具体而言，相比主观绩效感低的民众，在主观绩效感高的民众中，民众的政治信任与制度化政治参与的正向关系更强；在主观绩效感低的民众中，民众的政治信任与非制度化政治参与的负向关系更强。

## 三　数据与方法

### （一）抽样规则和样本情况

1. 抽样规则

本章采用武汉大学地方政治研究中心 2019 年"中国民众政治心态调查"的全国性抽样调查数据。抽样方案遵守概率抽样的原则，同时为了减少估计误差，采用分层抽样设计。调查内容主要是中国民众的社会心态和政治行为，调查对象为全国 18 周岁以上的具有完全行为能力的公民。根据中国行政区划，抽样分为两层。第一层为一级行政区划单

---

[①] Gregory A. Porumbescu, Milena I. Neshkova, and Meghan Huntoon, "The Effects of Police Performance on Agency Trustworthiness and Citizen Participation", *Public Management Review*, Vol. 21, No. 2, 2019, pp. 212 – 237.

[②] Alex He Jingwei, and Ma Liang, "Citizen Participation, Perceived Public Service Performance, and Trust in Government: Evidence from Health Policy Reforms in Hong Kong", *Public Performance & Management Review*, Vol. 44, No. 3, 2021, pp. 471 – 493.

位，包括中国 31 个省（自治区、直辖市）。根据中国国家统计局发布的《中国统计年鉴 2018》，计算 31 个省（自治区、直辖市）2017 年末人口数（各地区数据为常住人口口径）占 31 个省份加起来的总人口数比例。基于这一人口比例和样本总量，分配 31 个省份的问卷数。第二层为二级行政区划单位，包括 31 个一级行政单位下的各地区、盟、自治州、（地级）市。首先，根据 27 个省（自治区）统计局发布的 2018 年统计年鉴，计算每个省（自治区）的分地区 2017 年末人口数（各地区数据为常住人口口径）占该省（自治区）的所有分地区加起来的总人口数比例。基于这一比例和该省（自治区）确定的样本数，分配各个地区/盟/自治州/（地级）市的问卷份数。直辖市北京、上海、天津和重庆遵循第一层抽样过程中确定的样本数。

2. 样本情况

调查工作于 2019 年 8 月正式启动，历时两个多月完成电话调查与数据清理工作。共获得 7015 份样本，有效样本 6586 份（有效率为 93.88%）。本章结合研究目标对数据进行筛选，主要是对缺失值进行处理，由于信息缺失样本较少，本章采取直接剔除的方式，最终得到 6579 份样本。样本在性别、年龄、受教育程度、区域、现居地、年均收入等指标上的分布情况，详见表 3-1。

表 3-1　　　　　　　样本的基本情况（N=6579）

| 变量名称 | 类别 | 样本量 | 百分比（%） |
| --- | --- | --- | --- |
| 性别 | 男 | 4316 | 65.60 |
|  | 女 | 2263 | 34.40 |
| 年龄 | 18—24 岁 | 816 | 12.40 |
|  | 25—34 岁 | 2243 | 34.09 |
|  | 35—44 岁 | 1653 | 25.13 |
|  | 45—54 岁 | 1030 | 15.66 |
|  | 55—64 岁 | 523 | 7.95 |
|  | 65 岁以上 | 314 | 4.77 |

续表

| 变量名称 | 类别 | 样本量 | 百分比（%） |
|---|---|---|---|
| 受教育程度 | 未受教育 | 22 | 0.33 |
|  | 小学 | 251 | 3.82 |
|  | 初中 | 1258 | 19.12 |
|  | 高中 | 1129 | 17.16 |
|  | 中职（含中专、职校） | 563 | 8.56 |
|  | 大学专科 | 1649 | 25.06 |
|  | 大学本科 | 1562 | 23.74 |
|  | 研究生及以上 | 145 | 2.20 |
| 区域 | 东北地区 | 514 | 7.81 |
|  | 东部地区 | 2567 | 39.02 |
|  | 西部地区 | 1777 | 27.01 |
|  | 中部地区 | 1721 | 26.16 |
| 现居地 | 大城市 | 905 | 13.76 |
|  | 中等城市 | 1705 | 25.92 |
|  | 县及县级市 | 1855 | 28.20 |
|  | 乡镇 | 2114 | 32.13 |
| 年均收入 | 1万—3万元 | 1354 | 20.58 |
|  | 3万—6万元 | 1550 | 23.56 |
|  | 6万—10万元 | 1474 | 22.40 |
|  | 10万—15万元 | 800 | 12.16 |
|  | 15万—20万元 | 406 | 6.17 |
|  | 20万—25万元 | 211 | 3.21 |
|  | 25万元以上 | 358 | 5.44 |
|  | 信息缺失 | 426 | 6.48 |

### （二）变量测量

1. 制度化政治参与

主要通过询问受访者在3年内参与"人大代表选举中推荐候选人""就某问题的解决联系人大代表""就某问题的解决联系当地的村民委

员会或居民委员会""就某问题的解决联系当地的政府工作部门""参加听证会"的频率来进行测量,从"1—从不参加"到"5—总是参加"进行评价。(Cronbach's α = 0.83)

2. 非制度化政治参与

我们询问受访者在过去3年内参与以下活动的频率:"参与游行示威,静坐示威""参与上访",从"1—从不参加"到"5—总是参加"进行评价。(Cronbach's α = 0.60)

3. 政治信任

对于政治信任的测量应涵盖行政机构、立法机构等相关政治机构的信任测量。[1] 因此,在具体测量中,政治信任被操作化为对政府机构的信任。我们询问受访者对下列组织的信任程度如何:政府、法院、检察院、人大、军队、警察,从"1—非常不信任"到"5—非常信任"进行评价。(Cronbach's α = 0.89)

4. 主观绩效

在现有的实证研究中,学者根据自己的研究主题,测量民众对政府绩效的主观评价,但目前并未有统一的测量模式。研究表明,民众会根据自身经济状况和国民经济状况的看法来评价政府[2],同时,也有研究表明,提供公共服务、保障安全等方面的绩效可能以更显著的方式影响政治信任[3]。胡荣等学者将主观绩效指标化为民众对政治绩效、经济绩

---

[1] William T. Mishler, and Richard Rose, "Trust, Distrust and Skepticism: Popular Evaluations of Civil and Political Institutions in Post – Communist Societies", *The Journal of Politics*, Vol. 59, No. 2, 1997, pp. 418 – 451;马得勇:《政治信任及其起源——对亚洲8个国家和地区的比较研究》,《经济社会体制比较》2007年第5期。

[2] Patrick F. A. Van Erkel, and Tom W. G. Van der Meer, "Macroeconomic Performance, Political Trust and the Great Recession: A Multilevel Analysis of the Effects of within – Country Fluctuations in Macroeconomic Performance on Political Trust in 15 EU Countries, 1999 – 2011", *European Journal of Political Research*, Vol. 55, No. 1, 2016, pp. 177 – 197.

[3] 孟天广、杨明:《转型期中国县级政府的客观治理绩效与政治信任——从"经济增长合法性"到"公共产品合法性"》,《经济社会体制比较》2012年第4期。

效和社会绩效的主观评价。① 在前人研究的基础上，本研究测量了我国民众对政府在经济、政治、民生等方面的绩效感知。通过询问受访者对我国政府在"促进经济发展、缩小贫富差距、打击腐败、维护社会秩序、维护司法公正"五个方面的满意度来进行测量，并从"1—非常不满意"到"5—非常满意"进行评价。（Cronbach's $\alpha$ = 0.82）

5. 控制变量

为了最大限度地减少预测变量的混淆影响，模型包含了人口学变量和社会经济变量作为控制变量：年龄、性别、现居地、受教育程度、就业状况、政治面貌。②

### （三）研究方法

首先，为了检验政治信任、主观绩效和政治参与之间的区分效度，对这几个主要变量进行了探索性因子分析和验证性因子分析，以区分结构效度。其次，使用普通最小二乘（OLS）回归模型检验政治信任、主观绩效对政治参与的影响。最后，检验主观绩效在政治参与和政府信任之间的关系中的调节效应。本章主要使用统计计量软件 R 进行分析。

## 四 分析结果

### （一）变量结构的因子分析

为了检验制度化政治参与、非制度化政治参与、政治信任和主观绩效是否具有概念区分度，我们首先进行探索性因子分析，分析包括四个

---

① 胡荣、范丽娜、龚灿林：《主观绩效、社会信任与农村居民对乡镇政府信任》，《社会科学研究》2018 年第 6 期。

② Marc J. Hetherington, "The Political Relevance of Political Trust", *The American Political Science Review*, Vol. 92, No. 4, 1998, pp. 791–808；孟天广、季程远：《重访数字民主：互联网介入与网络政治参与——基于列举实验的发现》，《清华大学学报》（哲学社会科学版）2016 年第 4 期。

因子，且并未提前指定每个题项应隶属的概念。结果与预期一致（见表3-2），不同的项目的因子载荷量均大于0.50。

尽管这种探索性因子分析对于理解每个项目和不同变量之间的关系有较大的帮助，但它并没有检验这些概念之间的关系。为了进一步检验制度化政治参与、非制度化政治参与、政治信任和主观绩效之间的区分效度，我们进行了验证性因子分析（见表3-3、表3-4）。

表3-2　　　　　　　　　**探索性因子分析结果**

| 变量 | | 标准化因子载荷 | | | |
|---|---|---|---|---|---|
| | | 1 | 2 | 3 | 4 |
| 制度化政治参与 | 1 | 0.74 | 0.03 | 0.07 | 0.09 |
| | 2 | 0.80 | 0.12 | 0.06 | 0.08 |
| | 3 | 0.81 | 0.02 | 0.10 | 0.05 |
| | 4 | 0.79 | 0.03 | 0.07 | 0.05 |
| | 5 | 0.69 | 0.25 | 0.07 | 0.09 |
| 非制度化政治参与 | 1 | 0.14 | 0.84 | -0.03 | 0.03 |
| | 2 | 0.15 | 0.82 | -0.05 | -0.07 |
| 政治信任 | 1 | 0.10 | -0.04 | 0.71 | 0.36 |
| | 2 | 0.08 | 0.00 | 0.84 | 0.25 |
| | 3 | 0.08 | 0.00 | 0.85 | 0.25 |
| | 4 | 0.07 | 0.01 | 0.77 | 0.22 |
| | 5 | 0.06 | -0.06 | 0.59 | 0.13 |
| | 6 | 0.08 | -0.01 | 0.72 | 0.30 |
| 主观绩效 | 1 | 0.12 | 0.02 | 0.32 | 0.68 |
| | 2 | 0.12 | 0.03 | 0.25 | 0.71 |
| | 3 | 0.07 | -0.03 | 0.20 | 0.75 |
| | 4 | 0.04 | -0.05 | 0.24 | 0.69 |
| | 5 | 0.08 | -0.01 | 0.45 | 0.66 |

表3-3 制度化政治参与、政治信任与主观绩效的验证性因子分析

| 模型 | $\chi^2$ | df | CFI | RMSEA | SRMR | AIC | BIC |
| --- | --- | --- | --- | --- | --- | --- | --- |
| 模型1a<br>单因子模型 | 16974.169 | 104 | 0.665 | 0.157 | 0.136 | 253065.603 | 253282.935 |
| 模型2a<br>三因子模型 | 3172.909 | 101 | 0.939 | 0.068 | 0.036 | 239270.343 | 239508.050 |
| 模型3a<br>TR+PE；PA1 | 6295.041 | 103 | 0.877 | 0.096 | 0.053 | 242388.474 | 242612.598 |
| 模型4a<br>PA1+PE；TR | 13363.372 | 103 | 0.736 | 0.140 | 0.124 | 249456.805 | 249680.929 |
| 模型5a<br>TR+PA1；PE | 14060.691 | 103 | 0.723 | 0.144 | 0.132 | 250154.124 | 250378.249 |

注：PA1表示制度化政治参与，TR表示政治信任，PE表示主观绩效。

表3-4 非制度化政治参与、政治信任与主观绩效的验证性因子分析

| 模型 | $\chi^2$ | df | CFI | RMSEA | SRMR | AIC | BIC |
| --- | --- | --- | --- | --- | --- | --- | --- |
| 模型1b<br>单因子模型 | 6957.343 | 65 | 0.824 | 0.127 | 0.076 | 176004.522 | 176181.104 |
| 模型2b<br>三因子模型 | 2394.893 | 62 | 0.940 | 0.076 | 0.042 | 171448.071 | 171645.029 |
| 模型3b<br>TR+PE；PA2 | 5452.660 | 64 | 0.862 | 0.113 | 0.060 | 174501.838 | 174685.212 |
| 模型4b<br>PA2+PE；TR | 16192.839 | 64 | 0.587 | 0.196 | 0.284 | 185242.017 | 185425.391 |
| 模型5b<br>TR+PA2；PE | 3876.937 | 64 | 0.902 | 0.095 | 0.060 | 172926.116 | 173109.490 |

注：PA2表示非制度化政治参与，TR表示政治信任，PE表示主观绩效。

我们首先检验了单因子模型（模型1a、1b）。根据胡荣和彼得·本特勒提出的拟合指标，即均方根误差（RMSEA）小于0.08，比较拟合

指数（CFI）大于0.95，标准均方根残差（SRMR）小于0.06，评估验证性因子分析的拟合效果。[①] 结果表明，单因子模型拟合度较差。因此，我们将制度化政治参与、非制度化政治参与、政治信任和主观绩效作为不同概念建立三因子模型（模型2）。模型2a、2b的拟合统计量表明模型拟合良好。此外，我们估计了三个两因子模型，其中政治信任和主观绩效（模型3）、政治参与和主观绩效（模型4）以及政治信任和政治参与（模型5）被合并为一个因子。然而，这些模型的拟合效果都不够理想。其中，模型2a、2b的AIC在所有模型中最小，同时，各项拟合指标均与其他模型的差异显著。结果表明，制度化政治参与、非制度化政治参与、政治信任和主观绩效是独立的概念。

## （二）描述性分析

描述性分析结果表明，中国民众的政治信任度很高。受访者中共有53.52%的民众对中国的政府、法院、检察院、人大、军队、警察均表示非常信任或比较信任，仅有0.18%的受访民众表示对以上组织均非常不信任或比较不信任。其中，民众对于中国军队的信任度最高，有93.84%的民众非常信任或比较信任军队。有69.59%的民众表示非常信任或比较信任法院，因此相对来说，法院的信任度偏低。

相比之下，有大约27.50%的受访民众对中国政府在促进经济发展、缩小贫富差距、打击腐败、维护社会秩序、维护司法公正五个方面的绩效表现均表示非常满意或比较满意。其中，82.81%的受访民众对于中国政府维护社会秩序的工作表示非常满意或比较满意，有40.14%的受访民众对于政府在缩小贫富差距上的工作表示非常满意或比较满意。鉴于政治信任度与主观绩效满意度的差异，研究主观绩效在政治信任与政治参与关系间发挥的作用非常重要。

---

① Hu Li-tze, and Peter M. Bentler, "Cutoff Criteria for Fit Indexes in Covariance Structure Analysis: Conventional Criteria Versus New Alternatives", *Structural Equation Modeling: A Multidisciplinary Journal*, Vol. 6, No. 1, 1999, pp. 1-55.

在样本中，29.08%的受访民众表示从不参与制度化的政治活动（包括人大代表选举中推荐候选人、就某问题的解决联系人大代表、联系当地的村民委员会或居民委员会、联系当地的政府工作部门、参加听证会），4.09%的受访民众表示他们曾在3年内参与过游行示威或者静坐示威，8.80%的受访民众表示在3年内有过上访行为。这些结果表明，我们样本中的大多数人曾进行政治参与，其中，部分民众曾参加了非制度化政治活动。

(三) 统计分析结果

1. 回归分析

为检验政治信任、主观绩效对制度化政治参与和非制度化政治参与的影响，我们采用回归分析分别考察政治信任、主观绩效对中国民众制度化政治参与和非制度化政治参与的影响作用，以及主观绩效的调节效应。所有模型均控制了性别、年龄、受教育程度等人口学变量和社会经济变量对政治参与的影响。模型检验中的 VIF 值处在 1.07—1.82 之间（<5），说明本研究所关注变量的多重共线性问题并不严重。

根据回归分析的结果（见表3-5）可知，政治信任因子能够显著影响制度化政治参与因子和非制度化政治参与因子。具体来说，政治信任对制度化政治参与产生了显著正影响，而对非制度化政治参与产生了显著负影响。由此可见，民众的政治信任对其参与制度化的政治活动有重要影响，当民众比较信任政府，就更倾向于参加制度化的政治活动来表达政治支持，此时民众不会轻易采取容易产生激进和暴力的非制度化政治活动。同时，制度化政治参与也被视为一种获取自身利益和实现政治价值的重要渠道。[1] 而当民众政治信任度较低时，就会倾向于采取更激进的参与方式来传达不满，表达诉求或寻求帮助，且会使得民众不愿意参加诸如选举、投票等制度化的政治活动并选择政治冷漠，因为他们

---

[1] 孙昕、徐志刚、陶然等：《政治信任、社会资本和村民选举参与——基于全国代表性样本调查的实证分析》，《社会学研究》2007年第4期。

表 3-5　　　　　政治信任和主观绩效对政治参与的影响

| 变量 | 制度化参与 ||| 非制度化参与 |||
| --- | --- | --- | --- | --- | --- | --- |
|  | 模型 1 | 模型 2 | 模型 3 | 模型 4 | 模型 5 | 模型 6 |
| 男性<br>（女性） | 0.16***<br>(0.03) | 0.19***<br>(0.02) | 0.19***<br>(0.02) | 0.02<br>(0.03) | 0.01<br>(0.03) | +0.00<br>(0.03) |
| 年龄 | 0.12***<br>(0.01) | 0.12***<br>(0.01) | 0.12***<br>(0.01) | +0.00<br>(0.01) | +0.00<br>(0.01) | +0.00<br>(0.01) |
| 受教育程度 | 0.03***<br>(0.01) | 0.03***<br>(0.01) | 0.03***<br>(0.01) | −0.05***<br>(0.01) | −0.05***<br>(0.01) | −0.05***<br>(0.01) |
| 党员<br>（非党员） | 0.51***<br>(0.03) | 0.44***<br>(0.03) | 0.43***<br>(0.03) | −0.03<br>(0.03) | −0.02<br>(0.03) | −0.02<br>(0.03) |
| 工作<br>（不工作） | 0.05<br>(0.03) | 0.05<br>(0.03) | 0.05<br>(0.03) | −0.14***<br>(0.03) | −0.14***<br>(0.03) | −0.14***<br>(0.03) |
| 现居地<br>（大城市） |  |  |  |  |  |  |
| 中等城市 | 0.07<br>(0.04) | 0.03<br>(0.04) | 0.03<br>(0.04) | −0.06<br>(0.04) | −0.05<br>(0.04) | −0.05<br>(0.04) |
| 县及县级市 | 0.16***<br>(0.04) | 0.12**<br>(0.04) | 0.12**<br>(0.04) | −0.08*<br>(0.04) | −0.08<br>(0.04) | −0.08<br>(0.04) |
| 乡镇 | 0.33***<br>(0.04) | 0.27***<br>(0.04) | 0.26***<br>(0.04) | −0.05<br>(0.04) | −0.03<br>(0.04) | −0.04<br>(0.04) |
| 政治信任 |  | 0.12***<br>(0.02) | 0.14***<br>(0.02) |  | −0.05**<br>(0.02) | −0.05**<br>(0.02) |
| 主观绩效 |  | 0.13***<br>(0.02) | 0.13***<br>(0.02) |  | 0.01<br>(0.02) | 0.01<br>(0.02) |
| 政治信任<br>×主观绩效 |  |  | 0.06***<br>(0.01) |  |  | 0.02<br>(0.01) |
| $R^2$ | 0.10 | 0.15 | 0.15 | 0.01 | 0.01 | 0.02 |
| F - statistic | 89.41*** | 113.8*** | 107.2*** | 10.47*** | 9.86*** | 9.28*** |

注：* $p<0.05$，** $p<0.01$，*** $p<0.001$。

将这种参与看作"形式主义",而不是解决问题的一种渠道。因此,本章的实证结果表明,政治信任对政治参与的影响方向并不总是一致的。具体来说,政治信任和制度化政治参与是正相关关系,和非制度化政治参与是负相关关系。本章的假设1得到了验证。

与此同时,一些控制变量也能解释民众的政治参与行为。相较于男性、党员、年长者,女性、非党员、年轻人进行制度化政治参与的积极性更低,且住在县里或者乡镇的民众会更积极地参加制度化的政治活动,这与中国基层政治参与更有活力的现实相符。同时,受教育程度较高的民众,其制度化政治参与水平也会更高,反之则会增加其进行非制度化政治参与的可能性。因此,教育确实是影响政治参与的重要因素,教育能促进民众参与责任的提升,促进民众获得政治上的认知技能,使其更可能接触到政治信息或是政策制定者。[1] 比起制度化政治参与,非制度化政治参与的形式更激进,也更易于发展成为集体事件或政治抗争运动。因此,分析什么样的民众更倾向于参与非制度化政治活动也非常重要。从结果来看,除受教育程度较低的民众外,处于不工作状态的民众更倾向于采取激进的政治参与方式进行政治表达。这可能是因为相比其他人,这部分人群更容易面对来自涉及自身生存问题的挑战,而通过制度化的渠道已难以解决,或是自身难以接触到政策制定者,缺乏相应的参与渠道。

2. 调节效应分析

通过将交互项作为自变量添加到我们的回归分析中(见表3-5,模型3和模型6),结果显示,政治信任和主观绩效的交互项对制度化政治参与的影响非常显著($p<0.001$;表3-5,模型3),而对非制度化政治参与的效应则不显著(模型6)。因此,主观绩效能够正向调节政治信任与制度化政治参与之间的关系,具体表现为,当民众对政府绩效评价更积极时,则更可能想要与有效的政府机构进行合作,从而增进

---

[1] 宁晶、孟天广:《成为政治人:政治参与研究的发展与未来走向》,《国外理论动态》2019年第11期。

制度化政治参与。① 而主观绩效并不能影响非制度化政治参与，即不考虑其他影响，中国民众对政府绩效的主观评价的高低并不能解释由此产生的非制度化政治参与行为。

在回归分析的基础上，本章进一步用简单斜率检验检测主观绩效对政治信任与制度化政治参与的调节效应。首先，对预测变量进行中心化处理，并对性别、年龄、政治面貌、受教育程度等人口学变量和社会经济变量予以控制。通过采用较高（高于平均值）和较低（低于平均值）的主观绩效来检验政治信任对制度化政治参与的影响。结果表明（图3-1）：在高水平的主观绩效下，政治信任与制度化政治参与存在

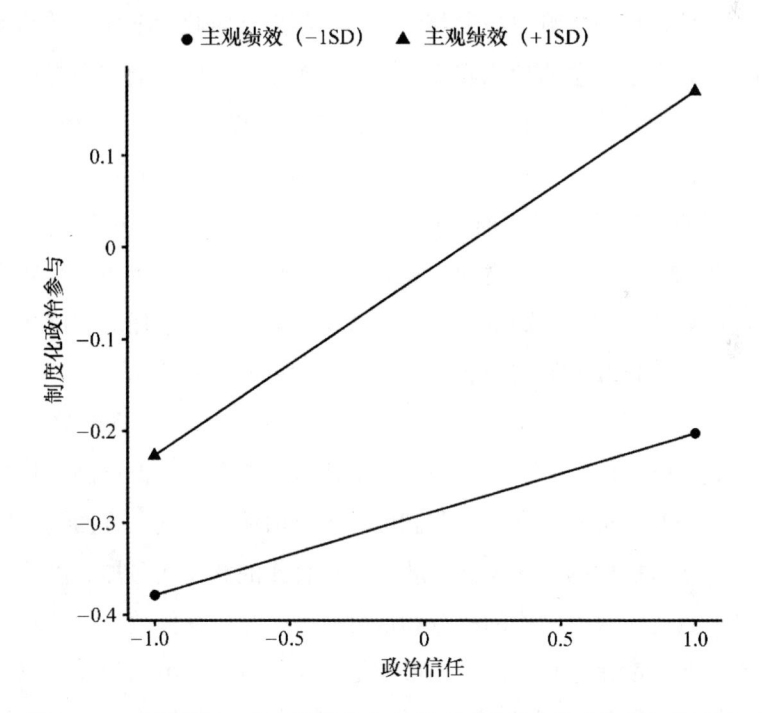

图3-1 政治信任×主观绩效的交互项对民众制度化政治参与的影响

---

① Greg Porumbescu, Milena I., Neshkova, and Meghan Huntoon, "The Effects of Police Performance on Agency Trustworthiness and Citizen Participation", *Public Management Review*, Vol. 21, No. 2, 2019, pp. 212-237.

着显著的正相关关系（$b_{simple} = 0.198$、$SE = 0.020$、$t = 9.78$、$p < 0.001$），且在低水平的主观绩效下，政治信任与制度化政治参与仍旧存在着显著的正相关关系（$b_{simple} = 0.088$、$SE = 0.016$、$t = 5.42$、$p < 0.001$）。这说明，随着民众主观绩效感的提高，政治信任对制度化政治参与的正向影响得到增强。因此，假设2得到了部分验证。

## 五 讨论与结论

政治信任如何影响政治参与？目前，学界已对政治信任和政治参与之间的关系做了大量的理论和实证研究，对于二者的影响方向却产生了两种不一致的结论。既有学者认为政治信任与政治参与呈正相关关系，也有研究证明二者之间实际是负相关的。本章基于2019年"中国民众政治心态调查"的全国性抽样调查数据，围绕政治信任对制度化政治参与和非制度化政治参与之间的关系展开分析，并检验了主观绩效在二者之间的调节效应，从而更为全面地认识和理解政治信任对制度化政治参与和非制度化政治参与的影响机制。本章有如下发现。

其一，研究表明政治信任与政治参与之间的相关关系的确非常显著，但其影响方向并不一致。高政治信任水平能在有效促进制度化的政治活动的同时，抑制民众参与非制度化的政治活动。这一方面说明民众会基于对政府机构的信任及其与政府机构合作的意愿而参加制度化的政治活动，表达对政府机构的支持和认可。另一方面，低政治信任水平的民众参与非制度化的政治活动，可能是由于其对现状不满的表达以及想要解决特定问题的强烈期望，或由于缺乏制度化的途径来表达利益诉求，甚至是出于对制度化参与形式本身的不信任。其二，研究发现，民众低水平的政治信任并不一定意味着政治冷漠和对政治体系的疏远，也有可能通过非制度化的政治活动实现民众与国家的互动。在此基础上，这种参与也可能会反过来促使政府深刻洞察政府体系运行中的问题，从而能够发现并解决问题。其三，研究发现，民众对具体政府机构的积极绩效感知能促进制度化政治参与，说明政府可以通过提升政府绩效来扩大民众政治参与的程度和范围，这反映了中国政府提升治理有效性的迫切需求。此外，主观绩效能增强政治信任与制度化政治参与之间的正向关系，说明民众感知的政府绩效将在一定程度上转化为对政府的信任，并将这种政治支持投入实际的制度化政治活动中，进而提升民众与政府机构合作治理的可能性。

本章的具体结论在一定程度上具有理论意义和实践意义。首先，从比较视角重新审视了不同维度的政治参与和政治信任的关系。一方面，仅从本章的实证结论来看，当前中国民众的政治参与行为更符合第一种观点，即政治信任度高的民众更倾向于进行制度化政治参与，从而表示对政府的支持和认可；而一旦民众对政府的信任程度降低，则可能不再相信政府会有效处理其诉求，此时，他们会采取非制度化政治参与渠道来表达自己的利益诉求。另一方面，以往研究重点关注中国政治信任与某一类特定形式的政治参与行为的关系，比如，关注政治信任与基层选举、政治信任与上访等。本章则从比较分析的视角，强调由于政治参与的维度区别，政治信任对其的影响方向也会存在差异。结果发现，制度化政治参与、非制度化政治参与和政治信任的关系不一致。这说明中国民众高水平的政治信任，能够推动其更积极理性地参与制度化的政治活动，将政治参与进行分类，并探索分析政治参与与政治信任的关系具有重要意义。其次，主观绩效是研究政治信任和政治参与的关键变量，是能够联系民众和政府机构的重要变量。此前的研究证明，主观绩效是民众政治信任的重要来源。本章发现主观绩效不仅能显著正向影响制度化政治参与，且在政治信任和制度化政治参与之间发挥着调节效应，这为主观绩效和制度化政治参与关系的研究提供了启发性的思路。此外，可能有其他变量能够影响政治信任和非制度化政治参与之间的关系。

虽然本章在分析政治信任对制度化政治参与和非制度化政治参与的关系方面做出了努力和探索，但也存在不足。一方面，并未完全揭示政治信任与政治参与之间的影响机制。虽然本章采用全国性抽样调查数据对民众政治信任和政治参与进行了分析，但通过分析截面数据很难找到政治信任与政治参与关系的因果证据。因为，一个人的政治参与行为和政治信任程度都有可能随时间而改变。所以，政治信任度高的民众可能会采取上访等政治参与行为，但如果情况没有改善，这种政治参与可能会演化为政治示威或表现出政治冷漠。[①] 因此，未来的研究中，可以进一步使用面板数据或采用准实验法进行分析。另一方面，问卷中的敏感问题可能会产生测量误差。由于社会意愿偏差，民众对敏感问题可能会不应答，或非真实应答[②]，这就可能会产生测量误差的问题。因此，未来有待使用更科学的研究方法展开进一步验证。

---

[①] Li Lianjiang, "Political Trust and Petitioning in the Chinese Countryside", *Comparative Politics*, Vol. 40, No. 2, 2008, pp. 209 – 226.

[②] 王浦劬、季程远：《论列举实验在敏感问题调查中的应用——以非制度化政治参与为验证》，《中国软科学》2016年第9期。

# 第四章

## 国企改革后下岗职工政治认同的生成机制

在市场经济改革的大背景下，国有企业在经营制度、劳动保障和产权制度等方面进行了一系列的变革。改革后，工人阶层的分化和行动逻辑受到了国内外学界的普遍关注。这些研究大都提到了国企职工的心理转变：曾经作为工厂主人的工人阶级自豪感，转变成作为下岗职工的相对剥夺感和失落感。在对某地区下岗职工的深度访谈中，我们却发现这样一种现象：虽然存在部分下岗职工在改革后通过自身努力实现了更好的发展，但更多的工人则在下岗后生活困难。其中更值得注意的是，部分生活困难的下岗职工，却仍然存在着较高的政治认同。通过进一步分析则发现，这种政治认同的产生存在三种心理机制：由于无奈而产生的命运归因，由工人主体地位认同惯性和政治疏离产生的逆向认同，以及因普遍支持国家而消解了个体的不满意。而这三种心理机制的形成，一方面存在着来自国家文化领导权的影响，即国家意识形态宣传对工人认同的同化和塑造；另一方面则源自工人基于自我话语认知，对政治体系的感受和理解。

20世纪80年代以来，刚刚经历从计划经济向社会主义市场经济转变的大部分中小国营企业，面临生产效率低下、持续亏损以及冗员众多等突出问题。为调整产业结构，释放更多生产潜力，国家对国营企业进行了大规模的调整和改革，提出"抓大放小"，允许中小国有企业破产。在改革中，工人阶级尤其是普通工人成为最易被剥夺和地位最不稳定的群体。[①] 孙立平将这一转型时期的中国描述成一个断裂的社会。产业结构转换和制度转轨带来大部分中小国营企业的工人失去工作。同时，这种失业并非暂时的、过渡性的现象，即一些乐观估计的所谓"改革的阵痛"。由于失业人员年龄偏大、文化水平有限，失业人数短时间内的暴涨，加上援助政策的扶持范围十分有限，大批下岗职工难以顺利实现再就业。即使实现了再就业，也很难回到之前的水平，大部分只能寻找收入微薄且低层次的体力工作。同时，由于失去了原有的工作单位，下岗职工的各种社会保险也由公司缴纳变为个人自缴。劳动所得的微薄工资除了生活开销外，还需缴纳这些社会保险。随着社会保险费用的不断提高，其所占下岗职工收入的比重也越来越大，成为下岗职工又一沉重的负担。由此，孙立平将这一群体定义为事实上被社会转型永久淘汰的人。[②] 这些在国家经济转轨中生命历程发生重大改变，且下岗后生活困难的工人，对改革政策、自身身份以及国家和政府有着怎样的政治认同？这些认同形成的背后又有着怎样的生成机制？本章试图从国家文化领导权的影响和工人的自我认知出发，对该群体政治认同的形成机制展开讨论。

## 一 既有研究的总结

作为社会主义国家转型时期特有的产物，国企下岗职工也有着十分

---

[①] 据1998—2000年劳动事业发展统计公报与中国劳动统计年鉴，1998—2000年，全国国有企业共产生下岗职工2137万人，其中，1998年，年初为691.8万人，当年新增562.2万人；1999年，上年结转610万人，当年新增618.6万人；2000年，上年结转652万人，当年新增444.6万人。即使如此，很多下岗再就业的工人不久便经历了再失业，因此失业数字实际上要远大于官方统计。

[②] 孙立平：《转型社会学的新议程》，《社会学研究》2006年第6期。

鲜明的时代特征。王朝明将其概括为三种：特殊体制转轨背景下的体制性特征，集中在现代产业部门的集中性、群体性特征，以及缺少自我支配的生产要素的无自主性特征。这些特征决定了下岗职工作为城镇新贫困人口的特殊性。[1] 在关于下岗职工的研究中，主要可以分为以下两个方面。

第一个方面是基于社会转型中阶层的分化理论，研究中国体制转型后，社会阶层的变化和工人阶级的内部分化，以及在此分化基础上不同的认同心理。这种分化包括两个方面，第一种是国有企业内部普通工人和管理工人、技术工人的分化。刘爱玉、李静君、佟新等学者研究发现，改革前管理工人和普通工人在意识形态上维持了工人阶级的统一性。随着社会和企业开始注重发挥经营者的作用，重视知识分子和技术人员的价值，在政治和经济上不断肯定其地位，使管理者、技术工人与一线工人的收入和福利待遇之间的差距变大，工人内部不同职业之间的认同差异已经开始出现。[2] 普通工人开始与较低的地位联系，技术人员和管理人员开始主动或被动地剥离出工人阶级。[3] 管理工人和普通工人之前相对融洽的关系开始被"当官的"和"干活的"两种人的分野和自我意识取代，[4] 并形成一种"失序的专制主义"（Disorganized Despotism）[5]。对于这种国有企业内部的阶层分化，黄红指出了下岗职工面临的心理困境：作为改革中牺牲较大的群体，下岗职工并未享受到改革所带来的利益，反而是相对于管理者收入差距的不断拉大，使得曾是主人翁的一线工人产生较强的不公平感和相对剥夺感。由于管理者由工人的代理人转为掌握"生杀大权"的监督者，与普通工人间的平等地位被

---

[1] 王朝明：《城市新贫困人口论》，《经济学家》2000年第2期。
[2] 佟新：《新时期有关劳动关系的社会学分析》，《浙江学刊》1997年第1期。
[3] 刘爱玉：《制度变革过程中工人阶级的内部分化与认同差异》，《政治与公共行政》2004年第6期。
[4] 王浩斌：《社会转型期的阶层流动与阶级意识问题》，《东南大学学报》（哲学社会科学版）2016年第3期。
[5] Ching Kwan Lee, "The Labor Politics of Market Socialism: Collective Inaction and Class Experiences among State Workers in Guangzhou", *Modern China*, Vol. 24, No. 1, 1998, pp. 3–33.

打破，从而使普通工人对管理者产生了疏离感。①

除了前文提到的普通工人和管理工人、技术工人的阶层分化之外，体制转型同样造成了另一方面的阶层分化，即农民工与城市工人的分化。随着社会主义市场经济体制的改革，城市生产效率和收入水平远高于农村，这种二元收入结构吸引着大量农村富余劳动力向城市流动，形成了城市工人和农民工的分化。而相对于外来打工者，下岗职工生活水平和社会地位都不是最低的，但城市下岗职工的阶级意识却远远强于外来打工者。王浩斌指出，这种较强的阶级意识是由于下岗职工发生了向下的流动，这种向下流动使其丧失了原先的体制内所得利益，产生了较于原先优越地位的相对剥夺感和失落感。②沈原提出了适用于马克思模式解释的由流动农民向"新工人"的转化过程，以及适用于"波兰尼模式"解释的原国有企业"老工人"向市场社会的转变过程，在这一转变过程中，工人与国家关系的重构使"老工人"产生了不同于"新工人"的自主性意识。③

第二个方面是基于集体行动理论的研究，分析工人阶级的抗争心理。集体行动理论中包含了两种较为鲜明的视角。首先是对下岗职工集体无行动的发现。李静君提出，由于工人阶级的内部分裂，不同职业的工人有着不同的机会和资源，使其难以形成集体行动，更多的则是表现为冷漠、不合作、行为无效率。④刘爱玉同样发现了国企职工采取"服从""退让""个人倾诉"这三种策略而导致的集体无行动现象。对此他提出了三种解释逻辑：基于对"好公民"的身份和制度认可、对惩罚性制度的畏惧而产生的守法性逻辑；基于预防性制度的建立，为获得基本社会保障而产生的生存逻辑；以及基于不成文的价值、理念、习俗、习

---

① 黄红：《改制后东北国有企业工人的社会心理困境分析》，《学术交流》2009年第6期。
② 王浩斌：《社会转型期的阶层流动与阶级意识问题》，《东南大学学报》（哲学社会科学版）2016年第3期。
③ 沈原：《社会转型与工人阶级的再形成》，《社会学研究》2006年第2期。
④ Ching Kwan Lee, "The Labor Politics of Market Socialism: Collective Inaction and Class Experiences among State Workers in Guangzhou", *Modern China*, Vol. 24, No. 1, 1998, pp. 3–33.

惯等体现出来的非正式制度对工人压力的缓解机制。[1] 不可忽视的是，在上述解释之外，学者大都提到同一种观点，即在长期的社会主义意识形态教育之下，工人阶级的主体认同感和自豪感对集体行动的消解。然而，认为工人存在集体行动的学者则认为，集体行动正是由这种旧意识形态下的主体认同，与现今的地位反差所激发。[2] 于建嵘指出，工人的抗争，更多的是采用以意识形态为依据，"以理维权"的模式，提出中国是社会主义国家，共产党是工人阶级的先锋队，工厂则是工人的工厂。[3] 佟新认为，下岗职工在市场就业中的负面经历凸显了他们对社会主义文化传统的共同记忆，兼并和私有化会激发其"主人"概念，加剧对"共同体"和"家园"的留恋以及集体认同。从而以当时的文化传统为自身群体利益的实现寻求合法性和利益最大化。[4] 同样，吴清军也指出，国企工人面临自己的身份被解构时，会维护自己国企工人的身份，并结合这种身份所赋予的权利与资源，对市场冲击进行有策略的斗争。[5]

可见，在下岗职工的心理研究中，对其行动机制和身份认同的解释，更多的是基于改革前后，工人阶级经历的变化，以及国家对工人阶级意识形态宣传、塑造而产生的落差，即国家主人翁地位消失后的相对剥夺感、挫败感和失落感。一方面，这些研究主要集中在20世纪90年代末和21世纪初，即国企工人刚刚经历身份转变和生活落差的时期。而国企改革已经过去20余年，在此期间，国家意识形态的宣传内容也发生了较大的转变，在新的意识形态宣传下，下岗职工对改革政策、自我身份以及权力主体的理解也发生了一定的变化。另一方面，我们也应该看到下岗职工心理上的自我能动性，即对改革政策基于自我认知的主动理解和消化。

---

[1] 刘爱玉：《国有企业制度变革过程中工人的行动选择》，《社会学研究》2003年第6期。
[2] 黄岩：《国有企业改制中的工人集体行动的解释框架》，《公共管理学报》2005年第11期。
[3] 于建嵘：《转型中国的社会冲突》，《理论参考》2006年第5期。
[4] 佟新：《延续的社会主义文化传统》，《社会学研究》2006年第1期。
[5] 吴清军：《国企改制中工人的内部分化及其行动策略》，《社会》2010年第6期。

## 二 访谈中发现的突出现象

本章选取了湖北省某地级市的20名下岗职工作为访谈对象（见表4-1）。作为中部地区发展最快的工业化大省，1998—2004年湖北省下岗人数总和为274万人，仅次于老工业基地黑龙江省。① 下岗职工成为该省数量最大、最为困难的弱势群体。而作为本章访谈对象的20名下岗职工，拥有以下特点：下岗时较为年轻，只有30岁左右；夫妻双方同时下岗的情况较为普遍；部分工人下岗之后通过艰难的打拼得到了较好的发展，但大多数工人下岗之后收入微薄或无固定收入，再就业经历十分曲折，且面临频繁的再失业：有下岗之后创业失败负债累累的；有做保安的；有下岗之后摆小摊，之后去超市做推销员的；也有在超市做保洁员，几年之后去卖保险的；还有蹬三轮车的，做货运的；以及在医院做保洁，之后从事月嫂保姆工作的。

表4-1　　　　　　　　　访谈对象一览表

| 访谈编号 | 性别 | 年龄（岁） | 学历 | 工作 | 访谈编号 | 性别 | 年龄（岁） | 学历 | 工作 |
|---|---|---|---|---|---|---|---|---|---|
| 1 | 男 | 49 | 高中 | 外出打工 | 11 | 女 | 49 | 高中 | 超市销售员 |
| 2 | 男 | 49 | 高中 | 保安 | 12 | 女 | 48 | 小学 | 服务员 |
| 3 | 男 | 47 | 初中 | 外出打工 | 13 | 女 | 49 | 技校 | 会计 |
| 4 | 男 | 52 | 初中 | 保安 | 14 | 女 | 48 | 高中 | 无固定工作 |
| 5 | 女 | 48 | 技校 | 会计 | 15 | 女 | 48 | 初中 | 保洁员 |
| 6 | 男 | 49 | 高中 | 门卫 | 16 | 男 | 51 | 技校 | — |
| 7 | 女 | 50 | 初中 | 待业 | 17 | 女 | 48 | 初中 | 待业 |
| 8 | 男 | 49 | 高中 | 个体工商户 | 18 | 男 | 50 | 高中 | 外出打工 |
| 9 | 男 | 48 | 高中 | 货运司机 | 19 | 女 | 48 | 初中 | 个体工商户 |
| 10 | 女 | 53 | 初中 | 退休 | 20 | 男 | 49 | 初中 | 个体工商户 |

① 《中国劳动统计年鉴2005》。

可以说，国企改革政策使这些下岗职工的生命历程发生了较大落差，正如郭于华在生命历程理论中所提到，这种命运的改变更大程度上受国家经济体制转轨的影响，具有独特的历史背景和制度属性。社会结构变迁与制度安排不仅使下岗失业人员的生命历程发生了制度性紊乱，同时也限制了他们适应这种危机的方式。① 这也可以解释为什么存在着部分国企工人，在下岗之后一直在社会的边缘徘徊。

> 之前我是轧钢厂的，那时候多安稳。虽说工资低，但是单位福利简直没的说。反而是那些私营企业，虽然工资比我们高，但是他们一是没有那么好的福利，二是社会地位也没我们国营企业的工人高。所以就算是他们收入高一点，很多人找对象也都更愿意找我们国企的。但是下岗之后我文化水平也不高，又没啥技术，国家政策又让我们自己出去找事做。我当时是在××批发市场附近摆了个卖电子表的摊子，每天天不亮就要赶紧起来去抢位置。好的位置很重要啊，人流量大卖得就多，而且一有什么城管工商的人来，跑起来也方便（笑）。我当时大概摆了三年的摊儿，唉，生意难做挣不到什么钱，有时候被城管工商的抓到了还得交罚款。后来没办法，我就出去打工了，在工地上做过几年，现在在澳门的一个酒店干活。工资勉强够用吧。我年轻的时候贪玩没着急结婚。后来下岗了，自己吃饭都成问题更是没人愿意跟我结婚。所以我在外面打工这么多年也没有什么牵挂……那时候的问题不是你懒不懒。之前我们在厂里上班，是被当作螺丝钉培养的，你只需要会这一个工序就可以了。所以下岗后几乎要从头开始，很多工作真是无能为力，只能出去做劳动力。去当个服务员，打扫卫生，或者摆个小摊儿。我身边很多下岗的朋友，下岗之后都在生存线上挣扎，一下岗生活突然就没有保障了，真不是一般人能承受得了的打击，想到那时候就觉得痛苦。（访谈编号：20170203）

---

① 郭于华、常爱书：《生命周期与社会保障》，《中国社会科学》2005年第9期。

原来我在我们市的水利水电物资公司做出纳。那时候经济体制是双轨制，物资公司可都是人们觉得很"吃香"的单位。我刚工作三年就攒了不少存款，在跟我差不多大的人中算是个富豪了，别人都很羡慕的。后来国营企业不行了，效益越来越差，虽然单位没有破产，但是大部分职工都下岗了。下岗后非常迷茫，没有技术没有人脉，只能干最底层的体力工作。最开始的时候，听亲戚介绍去做了一个清洗建筑外墙的工作，天天系着吊绳风吹日晒地搞高空作业，就是现在说的"蜘蛛人"。虽然工资挺高的，但是实在是有点危险，而且每天爬那么高还是有点害怕。但是没办法啊，要养家过日子。我爱人刚好那时候也下岗了，两个人都下岗，家里没有生活来源了啊，所以硬着头皮做了一个月吧。后来实在做不下去了，就学当时我们单位一起下岗的一个人去蹬三轮，早出晚归地在外面蹲活，干了两年吧。我印象最深的是有一次，拉了一个人，说要去哪儿，我也不知道，就听他指路，后来给我带到了一个背巷子里，拿着把刀顶着我让我把三轮车给他，还把身上的钱都抢走了。当时身上只有个BP机，找不到电话亭也不认识路，只能一点点摸回家，走在路上觉得心酸啊，老天爷在拿我开玩笑。那天到家都凌晨了，家里人都急死了。三轮被抢了之后没办法只能再买一辆，结果还没骑多久，政策又说市区所有三轮都要统一规划，外观要一致，还要统一上牌照，要不然不能拉人。我才买的三轮一夜之间就变成黑车了，每天只能偷偷地出去拉活。然后不到半年吧，还是被逮到了，三轮车也被没收了。下岗之后能做啥呢，基本上都跟我一样靠劳动吃饭，真正跳出这个阶层的能有几个？（访谈编号：20170209）

我十几岁参加工作，先是在石棉厂上班，后来厂子效益不好，又天天上夜班，我有点受不了，就找亲戚帮我换到了蔬菜公司上班。主要就是在菜场门口一家日用副食店当营业员。1999年的时候蔬菜公司被私人收购了，一次性买断工龄，我有十几年的工龄，给了我三万多块钱。我爱人比我早两年下岗，他们没有买断工龄。

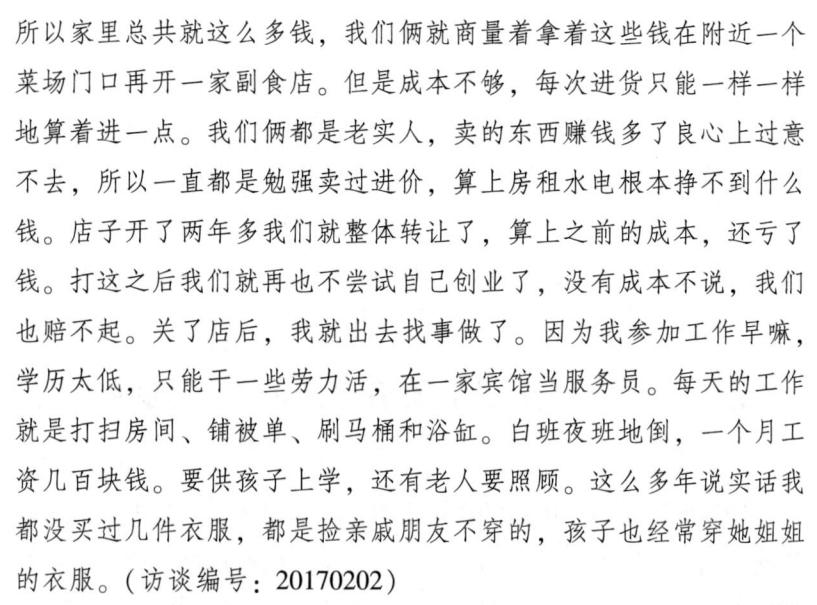

第四章 国企改革后下岗职工政治认同的生成机制 93

所以家里总共就这么多钱，我们俩就商量着拿着这些钱在附近一个菜场门口再开一家副食店。但是成本不够，每次进货只能一样一样地算着进一点。我们俩都是老实人，卖的东西赚钱多了良心上过意不去，所以一直都是勉强卖过进价，算上房租水电根本挣不到什么钱。店子开了两年多我们就整体转让了，算上之前的成本，还亏了钱。打这之后我们就再也不尝试自己创业了，没有成本不说，我们也赔不起。关了店后，我就出去找事做了。因为我参加工作早嘛，学历太低，只能干一些劳力活，在一家宾馆当服务员。每天的工作就是打扫房间、铺被单、刷马桶和浴缸。白班夜班地倒，一个月工资几百块钱。要供孩子上学，还有老人要照顾。这么多年说实话我都没买过几件衣服，都是捡亲戚朋友不穿的，孩子也经常穿她姐姐的衣服。（访谈编号：20170202）

我原来是我们市一个洗衣粉厂的采购员，我们洗衣粉厂规模还挺大，效益也不错。反而是政策出来之后，好好的厂也被搞垮了。厂子垮了之后，我就靠着原来的那些供货渠道自己卖咯。我带着洗衣粉到处推销，但是咋竞争得过那些大牌子。洗衣粉卖不下去了咋办，媳妇也下岗了，儿子还在上小学。我们俩就在楼下租了个门面卖早餐，我做面条，我媳妇就做稀饭、炸油条。每天早上三点多就要起来揉面。辛苦是辛苦，好歹可以维持生活，但是真的是没攒到什么钱。前几年儿子上大学，学费生活费啥的开销越来越大，卖面条的竞争也越来越激烈。这不，我就出去打工了。现在在广州建筑工地上干活，他妈妈买了个小推车，在路口炸点油馍卖。说实话，我们这都是最普通最普通的（下岗职工），没有人脉，不太会做生意，从来也没想过要发大财，只能在（社会）边缘把我能干的都试试，试了二十多年，还是一事无成。（访谈编号：20170218）

通常而言，使个体生命历程发生有悖于常态的制度性紊乱和错位的政策出台，必然会影响到个体对政策的感受和认知，一定程度上还会引起个体对政策及其制定者、政府甚至整个政治体系的不满和抱怨。而与这一预设不同的是,访谈中我们发现了这样一种现象:在下岗职工对过去近20年经历的回忆中,几乎没有表现出较为激烈的负面情绪,更多的则是透露出一种无奈和释然。部分生活困难的下岗职工,即使其生命历程因国企改革政策发生了巨大的落差,却仍然存在着较高的政治认同。对于这种释然和认同,则需要从其背后的生成机制上做进一步解释。

## 三 下岗职工政治认同的生成机制

计划经济时期,国家的意识形态宣传和塑造,对工人阶级形成主体认同和国家认同有着重要的同化作用,这可以通过葛兰西的文化领导权理论来进行分析。"国家具有教育和塑造的作用,其目的在于使'文明'和广大群众的道德风范适应经济生产设备的继续发展。"[①]"每个国家都是伦理国家,因为他们最重要的职能就是把广大国民的道德文化提高到一定的水平。"[②] 治理者对被治理者的认识的形成具有重要的塑造作用。同时,这种领导权并非简单地建立在运用武力等强制性的压迫之上,而是通过文化与意识形态的教育使被治理者自愿赞同和接受治理者的观念和知识。一个社会集团的领导权建立在教育、报纸等媒介和日常生活的各个方面,通过巨大的文化制度网络对人民进行同化。[③] 意识形态的宣传一旦获得被治理者内心深处的认可,便具有深厚和持久的影响,使其对领导权视为当然。"人们总是以一种无系统、偶发的方式进行思考……服从于某种外部环境机械强加的世界观。"[④] 同样,福柯的

---

[①] [意] 安东尼·葛兰西:《狱中札记》,曹雷雨、姜丽、张跣译,中国社会科学出版社2000年版,第198页。
[②] [意] 安东尼·葛兰西:《狱中札记》,曹雷雨、姜丽、张跣译,中国社会科学出版社2000年版,第214页。
[③] 孙晶:《文化霸权理论研究》,社会科学文献出版社2004年版,第171页。
[④] [意] 安东尼·葛兰西:《狱中札记》,曹雷雨、姜丽、张跣译,中国社会科学出版社2000年版,第233页。

第四章　国企改革后下岗职工政治认同的生成机制

权力理论也提到了权力在知识和话语中的影响,"我认为政治权力的实施还间接地取决于一些表面上与政治权力无任何干系,似乎独立于政治权力之外而实则不然的机构"①。对于计划经济时期长期接受意识形态宣传的国企职工而言,这种宣传在他们话语和认知中产生了持久的影响;工人阶级最终接受并将其内化为对自身主体地位和国家权力深厚的政治认同。即使在国企改革之后,意识形态宣传的影响也并未消失,而是在内容和主题上不断发生变化。在访谈中笔者发现,经历了命运波折却仍然存在较高政治认同的下岗职工,他们表现政治认同的话语体系也深刻体现了意识形态宣传的同化作用。

在国家意识形态的同化之下,被治理者的话语中还存在着一种从内出发,基于自我认知和理解的解释机制。被治理者并非时时受到权力的约束和影响。意识形态的宣传之外,被治理者的政治认同也来源于对日常生活、实践中所见之物的理解和认知。贺萧提出,每一种记忆都是一种创造,是过去的事件与现实的特定情况汇集的产物。口述资料的价值"不在于它们保存过去的能力,而在于记忆所能引起的变化。这些变化揭示出叙述者如何企图理解过去并为他们的生活赋予一种形式"②。人们所记忆的事情是历经持续修改、重述、发明,有时是小心防守的沉默后的产物。③ 国企职工经历下岗后多年的工作、实践和日常生活,自身的心态和感受不断变化,从而在对国企改革及之后经历的回忆中,形成了一套基于自我认知的话语解释机制,解释改革政策及其背后权力的正当性。由此,本章试图在国家意识形态的同化和下岗职工自我认知的双重视角下,理解该群体政治认同的生成机制。

---

① [法] 米歇尔·福柯:《福柯集》,杜小真编选,上海远东出版社2003年版,第238页。
② 转引自 [美] 贺萧《记忆的性别:农村妇女和中国集体化历史》,张赟译,人民出版社2017年版,第29页。
③ [美] 贺萧:《记忆的性别:农村妇女和中国集体化历史》,张赟译,人民出版社2017年版,第29页。

### (一) 政策认同：因无奈而产生的命运归因

国企改革时期，报纸、媒体等宣传机构对改革政策及后续相关措施进行了大量的报道和宣传，这对下岗职工理解和认同的形成有着重要的作用。这种宣传主要体现在两个方面：首先是对政策推行的必要性和合理性进行阐释。1994年国家经济贸易委员会等9个部门提出《关于在若干城市进行企业"优化资本结构"试点的请示》（以下简称《请示》）。《请示》中指出，20世纪90年代末期，中小国有企业亏损严重，极大地阻碍了国家生产效率。[1] 新闻、报刊等报道中大量提出，"砸三铁""抓大放小"，让经营不善的中小国有企业破产等是进一步发展经济的必由之路。[2] 下岗职工需转变就业意识，走出企业保护圈，不做经济发展的拖油瓶。[3] 其次是在下岗潮爆发后，报纸、媒体对国企改革后出台的再就业培训和社会保障等相关政策，以及在这些政策的帮助之下，很多工人顺利实现再就业的案例进行了宣传和报道。[4] 大众媒介的宣传和报道对下岗职工的政策认知有着重要的影响。一方面，他们对政策的制定产生了理解和认同，认为国企改革政策的出台，一定程度上也顺应了当时国家经济建设和发展的需要。同时，他们承认此项改革确实有利于提高国家整体经济发展水平，并将中国当前经济的高速发展，归功于当年及时对经营状况较差的中小国有企业进行了改革。另一方面，在安置和保障政策的宣传以及众多顺利实现再就业的案例之下，再就业过程中面临困难的下岗职工只能更多地将其生活困难归结为自身原因，而无法过多地埋怨政策制定者、政府等政治权力主体。

---

[1] 国家经济贸易委员会：《关于在若干城市进行企业"优化资本结构"试点的请示》（1994年8月23日），2022年8月31日，https://www.pkulaw.com/chl/c740cf80858bde57bdfb.html?keyword=关于在若干城市进行企业"优化资本结构"试点的请示&way=listView。

[2] 王彦田：《国企：一鼓作气决战决胜》，《人民日报》2000年9月2日第1版。

[3] 谭兴元：《路在脚下：访自谋职业一族》，《人民政协报》2000年8月31日；《走出企业的"保护圈"》，《中国煤炭报》2001年9月3日第3版。

[4] 2002—2003年人民日报113篇与"下岗"相关的新闻中几乎都提到国家的再就业优惠政策，并对各地下岗职工实现再就业的情况进行了报道。

那时候国家都在号召,说我们工人要替国家着想,我不下岗谁下岗。没办法啊。但是其实也是这样的,每个地方都建一个洗衣粉厂、酿酒厂之类的厂子,没有那么多需求,没有效率。所以国家允许这些小的企业破产也是有原因的,不改革掉那些企业哪有现在经济发展得这么好?(访谈编号:20170206)

虽说下岗再就业,打破了一个饭碗,突然失去了保障,但是这也要看你怎么看了,即使说你是失去了一个铁饭碗,但是你同时也给了自己一个机会,不管你自己怎么走,但至少自己拼搏过。世界那么大,总有阳光照不到的地方,阴影毕竟是少数。所以还是要靠自己。(访谈编号:20170201)

我觉得这个政策其实也是有它的好处的。比如原来在单位里,大家都拿一样的工资,福利待遇都是一样的,激发不出来什么潜力和激情的。在里面时间长了,人们斗志都被消磨掉了。现在出来了,虽然苦一点累一点,但是挑战很多机遇也很多,我相信是金子都会发光的。(访谈编号:20170205)

由于对现状的无可奈何和无法改变,下岗职工只能从自身理解出发,转向"命运"的解释机制。孙立平提出,"受苦人"对苦难有着自己的应对方式和解释。在苦难中挣扎以求得生存是所有底层人民仅有的选择。农民对苦难的最常见解释是"命苦"。他们常常将自己的境遇归结为命运不济,"祖坟没冒烟"。[1] 同样,在中国传统的道德观念中,也一直存在着对命运、祸福相依的解释机制。儒家思想中的"天命观"认为,"命授之于天,赋之于天,是谓天命",而"生死有命,富贵在天";道家思想中所讲"命运无常,祸福相依",老子提出的"知其不可奈何而安之若命",都体现出接受命运、安于现状的要求;佛教中也有关于天道轮回,因果业报的解释。范缜也提到,"人之生譬如一树花,同发一枝,俱开一蒂,随风而堕,自有拂帘幌坠于茵席之上,自有

---

[1] 郭于华:《作为历史见证的"受苦人"的讲述》,《社会学研究》2008年第1期。

关篱墙落于粪溷之侧"。飘茵堕溷，富贵与贫贱，此皆为运也。因周围环境的改变以及日常生活的洗礼，当初对政策的不满情绪逐渐被这种无奈的命运解释机制所消解。这种类似的解释逻辑在下岗职工中也得到印证。对于自己下岗后面临的就业困难和生活压力，下岗职工更多的是从自身出发，将其归结为运气、机会或者自己不努力等其他因素。

> 谁摊上都得忍，要不然有什么办法，总得活下去，上有老下有小，还得供孩子上学，你能消沉吗？……我也是运气好，刚好看到有个招聘广告就去了。（访谈编号：20170205）
> 所以说自己的贫困自己找原因，只能说自己没能耐，命不好，怨得了谁呢？（访谈编号：20170202）
> 运气不好吧，没有机会。（访谈编号：20170209）

### （二）身份认同：国家建设者向个体劳动者的转变

除了政策宣传对工人的影响，国家对工人的身份塑造也经历了由社会主义国家建设者向市场经济中个体劳动者的变化。李金指出，社会主义市场经济体制改革下，国企职工经历了去身份化和再身份化。转型前的身份格局中，国家对工人身份存在着三种制度性强调：政治强调、功能强调和意识形态强调。体制转型之后，原有的强制性规定瓦解，"去身份化"运动推行，政治强调转为经济贡献，能力、贡献的作用提升，意识形态上打破铁饭碗和平均主义。而市场在淡化一些身份的同时，对一些新的身份和资源分配进行强化，重建新的身份秩序。[①]

20世纪90年代以前，国企职工作为当时的类中产阶级群体，享有工厂"主人翁"的称誉和"从摇篮到坟墓"的社会主义福利待遇[②]，在这种意识形态的宣传下，国企职工对其工人阶级的身份有着很高的政

---

[①] 陈映芳、龚丹：《私域中的劳动和生活》，《同济大学学报》2015年第6期。
[②] 李瑶：《找回"面子"：下岗失业工人的自尊维持》，《中国农业大学学报》（社会科学版）2008年第3期。

治认同，并常常将作为工人阶级一员的自己看作社会主义国家的建设者和主人翁，体现出一种崇高的使命感和自豪感。正是这种对国家建设者和主人翁的认同惯性形成了下岗职工早期的身份认同。

> 那时候都想当工人，福利待遇又好地位又高。说自己是工人心里很自豪。工会一开会大家都很积极，到得很齐的。工人是工厂的主人，大家对厂子的感情都很深。按道理说国家的建设我们工人可是有贡献的。（访谈编号：20170203）
> 我们这代人从小就受党的教育，工人要为国家发展贡献力量。现在国家发展遇到问题了，要让工人下岗，我们也是义不容辞。（访谈编号：20170203）

国企改革推行之下，国企工人的工龄被买断，与工厂之间的联系也随之切断，主人翁地位因此消失。工人的身份认同发生巨大落差。葛兰西提出，领导权在实现某些重要政治事业而引发被治理阶级的认可危机时……可以迅速改变调整其纲领以适应危机的变化。① 对于下岗职工身份的认同危机，改革后意识形态的宣传内容也发生了一定的调整。与计划经济时期强调整体性的工人阶级的劳动者不同的是，报纸和媒体将自愿主动提出下岗的劳模作为榜样案例，赞扬积极主动下岗，为企业减负的工人。提出工人要改变就业态度，鼓励变被动安置为主动出击，自谋职业自主创业。② 同时对各地成功创业的个体劳动模范进行广泛的报道和宣传。③ 被抛入劳动力市场的大量下岗职工，在国家对市场个体劳动者的宣传下，成为个体工商户、打工者或摊贩、三轮车夫……更多地关

---

① ［意］安东尼·葛兰西：《狱中札记》，曹雷雨、姜丽、张跣译，中国社会科学出版社2000年版，第167—168页。
② 刘思扬、孟唤：《朱镕基在辽宁考察强调：坚定不移完善社保体系重点，千方百计做好就业再就业工作》，《人民日报》2002年7月25日。
③ 孟辉、董伟：《新时期工人的榜样》，《人民日报》2002年9月24日；顾兆农：《下岗创业带头人》，《人民日报》2003年5月7日；宋光茂：《胡立华："中国结"织出新生活》，《人民日报》2003年9月23日。

注作为个体的生存问题。

> 电视上宣传下岗光荣，我们厂里有些还主动要求去（下岗）的。（访谈编号：20170203）
>
> 下岗的人那么多，国家哪管得过来？都指望厂里能好好安置我们，厂里每个人发万把块把工龄一买断就算安置了，只能出去打工，自己出去找活干。（访谈编号：20170205）

而从自我认知出发，在这种专注生存、回归家庭的个体劳动者的身份认同之下，下岗职工作为原子化的社会个体，政治参与的效能感低下，往往成为沉默的大多数。而实际上，正如斯科特所说，在公开层面表现出碎片化、原子化的底层群体间也存在着一种统一而独立的底层意识，即以"弱者的武器"进行的日常反抗形式，具体表现为行动上有意识的政治疏离和心理上的政治冷漠。

在对个体劳动者的身份认同下，下岗职工对政治生活的疏离，或参与政治的无效性，最终促使他们产生了一种逆向的政治认同。即在专注个体生存时，一方面是由于缺少表达和参与的精力，从而接受身份转变的消极认同。另一方面，由于表达和抗争的无效，他们失去了继续表达和抗争的兴趣，从而被迫选择接受和服从。

### （三）国家认同：对个体不满意的消解机制

国企改革后的意识形态对政治认同的宣传体现在两个方面：首先，新闻媒体的报道以饱含温情的话语，体现了党和国家对下岗职工的关心和帮助，如"下岗无情　关爱有加"[1]"给下岗职工家的温暖"[2]"调整必无情　操作要有情"[3]"全社会都来关心下岗职工"[4]，这些报道对于

---

[1] 聂传清、李智勇：《下岗无情　关爱有加》，《人民日报》（海外版）2003年8月26日。
[2] 冯蕾：《给下岗职工家的温暖》，《光明日报》2004年9月7日。
[3] 孙建英、王大利：《调整必无情　操作要有情》，《中国纺织报》2000年8月28日。
[4] 郭强、黄明：《全社会都来关心下岗职工》，《工人日报》2000年9月19日。

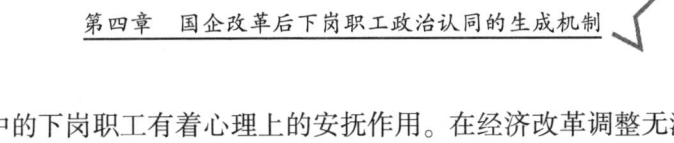

第四章　国企改革后下岗职工政治认同的生成机制

处在困难中的下岗职工有着心理上的安抚作用。在经济改革调整无法避免的情况下，改革仍然坚持对下岗职工的有情操作，从而在情感上获得了下岗职工的理解和认同。其次，国企改革后至今 20 余年来，学校、新闻媒体和整个社会对国家民族复兴等主流价值观的宣传，以及国家经济、政治、军事以及国际地位等综合实力的提升所进行的报道，使得下岗职工基于自豪的情感而产生了对权力体系的强烈认同。

在关于农民政治信任的研究中，李连江提出了一种对中央政府高信任和对地方政府低信任的差序信任格局。① 笔者进一步指出了国家的政策变迁对这种差序信任格局的再塑造，在国家推行的农村税费改革政策下，取消农业税一方面强化了农民对中央政府的高信任，另一方面持续甚至恶化了农民对基层政权的低信任。② 与农民不同的是，由于大部分下岗职工在日常生活中很少参与基层政治活动，很少与基层政府建立直接联系。而更多的则是对政治生活保持着较高的疏离感和漠不关心的态度。因而在下岗职工群体中，政策变迁没有产生鲜明的对中央高信任和对地方低信任的差序信任格局，而更多的是导致了他们对政策的低认同和对国家的高认同。而事实上，这种对政策的低认同与对国家的高认同二者之间并不矛盾。陈捷对认同客体进行了"政体"和"现任当局、政策"的划分。他指出，中国民众对政体基本价值和国家基本政治制度的普遍支持，不同于对具体政策及政府政绩满意程度的特定支持，但二者之间存在着一定的弱相关。持续不断的特定支持一定程度上产生普遍支持，而这种普遍支持一旦形成，便会趋于稳定并长久维系。③

就下岗职工的自我认知而言，由于前文提到的下岗职工对政治生活的疏离，他们很少对中央政府和地方政府进行明确清晰的划分，下岗职工更多的是把中央政府和地方政府整体视作代表国家的权力机关。将作为"权利"的政治认同与作为"道德感、使命感"的国家认同混为一

---

① 李连江：《差序政府信任》，《二十一世纪》2012 年第 3 期。
② 刘伟：《政策变革与差序政府信任的再生产》，《复旦学报》（社会科学版）2015 年第 3 期。
③ 参见陈捷《中国民众政治支持的测量与分析》，中山大学出版社 2011 年版，第 6 页。

谈，将国家和政府、政党以及政治领袖混为一谈，将政府、政党、领袖等简化成统一的国家想象。即使国企改革政策瓦解了下岗职工的特定支持，但是对国家基本制度和整体的普遍支持依旧存在。这种高水平的普遍支持在一定程度上会消解他们对特定政策的不满意。

  我明白中国现在应该是最好的时代，国富民强，生活安定，老百姓不必担心发生战争。你看看世界上别的地方再比比国内，应该说我们很幸运生活在中国。社会安定，儿女平安，无病无灾就是最大的心愿。至于钱多钱少，够用就行。有句古话说得好，宁做盛世犬，不为乱世人。（访谈编号：20170213）

  这些年我们国内政治还是很稳定的，中国不是还成为世界上第二大经济体了吗？要说认同的话，当然还是比较认同的，中国共产党执政还是很有能力的。（访谈编号：20170209）

## 四　结语

  意识形态宣传对底层的观念系统有着重大影响。首先，被治理者在文化领导权的影响之下，其观念和话语会不自觉地为主流宣传所同化，从而形成对主流道德和价值观念的认同。但要看到的是，在主流宣传的意识形态之下，底层群体也有一套从自身观念出发的心理机制。国企改革意味着经济变革的影响面向社会更广泛的群体，而改革确实为部分工人提供了新的机遇和挑战，但也存在更多因下岗而生活困窘的国企职工。但部分下岗职工，即使下岗后生活困难，却仍然有着较高的政治认同。其政治认同的形成机制，一方面体现意识形态的宣传和同化；另一方面，与工人从自身认知出发而产生的理解有着重要的关系。在国家对改革合理性的阐释和再就业案例的报道下，无法顺利再就业的下岗职工由于无奈而产生的命运解释机制，使其随着时间的流逝化解了对政策的

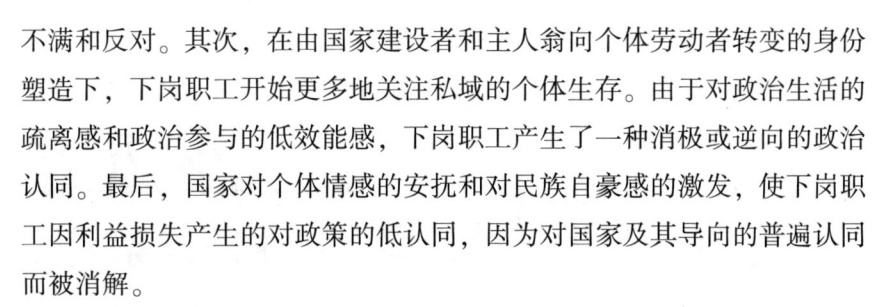

不满和反对。其次，在由国家建设者和主人翁向个体劳动者转变的身份塑造下，下岗职工开始更多地关注私域的个体生存。由于对政治生活的疏离感和政治参与的低效能感，下岗职工产生了一种消极或逆向的政治认同。最后，国家对个体情感的安抚和对民族自豪感的激发，使下岗职工因利益损失产生的对政策的低认同，因为对国家及其导向的普遍认同而被消解。

然而应当注意的是，通过对下岗职工的深度访谈，以及对政治认同形成机制的分析，我们也可以看出，在国家宣传对工人政治认同的影响之下，无论是命运解释机制下对政策的再认同，还是身份转变带来的消极认同或逆向政治认同，抑或是作为国民的高国家认同对低政策认同的消解，都是下岗职工在经历国企改革之后，对无法决定的政策及其带来的命运转变，只能无奈接受而从自身认知出发对政策、身份转变和权力体系产生的理解、消化和认同，是一种被动且不自觉的政治认同。在这一过程中，可以看到政府主体在下岗职工话语中的缺失。因此，将政府这一行动主体带回下岗职工的话语中，不断加强政府对下岗职工群体生活保障的关注和扶持，让他们切身感受到政府及政策对其生活状况的改善，才能使他们有意识而主动地产生更高的政治认同。

# 第五章
## 流动工人政治认同生成中的国家因素

市场经济转型以来，工人的跨域流动已成为中国典型的社会现象。物质生活较为匮乏，利益易受侵害且缺少必要社会保障的流动工人，从一般经验上看更可能对政治系统表现出较低的认同感。然而，笔者在广东省对流动工人调研时却发现，虽然确实存在部分工人对政治体系表现出疏离甚至不认同，但同样存在着一些工人，他们对国家及政治系统有着基本甚至较高的政治认同。结合对流动工人访谈记录的分析，探究流动工人政治认同的形成与国家整合及治理之间的关系，可以发现，国家通过制度安排的利益实现与价值吸引、意识形态塑造以及治理绩效对具体诉求的回应，影响着工人对政治系统的感知和理解，从而使他们产生较为积极的政治认同。

## 一　问题的提出

"我像路边的杂草，顽强地生长着；我还比喻自己是一只找食的麻雀，在人家的檐廊上；我就是一粒尘埃，我还是一抹云烟；怎么随意的比喻都不过分，我微小地活在坚韧里。"[①] 外出打工20余年的张俊，闯

---

[①] 张俊：《我》，2019年5月27日，https://www.zgshige.com/c/2019-05-27/9779037.shtml。

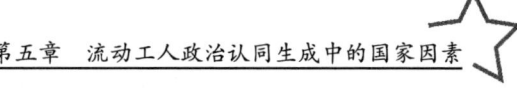

过广东、上海、江苏、浙江，干过数十个工种的活，这是他在自己的"民工博客"里写下的日记。① 改革开放以来，中国沿海地区经济高速发展，劳动密集型产业迅速崛起，对劳动力的需求也随之增加。在此背景下，一大批像张俊一样的农村剩余劳动力离开家乡，外出寻找工作机会，同时期部分下岗职工，也在沿海地区大量工作机会的吸引下加入跨域流动的劳动力大军。

《2022年农民工监测调查报告》显示，中国农民工总量达到29562万人。② 工人的跨域流动成为市场经济转型以来中国典型的社会现象，以农民工为主的跨域流动工人成为中国新工人阶层的重要组成部分。从特征上来看：其一，流动工人大多来自外省，农村户口居多，户籍制度下部分权利缺失，呈现出较强的相对剥夺感；其二，离家时间久；其三，分布在建筑业、制造业、批发和零售业等初级生产行业，工作辛苦且收入较低；其四，流动性较大，大都有着频繁更换工作的经历；其五，超时工作的现象较为普遍，加班工资较少甚至没有加班费；其六，缺少必要的社会保障。正如张俊所形容的那样，流动工人像路边顽强生长的杂草，像他人檐廊下找食的麻雀，微小又坚韧地活着。在大多数人看来，部分权利缺失、物质生活较为匮乏、利益极易受到侵害且缺少必要社会保障的流动工人，是当前社会中的不稳定因素。因此，也有很多学者基于流动工人的生存状态，关注工人的抗争行为，认为处于市场劣势的工人，在面临利益侵害和生存困境时，常常会走向抗争。③

从经验上来看，物质生活较为匮乏，利益易受侵害且缺少必要社会保障的流动工人，更可能对政治系统表现出较低的认同感。那么，流动工人政治认同的现状是否如此？为了研究这一问题，笔者从2016年下半年至2019年初，先后在广东省广州市、中山市、珠海市等地的多家

---

① 参见张俊的新浪博客，http://blog.sina.com.cn/zjsl，2020年5月22日。
② 《2022年农民工监测调查报告》，2023年4月28日，中华人民共和国中央人民政府，https://www.gov.cn/lianbo/2023-04/28/content_5753682.htm。
③ 于建嵘：《利益博弈与抗争性政治——当代中国社会冲突的政治社会学理解》，《中国农业大学学报》（社会科学版）2009年第1期。

工厂和建筑工地对该地区的流动工人进行实地调研和访谈。2018年3月至6月，笔者在一家关注劳工权益领域的非营利组织中进行实习调研，通过微信、QQ等新媒体工具与来自上海、浙江、福建等全国多地工厂的产业工人进行日常联系，了解其工作情况及心理现状，并多次同机构工作人员一起深入广东省广州市、东莞市、清远市等地区的部分工厂进行调研。在对广东地区工人的调研中发现，即使流动工人面对着物质匮乏、社会保障缺失以及经常性的利益侵害，但无论是对国家、执政党还是对制度和政策，很多工人的话语中都呈现出较高的认同：

(国家发展) 很大，发展很大，你看从我们这个行业 (建筑业) 就能很明显地看出来。现在农村条件好了，家家户户都在盖新房子，在城里面更是。你看我们这一片就有好几个工地，这么多房子高楼建起来了。现在国家真是发展得很快的，万丈高楼平地起就是说的这。你想想刚建国那时候，农民吃饱饭都是问题，那时候饿死好些人。现在真是感谢党，感谢国家的好政策。(访谈编号：20171106)

现在农村一天一个样，特别是政府搞的"新农村建设"，农村的房子现在是越来越漂亮，好多泥巴路都修好了。党关心我们农民，为农民做了好些实事儿的，就是这我们才能没有负担地出来打工。(访谈编号：20180406)

流动工人所表现的政治认同大致可以总结为以下几种状态：首先，有着较高政治认同的工人，他们在话语中高度评价国家建设取得的成绩，积极认同国家的权力体系和相关制度政策，行为上也热情地参与政治生活，关心政治事件，表达政治观点；其次，有着基本政治认同的工人，他们虽然对某些具体政策和权力主体的部分行为有着较为负面的看法，但同样认同当前的基本政治制度，认可国家的发展能力，并将国家取得的发展和建设归功于当前的制度和权力主体；最后，除此之外，部分工人虽然表现出一定的疏离或不认同,但从其语言的流露中也会发现,这种疏离或不认同常常仅针对某些具体政策、政策性制度或个别政治现象,很少上升到对政治体系和宏观政治制度的评价。同时,政治行动也总是维持在现有制度体系框架之内,且大多是对具体利益损失的维护。即使工人表现出疏离和不满,但其对政治制度仍有基本的认同。基于以上发现,本章试图探究的主要问题就在于,为何物质匮乏且权利受到制度性剥夺的流动工人,其话语中却呈现出对国家及权力体系的认同?流动工人的政治认同如何产生?以及哪些因素影响了工人政治认同的产生?

## 二 工人政治认同研究与国家角色问题

在马克思看来,工人阶级从自在阶级走向自为阶级的关键,在于阶级意识的形成。对于何为阶级意识,存在着从利益和身份两个层面出发的界定。一方面,阶级意识来源于阶级成员对群体共同利益的感知,或开始有意识地区分本阶级与其他不同阶级的利益。[1] 另一方面,工人对共同身份地位的感知也是阶级意识产生的重要维度。在马克思看来,阶级意识就是工人对其阶级身份的认同从生产关系之下的客观差别走向对其所属阶级的主观认识。[2] 有学者认为,"马克思模式"对于流动农民向工人阶级的转化过程有着较强的解释力,原因在于,流动工人进入城市后直接面对的即是较为典型的市场社会劳资关系,这大致符合马克思所描绘的资本主义工业生产的原型。[3] 在此背景下,当前对工人政治认同的研究,也大都集中在对工人身份认同和利益认同的讨论当中。其中,对于身份认同的讨论,部分学者将身份认同看作政治认同的萌芽,

---

[1] [英] E.P. 汤普森:《英国工人阶级的形成(上)》,钱乘旦译,译林出版社 2001 年版,第 1—2 页。
[2] 《马克思恩格斯选集》第 1 卷,人民出版社 1995 年版,第 193 页。
[3] 沈原:《社会转型与工人阶级的再形成》,《社会学研究》2006 年第 2 期。

认为中国工人的政治认同就是对其工人身份的认同。① 但除了工人对身份的认同之外，对政治系统和政治权利的看法与认知，同样也是政治认同研究中需要关注的重要内容。而关注工人利益认同的研究则认为，利益认同是政治认同的基础，流动工人的政治认同存在着较强的利益导向。在生存压力之下，利益满足是工人首要追求，专注于对利益的认同使其呈现出对政治系统的冷漠，从而缺少对政治制度及政治价值等其他层面的关注。② 然而，从学者对政治认同的定义来看，政治认同不仅包括利益认同，还包括制度认同和价值认同。其中利益认同是政治认同的逻辑起点，制度认同是政治认同的关键，价值认同则是政治认同的核心。③ 需要注意的是，制度安排和政治价值与工人的利益实现也息息相关，它们是决定工人能否实现利益的结构性因素，同时也是政治认同的关键和核心。因此，探讨工人的政治认同同样离不开关注工人对制度安排和政治价值的认同。

对于流动工人的认同如何产生，目前存在着制度结构建构、社会文化塑造和自发性生成三种解释路径。从制度出发，很多学者提到中国城乡二元分治的社会结构和户籍制度对城市流动人口身份认同的形塑。如陈映芳在探讨工人身份认同形成的研究中指出，国家出于对管理社会秩序、分配社会资源（财政社保）以及缓解城市人口压力的考虑，设计以户籍制度为主的城乡二元体系，塑造了流动工人对"农民工"的身份认同。④ 从社会文化层面出发，社会网络的排斥和"污名化"的叙事话语系统，建构着社会对工人身份的认知和流动工人的自我身份认同。有学者指出，媒介是社会群体之间相互认同和认知的中介，大众传媒对于建构和塑造流动工人身份认同也起着不可忽视的作用。对于流动工人而言，尽管大众媒介对其身份定位基于社会现实，但被媒体建构的工人

---

① 陈映芳：《"农民工"：制度安排与身份认同》，《社会学研究》2005年第3期。
② 刘春泽：《社会分层逻辑下的农民工利益认同探析》，《中国青年研究》2017年第2期；丁忠甫：《农民工政治认同的形成机理》，《云南行政学院学报》2020年第2期。
③ 孔德永：《政治认同的逻辑》，《山东大学学报》（哲学社会科学版）2007年第1期。
④ 陈映芳：《"农民工"：制度安排与身份认同》，《社会学研究》2005年第3期。

第五章 流动工人政治认同生成中的国家因素

身份镜像也可能反过来影响社会群体间的角色认知。[1] 从工人的自主性出发的学者，则强调工人基于利益实现及生命历程的感知而自发产生的政治认同。他们将流动工人在与城市居民对比中产生的相对剥夺感看作是身份认同产生的重要原因。[2]

然而，无论是制度结构的影响，还是大众传媒的塑造，抑或是工人的自主性认知，都可以找到国家这一主体在其中的建构和塑造。首先，国家是制度的主要创立者和体现者，因此，从国家的制度安排视角看问题可以解释许多"结果"。[3] 其次，大众传媒往往是国家进行意识形态宣传和塑造的重要途径，在对国企改革后工人政治认同生成的机制探讨中，可以发现国家在此当中的形塑功能。[4] 最后，国家存在着较强的自主性和能动性，无论是工人的利益缺失还是相对剥夺，国家都可以选择通过治理绩效实现对个体利益诉求的回应。虽然当前有关工人政治认同的研究都或多或少地体现出国家的建构作用，但我们也要看到的是，首先，以往很多研究中提到的国家对工人认同的形塑作用，[5] 更多集中在对传统国企工人的关注当中，但与国企工人不同，流动工人大多不存在对国家"父爱主义"的体验和经历，也缺少长期意识形态宣传的文化氛围。在此之下，国家如何影响认同，通过怎样的机制建构工人个体的政治认同，存在需要深入探讨的学术空间。其次，目前关于国家与流动工人政治认同间关系的讨论，大都停留在将国家因素纳入对工人身份认同产生原因的解释中，除了塑造工人身份的认同之外，国家也同样影响着工人对政治体系的认知和看法，而这一层面的政治认同则缺少足够的

---

[1] 滕朋：《建构与赋权：城市主流媒体中的农民工镜像》，《西安交通大学学报》（社会科学版）2015年第1期。

[2] 崔岩：《流动人口心理层面的社会融入和身份认同问题研究》，《社会学研究》2012年第5期。

[3] 陈峰：《国家、制度与工人阶级的形成——西方文献及其对中国劳工问题研究的意义》，《社会学研究》2009年第5期。

[4] 刘伟、颜梦瑶：《国企改革后下岗职工政治认同的生成机制》，《学海》2018年第3期。

[5] 刘伟、颜梦瑶：《国企改革后下岗职工政治认同的生成机制》，《学海》2018年第3期；吴清军：《国企改制中工人的内部分化及其行动策略》，《社会》2010年第6期。

关注。最后，既往有关流动工人政治认同的研究，大都关注城乡二元结构和户籍制度对工人认同的负面建构，从近年来国家对流动工人问题的治理绩效来看，工人的制度性剥夺已经有所改善，国家也积极颁布政策和采取措施来解决流动工人的现实问题。在此之下，流动工人是否存在积极的政治认同，也需要被关注和解释。

## 三　流动工人政治认同生成中的国家因素

政治整合作为维护社会稳定和实现政治认同的有效治理过程，其组成因素可归为三类：代表具体实施整合功能的主体——组织系统、代表经济社会资源分配的资源配置系统，以及以文化一致性为前提条件，根植于共同价值观的政治文化系统。[①] 这些要素的最终目的都在于使社会成员在心理上认可现行政治制度及权威，在行动上支持国家政治活动。因此，对于国家如何建构流动工人政治认同的问题，笔者试图从制度安排的利益实现与价值吸引、意识形态的塑造及治理绩效的实现三个层面进行分析。

### （一）制度安排：个体的利益实现与制度的价值吸引

彼得斯对新制度主义政治学不同流派的共识进行了梳理。他指出，新制度主义大多强调从制度出发的分析意义，强调结构性因素对个体政治心理及行为的建构作用。[②] 对于"制度如何影响个体行为"，以霍尔和泰勒为代表的新制度主义学者从"算计途径"和"文化途径"两种分析路径，解释制度对政治个体的影响。其中，"算计途径"对个体的影响逻辑在于他为行动者提供某种确定性。政策性安排明确人们的行为

---

[①] 吴晓林：《新中国阶层结构变迁与政治整合60年：过程、特征与挑战》，《天津社会科学》2010年第4期。

[②] 马雪松：《政治世界的制度逻辑》，光明日报出版社2013年版，第27页。

第五章 流动工人政治认同生成中的国家因素　　111

框架和行动机制,使政治参与者能够预见其行为指向的具体后果。① 与此相对比,"文化途径"则从符号和惯例出发,对嵌入在制度背景下的个体行为给予道德性和价值性的解释,并在此基础上建构个体的行为以及对行为的自我认知。② 制度对流动工人的影响同样可以从"算计途径"下的利益实现和"文化途径"下的价值吸引这两个角度进行理解。

在中国,国家经济体制的改革及其相对应的制度变迁进程,事实上也是工人阶级的身份建构过程。李莹将中华人民共和国成立以来国家关于乡城移民的政策变迁进行了阶段性的划分。20世纪50年代后期至70年代,乡城迁徙受到严格的控制,这一控制的实现依托于城乡二元的户籍制度及相关的政策安排。在此制度下,若非政府许可,农村村民无法改变居住地。同时,国家实施严格的计划经济,直接控制城镇就业、粮食及其他生活必需品的供给,未经政府许可流入城市的农村村民由于无法获得就业机会及生活必需品而无法在城市生存。③ 改革开放以来,农民自发流动得到批准,但由于计划经济遗留的就业体制限制和食品供应短缺,农村劳动力流动的限制并未得到根本改变。1980年,中共中央及国务院对规划城镇劳动力就业的工作安排提出指导意见。指导意见提出,需要控制城市人口数量,对盲目流入大中城市的农业户口进行限制和管理,减少甚至清退超出计划的农村劳动力。同时,城乡二元户籍制度使流动工人无法获得本地居民享有的相关权利,造成对农村劳动力的制度化歧视。④ 直至2000年,国家关于农村转移就业的政策开始发生积极的变化。随着农村劳动力的大规模迁徙,国家也逐渐取消了对其进城就业的不合理限制。⑤ 2001年,社会经济发展第十个五年计划明确指

---

① 马雪松:《政治世界的制度逻辑》,光明日报出版社2013年版,第27页。
② 马雪松:《政治世界的制度逻辑》,光明日报出版社2013年版,第27页。
③ 李莹:《中国农民工政策变迁》,社会科学文献出版社2013年版,第3—4页。
④ 马雪松:《从"盲流"到产业工人——农民工的三十年》,《企业经济》2008年第5期。
⑤ 李莹:《中国农民工政策变迁》,社会科学文献出版社2013年版,第3—4页。

出现有城乡二元体制的不合理性,标志着国家越来越关注流动工人的权利和相关福利。如今,农民工的社会保险缴纳人数不断增加,城乡二元户籍制度也逐渐被打破。制度认同来源于制度本身的构建,社会成员之所以有较高的制度认同和政策认同,正是因为国家通过不断改良制度政策,让工人体会到身份定位从限制到承认的正向发展过程,以及流动机会从无到有的权利保障。

> 原来我们农民工年纪大了,做不了活了,就回老家继续种地了。现在我们也可以交养老费,只需要交够15年,到了退休年纪就能拿工资了。你说对我们是不是越来越好？（访谈编号:20180403）

> 现在农村迁户口没有那么难了,除非像北京深圳这种大城市,其他地方限制其实没那么明显了,而且现在农村户口说实话还更吃香一些,国家对农民政策越来越好了,好多之前迁到城镇的,现在都后悔了。(访谈编号:20180905)

在此之下,工人政治认同话语中提到的"越来越好""不断发展"便来源于对过去及现在的对比,同时暗含一种对未来发展趋势的积极预期。

除此之外,制度价值层面的吸引力也是塑造政治认同的原因之一。制度的设计、规划与政治认同息息相关,良好的政治制度体现为国家对公平正义等价值观念的追求。同时,社会成员对制度的认同也来源于对制度蕴含的公正性和正当性的认可,它为社会发展提供目标和内在的动力支持,只有使社会成员产生心理上的公平感,才能保证政治共同体的权力运作得到人们的广泛认同。国家经济发展过程中,制度的价值逻辑和政策实践始终将效率及公平作为其核心内容。从党的十一届三中全会到党的十九大,中国的收入分配制度不断调整和完善,经历了从"初次分配强调效率,再分配强调公平"到"初次分配和再分配都要兼顾效率和公平,再分配更加注重公平",再到当前"坚持在经济增长的同时实现居民收入同步增长、劳动生产率提高的同时实现劳动报酬同步提高"的转变。其中,公平和效率相统一的原则贯穿于收入分配制度的各个环节。对流动工人而言,不论是针对弱势群体的社会保障制度,还是为提高农村人口生活水平而推动的政策倾斜,都体现了制度安排保障"不利者"平等获益的价值观念。在此情况下,制度的价值吸引成为工人政治认同的重要来源。

> 我们老百姓最想要的说到头,无非就是"公平"两个字。只要保证公平,那保准没得一个人说你不好。(问:那您觉得当前的政治制度公平吗?)有公平也有不公平吧,实现绝对公平也不是那么容易的事。吃大锅饭的时候是人人都公平了,但是你看后面还饿死了好多人。(访谈编号:20180902)

### (二) 意识形态:文化领导权的塑造与同化

葛兰西指出,国家具有教育和塑造的作用。[①] 他认为,知识分子的领导权并非简单地建立在运用武力等强制性的压迫之上,而是通过文化与意识形态的教育使被治理者自愿赞同和接受治理者的观念和知识。[②] 因此,"人们总是以一种无系统、偶发的方式进行思考……服从于某种外部环境机械强加的世界观"[③]。一个社会的文化话语氛围对个体成员有着强大的影响能力,它可以同化人们的语言,形塑人们对政策制度的感知和对共同价值观念的体认。而文化话语氛围的形成则离不开国家的意识形态建构。由此,人们对政治系统的感受和认同与意识形态的关联十分紧密。一方面,意识形态对政治纲领提供价值性的规划,它通过培

---

[①] [意] 安东尼·葛兰西:《狱中札记》,曹雷雨、姜丽、张跣译,中国社会科学出版社2000年版,第198、233页。

[②] 孙晶:《文化霸权理论研究》,社会科学文献出版社2004年版,第171页。

[③] [意] 安东尼·葛兰西:《狱中札记》,曹雷雨、姜丽、张跣译,中国社会科学出版社2000年版,第198、233页。

育共同的社会价值观引导社会价值导向，使社会成员在主流价值观的指引下维系精神纽带的凝聚力和认同感，从而达到整合不同社会群体和组织的目标。另一方面，意识形态对政治认同的塑造还体现在对政治制度道义正当性的论证。随着政治统治和权威来源越来越依靠合法性而非暴力，政治系统需要意识形态不断对其合理性进行论证，引导和提升公众的认知水平，以塑造政治权力主体及制度政策对公众的感召力和向心力，获得公众对政治体系的认同感和归属感。[①] 同样，流动工人政治认同的形成也与意识形态的塑造有着密切的联系。

从身份定位上来看，意识形态对农村流动工人身份的塑造经历了从"盲流""打工妹、打工仔"到"农民工""外来务工人员"再到"新工人阶级"的转变。黄典林梳理了近30年《人民日报》对农民工群体意识形态构建的新闻话语，并分析了改革开放以来国家如何根据自身政治经济目标在意识形态上定义和再定义农民工。他指出，从20世纪80年代中后期到90年代中期，官方话语将非国家组织的农村劳动力的自发流动定义为"盲目流动"，"盲流"这一带有明显负面含义的指称词在这一期间也被用来泛指农民工群体。在这一语境下，自发流动的农村劳动力被塑造成缺乏理性及秩序的乌合之众，被视为城市主流社会群体和文明秩序的入侵者和局外人。农民工"不负责任的""盲目流动"也被视作大量社会问题的源头。同时，流动工人犯罪个案的报道更加剧了社会成员对外来流动群体的担忧和恐惧，对"盲流"的控制被视为恢复社会秩序的积极措施。

随着社会主义市场经济体制的改革，流动工人成为促进经济快速发展的潜在劳动力大军，新闻媒体开始对其自发流动现象进行合法化的论证。2001年中国加入世界贸易组织，经济快速融入全球市场而产生对劳动力的大量需求，此时自发流动的劳动力被不断定义为城市化和经济发展的重要力量，相关报道数量也显著增加。模范农民工个体的报道塑

---

① 刘伟、颜梦瑶：《国企改革后下岗职工政治认同的生成机制》，《学海》2018年第3期。

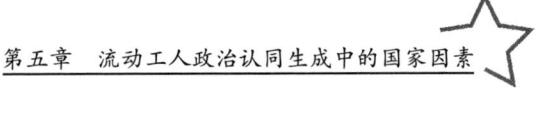

造了工人群体的正面形象,农民工也被定义为新工人阶级的代表。[1] 农村流动工人的身份在意识形态的塑造下发生了向上的流动,社会语境下不断提升的社会地位塑造了工人的认同感。除此之外,作为市场经济之下的劳动力主体,流动工人常常由于缺少劳动保护而受到利益侵害,同时,拖欠工资或被工厂剥削压迫的现象也屡见不鲜。对弱势工人群体遭遇报道中"为农民工追讨工资""别让农民工为讨薪犯愁"等话语表述,也体现出政府及社会各界对农民工群体的帮助和关心。国家通过主流媒体形塑出对工人权益高度重视的文化氛围,由此构建出流动工人的情感认同。

> 社会各界对我们还是很关心的,经常看到新闻里面说农民工如何如何,要关注解决我们的困难。之前开两会的时候不也是?农民工代表经常在新闻里面发言。而且春晚也经常提到我们。总之心里还是挺感动的,至少国家没有不管我。(访谈编号:20170302)

**(三) 治理绩效:回应诉求与缓和冲突的政策选择**

如果说制度安排下的利益实现、价值吸引与文化领导权下的意识形态塑造可以视作政治认同的宏观构建,那么政府治理策略和具体政策的绩效则是可以作用到微观个体的权利感知。随着国家越来越倾向于通过具体的治理实践回应社会诉求,治理绩效也愈加成为国家塑造个体政治认同的重要途径。现代化国家治理的对象不仅仅是单个的个人,而是复杂化的人口和群体。[2] 国家作为独立的、最高层面的权力主体,具有以治理选择资源配置,干预工厂和工人个体间矛盾的能力。在工人与资本的冲突中,国家并非完全受到资本的裹挟,而是更多地依据冲突的不同类型和条件进行判断。当经济发展以获得资本为目的时,偏重资本,而

---

[1] 黄典林:《从"盲流"到"新工人阶级"——近三十年〈人民日报〉新闻话语对农民工群体的意识形态重构》,《现代传播》(中国传媒大学学报) 2013 年第 9 期。

[2] [法] 米歇尔·福柯:《福柯集》,杜小真编选,上海远东出版社 2003 年版,第 238 页。

当国家迫切需要争取更广泛的合法性认同时，则可能偏向人数占优的工人阶级。① 在对流动人口和流动工人与企业劳资矛盾等议题的治理中，政府作为独立的行为主体也尝试着不同的治理探索，其绩效成果影响着工人的政治认同。

2007年以来，中国便启动建立了新一轮的《劳动保护法》和配套行政法规，为改善劳动者的权益、约束劳资冲突、缓解劳资矛盾提供法律依据。此后，国务院为了更好地推动相关法规的实行，颁发一系列具体的指导意见。2008年，国务院办公厅印发《关于切实做好当前农民工工作的通知》，该通知从推动农民工就业、加强农民工工作技能培训、开展农民工职业教育、加大力度支持农民工返乡创业、解决农民工工资支付、完善农民工社会保障、提升公共服务等多个方面对下属单位作出指示。② 2010年，国务院办公厅《关于切实解决企业拖欠农民工工资问题的紧急通知》高度重视农民工欠薪问题，并制定了详细的治理方案。2014年，国务院为进一步做好服务农民工工作，从稳定和扩大农民工就业、创业，维护农民工社保权益，逐步实现市民权和工人的社会融合等多个方面解决农民工面临的各种问题，并对具体治理中各个主体的责任进行了明确的划分。③ 2016年，国务院办公厅针对农民工欠薪问题进一步印发治理意见，提出规范企业对工人的薪酬支付、健全对企业工资支付的监控、加强工人的工资保障、建设企业工资支付的诚信体系、处理拖欠工资案件、改进建筑业工程款支付的管理和用工方式等具体治理措施。④

在中央治理意见的指导下，地方在落实过程中也不断探索具体的治

---

① 参见《国务院办公厅关于切实做好当前农民工工作的通知》，2008年12月20日，中华人民共和国中央人民政府，http://www.gov.cn/zwgk/2008-12/20/content_1183721.htm。
② 参见《国务院办公厅关于切实做好当前农民工工作的通知》，2008年12月20日，中华人民共和国中央人民政府，http://www.gov.cn/zwgk/2008-12/20/content_1183721.htm。
③ 参见《国务院关于进一步做好为农民工服务工作的意见》，2014年9月30日，中华人民共和国中央人民政府，http://www.gov.cn/zhengce/content/2014-09/30/content_9105.htm。
④ 参见《国务院办公厅关于全面治理拖欠农民工工资问题的意见》，2016年1月19日，中华人民共和国中央人民政府，http://www.gov.cn/zhengce/content/2016-01/19/content_5034320.htm。

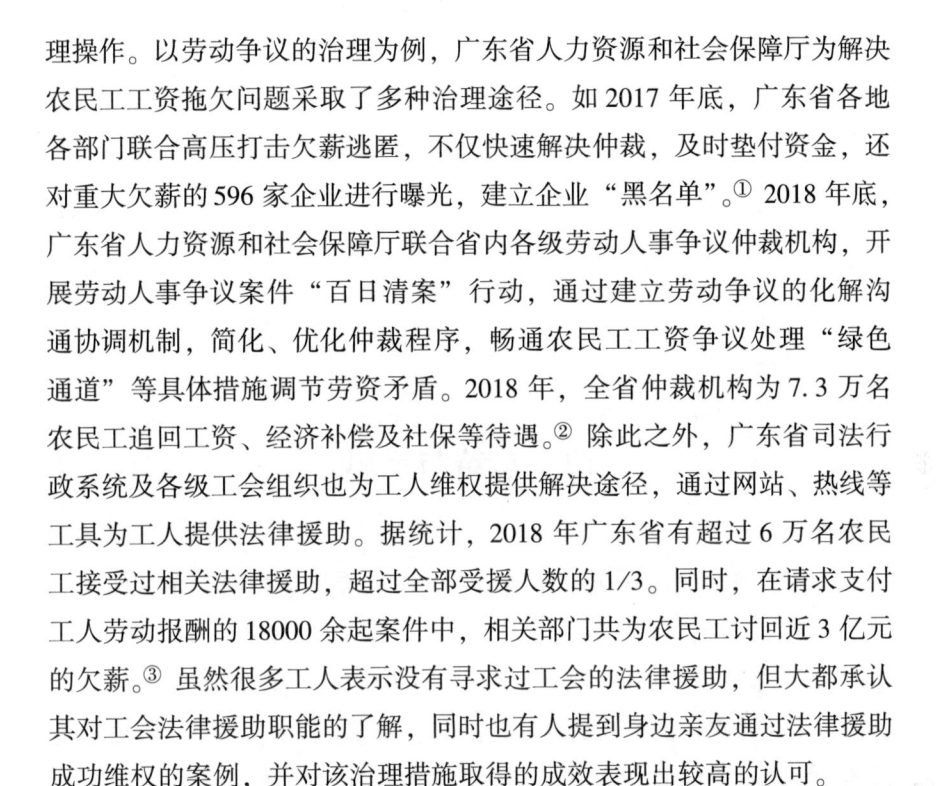

理操作。以劳动争议的治理为例,广东省人力资源和社会保障厅为解决农民工工资拖欠问题采取了多种治理途径。如2017年底,广东省各地各部门联合高压打击欠薪逃匿,不仅快速解决仲裁,及时垫付资金,还对重大欠薪的596家企业进行曝光,建立企业"黑名单"。① 2018年底,广东省人力资源和社会保障厅联合省内各级劳动人事争议仲裁机构,开展劳动人事争议案件"百日清案"行动,通过建立劳动争议的化解沟通协调机制,简化、优化仲裁程序,畅通农民工工资争议处理"绿色通道"等具体措施调节劳资矛盾。2018年,全省仲裁机构为7.3万名农民工追回工资、经济补偿及社保等待遇。② 除此之外,广东省司法行政系统及各级工会组织也为工人维权提供解决途径,通过网站、热线等工具为工人提供法律援助。据统计,2018年广东省有超过6万名农民工接受过相关法律援助,超过全部受援人数的1/3。同时,在请求支付工人劳动报酬的18000余起案件中,相关部门共为农民工讨回近3亿元的欠薪。③ 虽然很多工人表示没有寻求过工会的法律援助,但大都承认其对工会法律援助职能的了解,同时也有人提到身边亲友通过法律援助成功维权的案例,并对该治理措施取得的成效表现出较高的认可。

对利益时常受到侵害的流动工人而言,按时取得劳动报酬是其最为迫切的基本权益,同时也是工人一直以来最关注的问题之一。近年来,中央对欠薪问题高度重视且大力整治,地方不断创新出更有效的具体治理措施,农民工的欠薪问题因此得到了更好的解决。工人话语中也体现出对国家治理所取得结果的认可,并由此产生积极的政治认同。国家对

---

① 广东着力推进劳资纠纷系统治理、依法治理、综合治理、源头治理。参见广东省人力资源和社会保障厅《保障农民工过好年,广东打出欠薪治理"组合拳"→》,2018年1月29日,https://static.nfapp.southcn.com/content/201801/29/c938506.html? colID = 0&firstColID = 1297&appversion = 9200。

② 参见广东省人力资源和社会保障厅《广东打响"百日清案"攻坚战,农民工工资争议案件春节前基本审结》,2018年11月20日,https://static.nfapp.southcn.com/content/201811/20/c1679614.html? colID = 0&firstColID = 1297&appversion = 9200。

③ 广东为讨薪维权农民工提供快捷法律服务。参见广东司法行政《为农民工讨薪维权,广东法援这把"保护伞"够硬气!》,2019年2月1日,https://static.nfapp.southcn.com/content/201902/01/c1896160.html? colID = 0&firstColID = 5745&appversion = 9200。

特定群体、特定议题的针对性治理,是将宏观制度设计贯彻落实的最有效途径,同时也是制度价值的现实体现。而意识形态得以持续塑造工人认同的基础,也来源于工人对具体治理措施的有效感知。

现在很少有企业会欠民工工资了,政府的处罚力度还是挺大的。除非他不想干了。因为欠薪会上征信。如果(恶意)欠钱,他们以后就别想拿到项目书。(访谈编号:20171106)

## 四 总结与反思

在《国家如何塑造抗争政治——关于社会抗争中国家角色的研究评述》的研究中,黄冬娅提到,国家的渗透能力、吸纳/排斥的国家战略、包容/镇压的国家策略都是在社会抗争中国家所面临的"选择"。[①]国家对个体和集体的行为具有能动的塑造和影响作用。同样,在本章对政治认同产生原因的分析中,无论是制度塑造人的行为和认知,或是意识形态宣传影响个体的观念系统,还是通过治理绩效回应个体诉求,社会个体在这些塑造和治理的影响之下,观念和话语都呈现出不自觉的同化,从而形成对政治主体和政治制度的认同。这些发现也印证了以往研究中提到的国家对工人的形塑力量。当然,除了国家对个体的塑造之外,工人政治认同还有来自社会层面能动性力量的启发。笔者在对广州某一社会组织的实地观察中发现,该组织以促进工人发展、实现劳工和资本的和谐为出发点,在工人和工厂之间建立起一个中立的沟通机制。它通过与工人的日常沟通,及时发现工人的不满情绪,并代表工人与工厂沟通协商,避免冲突的扩大。在此之中,社会组织进行沟通的依据来源于国家颁布的《劳动法》及相关的社会保障制度,这在一定程度上

---

[①] 黄冬娅:《国家如何塑造抗争政治——关于社会抗争中国家角色的研究评述》,《社会学研究》2011年第2期。

也促进了工人对制度和政策的理解与认同。除此之外，社会组织自身也存在着较强的自主性，他们常常在工厂组织工人开展有关"社会保障制度""劳动法和劳动合同""工作场所安全"等相关主题的培训和讲座，在激发工人权利意识的同时也加深了政策的普及程度。除了国家和社会对工人的塑造之外，首先，工人自身也同样存在一套从自我观念出发而进行解释的心理机制，如国家对农民工政策和模范工人个体的报道，使权益受损又缺乏组织力的工人转向一种向内的命运解释机制，将自己的遭遇和贫困理解为"运气不好""自己没本事"。其次，工厂体制下的个人，由于政治生活的疏离，在文化的塑造和对国家情感的激发下产生了一种想象的认同。最后，国家通过治理策略和饱含温情的新闻报道，使工人即使处于底层的生活状态也依然对国家抱有一定的认同。但无论是从社会出发，还是从个体自身的观念出发，都无法完全脱离对国家这一角色的讨论。原因在于，中国制度的特殊性决定了国家对社会有着较强的控制力与影响力。在此背景下，将国家带回分析的中心，重视国家的行动与目的也是当前研究不容忽视的问题。

但我们也应该注意的是，国家对流动工人权益的提升虽在不断改善，但仍然任重而道远，意识形态和治理对工人政治认同的塑造若无更广泛的利益实现同样难以维持。同时，社会力量虽能够有效促进工人对政策和制度的理解，但由于其行动边界的限制，发展也较为缓慢，难以实现完全的自主性。工人自我观念出发产生的认同是一种向内的解释机制，即大部分工人缺乏主动的政治参与，而只能被动地接受治理。因此，唯有增强工人的主体意识，引导其积极参与政治生活，才能促进其对政治体系有更加深刻和全面的理解，也是持续有效的政治认同生成的最终来源。

# 第六章

## 群体性活动视角下的村民信任结构研究
### ——基于问卷的统计分析

本章通过对调查问卷的统计分析，结合不同类型的群体性活动，在现有相关研究的基础上，进一步考察了当前中国村民的信任结构，特别是村民对村落内部事务的信任结构。研究发现，一方面，村民总体上对群体性活动尤其是涉及村落公共事务的活动信心不足；另一方面，村民对各类精英的期待与精英现实之间存在落差，村民对现有精英的信任不足，并在一定程度上期待不同类型的自生性精英；而从内在的信任和观念结构上挖掘，可以发现，村民当前的信任状况既延续了传统村落的差序特征，又呈现着转型期村民与外部世界包括国家的新型关系的可能。

## 一 问题的提出

就一般意义而言，所谓信任结构，即指信任主体对不同对象所持有的信任程度及其格局，这一概念尤其强调信任程度的差异和非均衡，而这一差异和非均衡将直接影响信任主体的行为模式，因而影响一个社会的集体行动能力与秩序达成机制，从而在很大程度上影响一个社会的发

第六章 群体性活动视角下的村民信任结构研究

展水平和治理水平。从西方盛行而波及中国学术界各领域的"社会资本"①研究就将信任作为重要的问题来探讨,②但这些研究对具体的信任结构却普遍缺乏深入探究。而对信任结构的研究一般则要结合具体的文化区域和社会群体来展开,现有的研究一般也强调不同文化区域和不同社会群体的信任结构存在差别。③具体到宽泛意义上的中国人的信任结构,现有的研究已经作了比较充分的探讨,一般都强调中国人的信任存在差序特征,④因而可以区分为"一般信任"和"特殊信任"。⑤对一般的中国人来说,就各种角色受到信任的情况而言,有学者就发现了四种因素即四种分类:第一层次最不值得信任的是社会上的多数人以及一般熟人,也就是陌生人及一般认识的人;第二层次包括领导、同事与邻居,他们被称为熟人,也就是认识而有互动的人;第三层次,即较高层次包括密友及一般朋友,他们被称为朋友;第四层次最值得信任的则是"亲人",包括家庭成员、直系亲属及其他家属。⑥这一结论在一定意义上具有普遍性,但仍需要结合中国具体的社会群体来进一步检验。也有学者提出了分析转型期中国人公民意识的具体维度,其中就论及中国人对不同性质的社会事务所持有的态度存在明显的区别。⑦这一研究路径和研究结论具有启发性,但仍然需要从具体的社会空间和社会群体的角度展开讨论。而且,这些总体上的统计分析和理论提炼可能在一定

---

① 对"社会资本"的代表性定义当属布迪厄,他在1980年就指出,社会资本主要是那些实际和潜在资源的总和,这些资源与相互默认和承认的关系所组成的持久网络有关,而且这些关系或多或少是制度化的。李惠春、杨雪冬:《社会资本与社会发展》,社会科学文献出版社2000年版,第3页。
② 林南:《社会资本:关于社会结构与行动的理论》,上海人民出版社2005年版;李惠春、杨雪冬:《社会资本与社会发展》,社会科学文献出版社2000年版;燕继荣:《投资社会资本——政治发展的一种新维度》,北京大学出版社2006年版。
③ [美]弗朗西斯·福山:《信任:社会美德与创造经济繁荣》,郭华译,广西师范大学出版社2016年版。
④ 费孝通:《乡土中国》,生活·读书·新知三联书店1985年版。
⑤ 李伟民、梁玉成:《特殊信任与普遍信任:中国人的信任结构与特征》,《社会学研究》2002年第3期。
⑥ 王绍光、刘欣:《中国社会中的信任》,中国城市出版社2003年版。
⑦ 杨宜音:《当代中国人公民意识的测量初探》,《社会学研究》2008年第2期。

程度上忽视了村民和市民在信任结构上的具体差别。

而具体到村民信任结构方面,传统研究一般都没有脱离费孝通先生关于乡土社会"差序格局"的界定模式。这一模式强调,在乡土社会中,人与人的关系是在一个或大或小的"圈子"内的,中国人的行为模式和社会网络的特征就在于按照从近到远的关系确定依赖和对待的强度和准则。所谓中国乡土社会的基层结构就是"一根根私人联系所构成的网络"。[①] 从文化意义上进行的相关提炼主要是梁漱溟的"伦理本位"假说。所谓伦理本位,既区分于个人本位,也区分于社会本位,它不偏重于某一极端,而是在团体与个人两端之间,选择一个相对的位置:站在团体立场,要以个人为重;站在个人立场,要以团体为重。"伦理社会所贵者,一言以蔽之曰:尊重对方","所谓伦理者无他义,就是要人认清楚人生相关系之理,而于彼此相关系中,互以对方为重而已"。[②] 这的确在一定程度上反映了传统中国社会尤其是村落社会的文化模式和人际关系特征。问题是,提炼出这些模式的社会实体毕竟经历了沧海桑田般的变迁,时至今日的村民,其心理状态和行为特征均可能发生了一定的变化。因此,针对当前中国村落社会的现实,我们有必要对村民的信任结构展开全新的探讨,要么证实,要么证伪,要么修正现有的理论模式。

值得一提的是,近年来,海内外学术界尤其是海外学者对中国农民的信任结构展开了不少卓有成效的探讨,进而使村民信任或农民信任的研究成为一个常做常新的问题域。从大的方面来看,村民信任主要可以分为内部信任和外部信任两个方面。内部信任主要是指村民对村落内部事务和各种对象的信任;外部信任主要是指村民对村落之外的主体尤其是权力实体的信任。比较有代表性的研究主要集中于村民外部信任方面,他们一般强调,中国农民对不同层级政府的信任程度存在差异,对

---

[①] 费孝通:《乡土中国》,生活·读书·新知三联书店1985年版,第29页。
[②] 梁漱溟:《中国文化要义》,学林出版社1987年版,第89页。

层级越高的政府越表现出强信任。① 例如，李连江和欧博文就区分出他们对政府的两种态度。顺民和钉子户都把国家视为一个整体，而一些从事合法抗争的人则把体恤民情的中央政府与某些不作为的基层干部加以区分。② 白思鼎和吕晓波通过观察也发现，有些农民相信，在限制地方行政人员乱收费这件事上，中央是跟他们站在一起的。他们的发现意味着，一些农民和地方政府的关系虽然充满矛盾冲突，但他们还是信任整个制度的。③ 史天健根据一项全国调查也发现，有些中国民众不相信地方政府，但他们有可能仍然信任中央政府。④

相比之下，关于村民的内部信任及其具体结构的研究就显得不够充分。虽然也有学者⑤试图从社会资本的角度集中分析当前中国村级治理的机制与困境，但对社会资本的内部结构挖掘得并不充分，其对中国村民内部信任的探讨也显不足，整个研究显得相对笼统。个别学者从社会资本的角度展开了对村级选举的实证研究，并认为社会信任因子对村民的政治参与并无显著影响⑥，但对于普通村民来说，村落中的公共生活并非仅限于选举，即使社会信任对政治参与没有显著影响，也并不意味着其对其他村落事务不构成实质性影响。所以，仍有必要打开视野，将村落内部的公共生活和社会生活都放到研究的视野之下，只有这样才能

---

① Li Lianjiang, and Karen O'Brien, "Villagers and Popular Resistance in Contemporary China", *Modern China*, Vol. 22, No. 1, 1996, pp. 28 – 61; Shi Tianjian, "Cultural Values and Political Trust: A Comparison of the People's Republic of China and Taiwan", *Comparative Politics*, Vol. 33, No. 4, 2001, pp. 401 – 419; 于建嵘：《农民有组织抗争及其政治风险——湖南省 H 县调查》，《战略与管理》2003 年第 3 期。

② Li Lianjiang, and Karen O'Brien, "Villagers and Popular Resistance in Contemporary China", *Modern China*, Vol. 22, No. 1, 1996, pp. 28 – 61.

③ Thomas P. Bernstein, and Lv Xiaobo, "Taxation without Representation: Peasants, the Central and the Local States in Reform China", *The China Quarterly*, No. 163, 2000, pp. 742 – 763.

④ Shi Tianjian, "Cultural Values and Political Trust: A Comparison of the People's Republic of China and Taiwan", *Comparative Politics*, Vol. 33, No. 4, 2001, pp. 401 – 419.

⑤ 周红云：《村级治理中的社会资本因素分析——对山东 C 县和湖北 G 市等地若干村落的实证研究》，博士学位论文，清华大学，2004 年。

⑥ 胡荣：《社会资本与中国农村居民的地域性自主参与——影响村民在村级选举中参与的各因素分析》，《社会学研究》2006 年第 2 期。

得到关于村民内部信任结构的完整图像。

从研究方法上看,总体上,关于村民信任结构的现有研究,更多的是以定性的方式进行的,虽然也有部分学者尝试通过量化分析对此问题进行初步探索①,但调查对象的局限仍影响到其结论的普遍性。而现有诸多研究所归结到的焦点问题往往在于:当前中国村民的信任模式究竟更多地延续了传统的特征还是更倾向于现代公民的信任特征,以及这种状况的成因如何,它对当前中国的乡村治理带来了哪些影响,它对中国乡村的现代化和整个国家的现代化意味着什么?所有这些问题,都需要通过较普遍的村落调查做进一步的探讨。

## 二 研究设计

考虑到对现有研究的上述反思,本章决定在前人研究的基础上,尝试以新的研究方法对村民的信任结构做进一步探讨。这主要体现为以下三个方面的研究设计:其一,以村民小组为主要的观察立足点,以个体村民为调查对象,进行实证和量化研究,以弥补现有研究定量方面的不足;其二,从群体性活动的视角展开调查和分析,尝试全方位多角度地对村落生活进行剖析有别于现有的围绕单项活动展开的村民信任研究,基于群体性活动的研究可以为思考村落治理提供研究基础;其三,主要分析村民的内部信任,适当考虑村民的外部信任,并强调这两种信任的相互作用。

以村民小组为主要的观察立足点主要是考虑到村民小组"熟人社会"的特征,而行政村意义上的规划型村落则具有"半熟人社会"的

---

① 袁小平:《从重合到交叠:差序格局的裂变》,载林聚任、何中华主编《当代社会发展研究》第2辑,山东人民出版社2007年版。

## 第六章 群体性活动视角下的村民信任结构研究

特征。① 而以一个小范围的具有小共同体性质的村落为立足点进行观察，则更能呈现转型期农村村民的信任状况的主要面向。

而本章所采取的群体性活动的研究视角，则涉及笔者对村民群体性活动的定义。所谓村民群体性活动，主要是与集体行动和群体性事件两个概念相比较。群体性活动强调在一定的社会空间里多个成员能够聚集并参与到一定的互动关系中。这一概念具有相当广泛的包容性，主要强调公共性，也就是社会领域的政治性质。群体性活动不仅指一种活动过程，也指一种活动状态，去除了"群体性事件"这一在中国语境中往往等同于群众性治安事件的敏感色彩，也避免了"集体行动"概念突出的一致性特征——群体性活动内部包含了一致和不一致的各种倾向，也不必然指向克服"搭便车"的诉求和结论；相反，群体性活动更强调成员之间沟通、互动、妥协、定约的过程。众所周知，集体行动和群体性事件在中国现有的治理体制中面临着难以回避的"合法性困境"，采用"群体性活动"这一指向性不那么明确而且能够包容社会领域的各种聚集性社会交往这一概念，具体到本章中心所论的村民信任结构，可以充分呈现村民对不同活动的信任格局，更可以具体呈现村民对他人尤其是村落精英具体的信任状态，从而将村民信任结构的研究落到实处。

需要说明的是，在村民群体性活动中，存在着复杂的类别和内部区分，有参加人数较多、涉及大部分（直至全部）村民的，也有参加人数较少、只涉及部分村民的；有冲突性的，也有非冲突性的；有文化性因素主导的，有经济性因素主导的，也有政治性因素主导的。鉴于本章

---

① 费孝通先生曾生动地描述了自然村熟人社会的特征。在中国，自然村更多地体现为现在村民小组层次的村落。自然村的详细特征参见贺雪峰《村庄的含义》，载《新乡土中国：转型期乡村社会调查笔记》，广西师范大学出版社2003年版，第25页。相比之下，行政村意义上的村落在相当多的地区更多地具有行政规划的特征，而村民小组意义上的村落则更具有传统和延续性强的特征。贺雪峰教授曾进行了详细论证，他在考察村委会选举时，发现在一些特别小的村，由于村民相互熟悉，村庄事实上是一个熟人社会，详见贺雪峰《半熟人社会》，载《新乡土中国：转型期乡村社会调查笔记》，广西师范大学出版社2003年版，第1页。

对村民群体性活动所作的宽泛意义上的考虑，出于研究的可操作性，需要从具体现象上对其作进一步的分类，这也是测量的前提。本章考虑到村民群体性活动的内部属性，先将其大致分为八大类进行测量：（1）选举、村民（代表）大会、小组会议等正式活动（简称"选举"）；（2）上访、维权（简称"上访"）；（3）搭桥修路、修塘修坝等公共工程（简称"修路"）；（4）各类经济合作组织或商业集体活动（简称"经济合作"）；（5）建宗祠、修族谱等宗族活动（简称"修宗祠"）；（6）婚丧嫁娶等社会交往活动（简称"婚丧嫁娶"）；（7）修庙或举办庙会、举行基督教的聚会等宗教文化活动（简称"庙会聚会"）；（8）组织锣鼓队、舞龙队等文体活动（简称"文化活动"）。

## 三 对调查问卷的统计分析

### （一）调查对象分析

此次调查以判断抽样的方式抽取了辽宁（1组）、山东（4组）、山西（1组）、安徽（2组）、江西（1组）、江苏（3组）、浙江（4组）、湖南（2组）、四川（3组）、广西（1组）10个省份中的22个村民小组，再以偶遇抽样的方式选取了每村15位参加过群体性活动的村民作为被访者，共计发放问卷330份，回收有效样本317份，样本合格率约为96.1%。[①] 本次调查从2006年7月持续到2007年9月，因调查所界定的时间背景（农村税费改革后）是一个较为宏观的时间概念，故而本章的研究暂且将样本间存在的时间差忽略不计。笔者随机选取了2006年所获得的10份问卷和2007年所获得的10份问卷进行比较，在统计结果上不存在影响研究结论的差别，因而可以说作为整体的此次调

---

① 由于农村问卷回访艰难，本章对在某些问题上存在瑕疵的问卷，如单选记为多选的情况，只是在该问题的统计上将其剔除，而没有在整体上将其视为废卷。因而在随后的统计过程中可能出现某些问题的样本不足317份的现象。

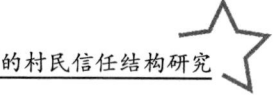

查数据具有再测信度。从调查的结果来看，相关数据与相关研究和社会常识比较一致，因而具有表面效度。

限于农村青壮年劳动力普遍外流的现状和农村某些生活惯例，如女性被访者往往会将受访的资格推让给家中的男性，本次调查在某些区域存在样本年龄或性别分布不均衡的状况，但这种状况也是农村话语权现状的一种客观反映，并不会对研究主题构成误差。在本章对村民基本的调查结果中，各变量的众数选项分别为：年龄为35—55岁；宗教信仰为谁都不拜（无神论）；性别为男性；政治面貌为群众；文化程度为初中；主要收入来源为种庄稼；① 家庭年收入为8000—15000元，调查结果与其他关于农村基本情况的各类统计基本符合。调查对象的具体分布情况如表6-1所示。

表6-1　　　　调查对象基本情况的一般性描述

| 变量名 | 变量值 | 分布 | 变量名 | 变量值 | 分布 |
| --- | --- | --- | --- | --- | --- |
| 年龄 | ①8岁以下 | 2.5%（8） | 宗教信仰 | ①菩萨 | 23.3%（74） |
|  | ②18—35岁 | 25.6%（81） |  | ②土地爷 | 2.5%（8） |
|  | ③35—55岁 | 48.6%（154） |  | ③耶稣 | 0.9%（3） |
|  | ④55—65岁 | 14.2%（45） |  | ④算命先生（仙姑） | 2.8%（9） |
|  | ⑤65岁以上 | 9.1%（29） |  | ⑤其他（如祖先） | 6.3%（20） |
| 性别 | ①男 | 65.9%（209） |  | ⑥谁都不拜 | 64.4%（204） |
|  | ②女 | 34.1%（108） |  | N | 0.6%（2） |
| 政治面貌 | ①中共党员 | 14.2%（45） | 文化程度 | ①小学及以下 | 24.0%（76） |
|  | ②团员 | 15.8%（50） |  | ②初中 | 48.6%（154） |
|  | ③群众 | 69.1%（219） |  | ③高中级中专 | 21.5%（68） |
|  | ④民主党员 | 0.3%（1） |  | ④大学 | 5.7%（18） |
|  | N | 0.6%（2） |  | ⑤研究生及以上 | 0%（0） |
|  |  |  |  | N | 0.3%（1） |

---

① 因为接受访问的多为在家的村民，所以他们收入的主要来源为种庄稼。

续表

| 变量名 | 变量值 | 分布 | 变量名 | 变量值 | 分布 |
|---|---|---|---|---|---|
| 主要收入来源 | ①种庄稼 | 40.4%（128） | 家庭年收入 | ①3000元以下 | 15.8%（50） |
| | ②水产、养殖 | 13.2%（42） | | ②3000—8000元 | 27.1%（86） |
| | ③种瓜果蔬菜 | 9.8%（31） | | ③8000—15000元 | 31.2%（99） |
| | ④做生意 | 21.5%（68） | | ④15000—50000元 | 20.1%（66） |
| | ⑤外出打工 | 20.8%（66） | | ⑤50000元以上 | 4.7%（15） |
| | ⑥工资收入 | 18.3%（58） | | N | 0.3%（1） |
| | ⑦土地出租分红 | 0.9%（3） | | | |
| | N | 0.9%（3） | | | |

注：①表格中百分比采用的是四舍五入的方式算得，故累计值与100%可能存在±0.5%的误差；②N表示内容空缺，下同；③在宗教信仰和主要收入来源的变量中存在多选的情况，故存在累计人数超过实际被访者人数的情况。

## （二）村民对各类群体性活动的总体信心

在村落中，村民群体性活动的组织主要受三个方面因素的影响——精英、利益和信任。作为普通参与者的村民，参与该项活动的行动决策除了受到利益的影响，① 也受到信任因素的制约。而测量信任的一个重要方面就是村民对各项活动的信心。

从激励理论可推断出：除非由于某项活动过剩而造成其产出的福利效用递减，某项行动的成功是能激励人们再次进行该项活动的。通过调查和统计可以发现，村民的群体性活动在总量上是过少的。② 故而成功的群体性活动也应该能促进村民再次参加此项活动的意愿，因而成功率较高的活动村民愿意再次参加的概率也应当较高，除非在该项活动的组

---

① 在利益这一方面，村民决定参与这一活动，往往表示他是这一活动的利益相关者。从总体上来说，村民参与群体性活动最主要是为了自己的经济利益。利益相关有两种可能：其一，如果参加某项活动则能获得相应的利益回报，不参加就没有回报；其二，如果参加某项活动没有直接利益回报，但不参加则受到利益损失。当然，从性质上来说，这种损益既可能是经济性的也可能是文化性的，就定量分析而言，可高也可低。

② 刘伟：《自生秩序、国家权力与村落转型——基于对村民群体性活动的比较研究》，博士学位论文，复旦大学，2008年。

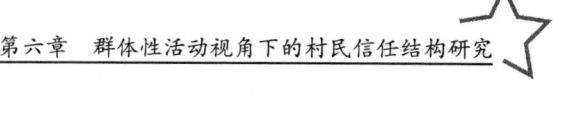

织过程中出现了某种状况对村民再次参加该项活动的意向产生了负激励。换言之，在当前中国村民群体性活动总量过少的情况下，村民是否愿意再次参加该项活动的意愿应当与该项活动的成功率呈正相关；如若不然，则可推定该项活动的组织过程中出现了相关问题，使村民对该项活动预期获益的效用降低。

从理论上讲，群体性活动既可能促进当地社会资本的增长也可能销蚀当地社会资本的存量。如果在群体性活动中，村民内部能通过沟通协商，形成制度产出，并在制度运作中达成信任，则即使该活动在外部不可控的条件下无法达成既定目标，当地社会资本的存量至少也可能会增长；反之，如果在群体性活动中无法进行良好的协商，无法达成一定的制度安排或无法按照该制度进行运作，无论最终目标是否在外部偶然因素的作用下达成，都可能造成破坏信任、销蚀社会资本存量的后果。故而，通过比较群体性活动的成功率与村民愿意再次参加该项活动的比率，将能够测量出该类群体性活动与社会资本生产之间的关系，从中将可以看出村民对不同类型活动的信任结构。

如表 6-2 所示，村民再次参加某项活动的比率既可以高于也可以等于或低于不同类型群体性活动的成功率。如修路和婚丧嫁娶这两类活动，村民愿意再次参加的比率是高于此次活动的成功率的；修宗祠和庙会聚会这两项活动的成功率和再次参加率是基本重合的，而对于选举、上访、经济合作和文体活动四类活动，村民愿意再次参加的比率则不高于此次活动的成功率。

表 6-2　　各类群体性活动的成功率及村民愿意再次参加的比率

| 最主要的群体性活动 | 成功率（%） | 愿意再次参加的比率（%） |
| --- | --- | --- |
| 选举 | 73.3 | 69.0 |
| 上访 | 57.1 | 57.1 |
| 修路 | 69.6 | 85.5 |
| 经济合作 | 83.3 | 50.0 |
| 修宗祠 | 100.0 | 100.0 |

续表

| 最主要的群体性活动 | 成功率（%） | 愿意再次参加的比率（%） |
|---|---|---|
| 婚丧嫁娶 | 87.7 | 98.2 |
| 庙会聚会 | 83.3 | 83.3 |
| 文体活动 | 40.0 | 40.0 |

对此现象需要进一步解释：基于搭桥修路、修塘修坝等公共工程方面的重要性与利益切身性，以及关于此类公共工程，村落一般都有比较好依照的规程，所以一般的村民不会选择"搭便车"，至少在集资和出工方面，落实到每一户和每位村民头上的责任相对比较清楚，因而愿意再次参加的比率比较高；而婚丧嫁娶对生活在村落中的人来说，是最大的礼俗性往来，是每一位村民都可能要面对的，因而在社会网络上具有硬约束力和强交换—互惠性①，因而会再次参加；修庙或举办庙会、举行基督教的聚会等文化活动基本上起到维持村落社会交往和文化网络的作用；而选举、上访、经济合作方面的活动，它们的成功率均高于村民再次参加的比率，至少说明相关活动并不足以激发村民的信心和热情。因而，并不是说所有的群体性活动都能够促进村落中社会资本的生长，使村民倾向于再次参加，关键是活动本身的过程和目标达成的具体性质。这就产生对各项群体性活动表面上的成功率进一步追问的必要。当然，单纯的问卷统计尚不能充分地展示其中的逻辑，因而需要结合具体的活动过程来说明。

活动是动态的社会互动行为，活动的静态化即体现为各类组织。此次问卷也从组织的角度进行了调查，可以对前文的分析做进一步验证。村民参与各种组织的意愿同样也是当前村民观念世界的反映，尤其是其社会观念和公共观念的反映。在综合意愿中，经济合作组织和上访维权组织居于前列，说明村民对切身利益的考虑已超过其他方面；而对文体组织活动的偏好总体上略高于宗族组织和宗教组织活动，这也显示出一

---

① 阎云翔：《礼物的流动：一个中国村庄中的互惠原则与社会网络》，上海人民出版社2000年版。

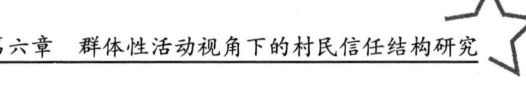

定社会变革的结果。具体情况如表6-3所示。

表6-3　　　　　针对不同类型群体性活动村民的参加意愿

| 组织类型 \ 参加意愿 | 最不愿意参加（%） | 不愿意参加（%） | 无所谓（%） | 愿意参加（%） | 最愿意参加（%） |
|---|---|---|---|---|---|
| 经济合作组织 | 7.4 | 6.4 | 12.4 | 18.8 | 55.0 |
| 上访维权组织 | 24.7 | 18.7 | 16.6 | 19.4 | 20.5 |
| 宗族组织 | 44.4 | 19.1 | 13.4 | 11.9 | 11.2 |
| 宗教组织 | 57.6 | 20.3 | 10.9 | 7.6 | 3.6 |
| 文体组织 | 20.6 | 14.9 | 22.7 | 20.2 | 21.6 |

活动过程中的信任问题是关系活动能否成功的关键，也是决定活动过程和活动形态的一大主要因素。如表6-4所显示的，群体性活动中村民最担心的问题就是领导人腐败，其比例基本上有五成，这充分显示出村民总体上对领头人的不信任。本次调查中呈现的相关事件也能证明村民在各类群体性活动中对头人的信心不足，特别是那些失败的活动中，对领头人的不信任往往是致命原因。[①] 19.6%的村民担心目标实现不了，说明他们对活动本身缺乏信心。17.0%的村民最担心的是集体里面的人关系搞不好，这一比例也不能说无足轻重。而有近一成的村民最担心的是上级不支持，这说明上级的态度和作用对村民而言还是比较重要的。综合来看，村民的担心是多方面的，压倒性方面还是对领头人的不信任，这一点与村民对无人组织的焦虑心态相对照，基本可以推断出，之前和现有的群体性活动的领头人至少在村民心目中的位置不够高，村民也不够信任他们，这似乎暗含着村民对更为廉洁公正的领头人（村落精英）的期待。这一点将在后文中进一步讨论。

---

[①] 参见刘伟《自生秩序、国家权力与村落转型——基于对村民群体性活动的比较研究》，博士学位论文，复旦大学，2008年。

表6-4　　　　　　　群体性活动中村民最担心的问题及其比例

| 最担心的问题 | 比例（%） |
| --- | --- |
| 领导人腐败 | 49.1 |
| 目标实现不了 | 19.6 |
| 集体外面的人不可信 | 4.0 |
| 上级不支持 | 8.5 |
| 集体里面的人关系搞不好 | 17.0 |
| 其他 | 1.7 |

### （三）村民对活动精英的期待：现实与理想的落差

在统计中，有65.4%的村民认为村里的群体性活动组织得过少，而就"你觉得村里群体性活动组织得过少的原因是什么？"这一问题，在这部分村民中有42.2%选择了"没有人出面组织"的答案，认为"没有活动经费"的居其次，占17.7%。通过对这一问题的分析，我们不难发现村落精英阙如的严峻现状。传统村落的秩序是基于文化网络的精英主导，中华人民共和国成立后村落的秩序是强政治性的下层精英主导，农村改革后村落社会的常态化，为各类精英产生并入主村落治理提供可能，但这时的村落发展却面临着国家急速城市化和市场化的潮流，各类优秀人才流出村庄，各项活动无从展开是众多村落面临的严峻形势。在调查员提供的白描材料中也普遍反映出这一问题，即不仅仅是村落日常人气的流失，更严峻的是稍有能力的人都寻求村落外的发展。现在的村落已经同外部的各种力量发生了紧密的联系。另外，单个的村民面对国家和市场从来都处于弱势地位，纯粹的没有他人出头的自发组织并不多见，也就是说，村民在自发组织群体性活动的问题上往往具有被动性，他们需要有领头人，对精英人物有很强的依赖性。

在非冲突性的群体性活动中，精英所拥有的各种资源可以让普通村民增加成功的信心；而在冲突性的群体性活动，特别是对抗性的上访维权活动中，普通村民害怕风险是其中的一个重要原因。因此，有精英出面才往往使普通村民潜在的顾虑转变成行动上的努力，并在行动中将权力和责任都推向少数精英。由此形成以精英为轴心的纵向合作网络,而不是主要基于普通个体之间的互动型合作网络。对普通村民来说,他们这样的行为选择也是理性的,问题是个体的理性不一定能带来群体结果上的理性。总之,在村落中分析群体性活动,精英是一个至关重要的变量。而村民对精英的信任状况是精英分析的重要方面。

村民群体性活动存在的最显著的问题是组织频率过低,而组织频率过低最显著的原因又是没有人出面组织。那么,为什么没有人愿意出面组织呢?而事实上出面组织的又是什么人呢?我们难以用定量分析的方法回答第一个问题,但我们可以从第二个问题入手寻觅端倪。笔者通过对不同类型群体性活动的总体统计发现,有55.6%的群体性活动的发起者都是村干部(见表6-5)。而其他各类发起人的比例之和也不超过45%,明显低于村干部的比重。可见村干部在村落精英总量减少的情况下占据了事实上的重要地位,在此情况下,村干部的影响力可能也是全方位的。但这样的态势会带来后续的问题。

表6-5　　　　　**村落群体性活动中发起人分类及其比例**

| 群体性活动中的各类发起人 | 比例(%) |
| --- | --- |
| 村干部 | 55.6 |
| 族里的长辈 | 11.3 |
| 村里的普通村民 | 28.5 |
| 外面的人 | 2.0 |
| 其他 | 2.6 |

分项来看,村干部参与发起的活动类型占据全部8类活动中除婚丧嫁娶外的7类活动[①],而其在所有类型的群体性活动发起人中所占的比例分别是"经济合作"中占100%,"选举"中占87.5%,"修路"中

---

① 在纯民间性的婚丧嫁娶中,也常能看见小组干部的影子,如在山西某村(V村)和四川某村(U村)的结婚活动中,就有村民小组长参与其间并起主导作用。参见笔者博士论文中"白描材料"的相关内容,刘伟《自生秩序、国家权力与村落转型——基于对村民群体性活动的比较研究》,博士学位论文,复旦大学,2008年。

占51.6%，在"上访"和"文体活动"中均占50.0%，"庙会聚会"中占40.0%，"修宗祠"中占20.0%。（见表6-6）

表6-6　　　　　不同类型群体性活动及其发起人比例

| 活动＼发起人 | 村干部（%） | 族里的长辈（%） | 普通村民（%） | 外面的人（%） | 村干部在所有类型的群体性活动的发起人中所占比例（%） |
|---|---|---|---|---|---|
| 选举 | 38.1 | 0.4 | 4.2 | 0.8 | 87.5 |
| 上访 | 0.8 | 0.0 | 0.8 | 0.0 | 50.0 |
| 修路 | 13.8 | 5.0 | 7.1 | 0.8 | 51.6 |
| 经济合作 | 2.1 | 0.0 | 0.0 | 0.0 | 100.0 |
| 修宗祠 | 0.4 | 1.3 | 0.4 | 0.0 | 20.0 |
| 婚丧嫁娶 | 0.0 | 4.6 | 16.3 | 0.0 | 0.0 |
| 庙会聚会 | 0.8 | 0.4 | 0.8 | 0.0 | 40.0 |
| 文体活动 | 0.4 | 0.4 | 0.0 | 0.0 | 50.0 |

这一调查结果至少说明以下两个方面的问题：其一，在现实生活中，村干部是作为精英深刻地嵌入村民群体性活动的结构中。其二，就总体而言，其他类型的精英相对于村干部而言，在农村的公共生活中处于弱势地位。具体表现如下：首先，本应当有更多类型精英出现的某些类型的活动中，如经济合作，而事实上全部的发起人都是村干部；[1] 其次，村干部所具有的代表村民行使管理权的身份，事实上出现在了某些类型的群体性活动中，如庙会聚会、修宗祠等活动中，这充分说明村落自生秩序与国家正式制度安排之间具有密切的关系：村干部也嵌入民间的各种文化活动中。究其原因，则有两种可能：其一，乡村鲜有其他精英，大部分精英都被吸收到村干部队伍中了；其二，乡村有其他类型的精英，只是其在公共生活中的主导地位被村干部主动或者被动地占据了。而究竟是哪种原因的作用更大呢？我们可以从另一个侧面来判

---

[1] 当然，这一结果与本次调查所选择样本村的一定偶然性和数量有关，我国部分村落的经济合作是存在精英的，但从总体上的比例看，此次调查的结果还是能呈现一定的问题。

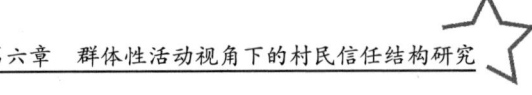

断——村民理想中的群体性活动的发起人。

在"你觉得谁出面组织这项活动比较好?"这一问题的回答中,只有31.2%的村民选择了村干部,较之现实的情况下降了24.4%;同时,希望上级领导能发起这项活动的占21.7%,"族里的长辈"从11.3%上升到了13.6%;"村里先富起来的人"和"村里的大学生"分别占有15.4%和14.9%的比例,相加超过了"村里的普通村民"这一28.5%的比例(见表6-5、表6-7)。

表6-7　　　　　村民理想的群体性活动发起人及其比例

| 群体性活动的发起人 | 比例(%) |
| --- | --- |
| 村干部 | 31.2 |
| 族里的长辈 | 13.6 |
| 村里先富起来的人 | 15.4 |
| 村里的大学生 | 14.9 |
| 上级领导 | 21.7 |
| 外面的大老板 | 1.8 |
| 宗教活动的领袖 | 1.4 |

如果将精英从主导特征上分为权力(政治)精英、文化精英和财富(经济)精英三类,我们不难发现,从事实情况来看,当下中国村民对于权力精英的依赖超过对其他类型精英的依赖,在权力精英中对上级领导的信赖程度又超过了对村干部的信赖程度;但从理想状态来看,文化精英和财富精英都有一定的发展空间,文化精英的发展又尤其值得期待。而从村内外划分,村民对村内精英的认同度明显高于对村外精英的认同度。结合"差序格局"的分析模型,从精英依赖的角度,当下村民差序格局的模型呈现出客观上依赖权力精英的面貌。

差序格局外圈的秩序和内容都未发生改变,而权力的观念则被刺进了村民观念的内核。这种现象产生的原因在于,村干部作为政治安排的产物,继承了中国一元化政治体制的遗产,掌握着关系村庄生活的各种核心资源;而与此相对照,家族等文化网络意义上的关系强度并不能保证村民需求的资源供给。

具体比较不同类型活动理想与事实状态下的发起人，其直观的差别就是在理想状态下各类活动中的发起人都呈现出了多样化，各种身份的发起人所占的比例差距减少，发起人单一的状况没有出现在村民理想的状态下。在上访和修宗祠等活动中，村干部不再占据主导地位。这至少能在一定程度上说明，在理想状态下，村民还是希望村干部之外的精英能活跃在村落的各类公共生活中。

同时需要指出的是，在现实的群体性活动中，唯有婚丧嫁娶这一项活动的发起人中没有出现村干部（见表6-6），而在理想状态下，经过对表6-8和表6-6相关数据的计算可知，村干部或上级领导、跟自己同村的能耐人分别占据了"婚丧嫁娶"这项活动理想发起人的14.3%和19.0%，而宗族里的能耐人作为这项活动理想发起人的比例却降至16.8%。比较理想和实际状态，村干部或上级领导作为群体性活动的理想发起人，其所占比例在实际中大大下降的领域有：选举类、上访类、修路类和经济合作类的群体性活动，其降幅分别高达49.7%、50.0%、22.2%和60.0%。笔者认为，这表明上级领导所代表的国家权力在乡村更多的只是具有某种象征性的身份；而村民自己所期待的秩序状态也存在理想与现实相矛盾的问题。当然，这或许正是中国农民长期以来在心理上的自相矛盾之处。①

从政治学的基本原理，更准确地说是从现代国家治理的基本要求看，村落的理想秩序应当是国家的正式安排和社会的自生秩序各有其活动的空间并能够互相配合和滋养。那么，从表6-8反映的数量关系可以看出，村民和权力精英的关系在现实和理想中都存在着混乱：村民在现实中不得不依赖于权力精英，但理想中又期待一些自生性的社会精英来带头；现实中国家权力与自生秩序的关系依然不能达到相对均衡的状态。

---

① 张鸣就认为：中国农民的文化心理结构实际是一种两极结构，几乎所有文化性格的特征都能找到相对应的反面，因而在文化表现上往往呈矛盾状。张鸣：《乡土心路八十年——中国近代化过程中农民意识的变迁》，上海三联书店1997年版，第44页。

表6-8　　　理想状态中不同类型群体性活动及理想发起人

| 发起人<br>活动 | 村干部或上级领导（%） | 宗族里的能耐人（%） | 先富起来的村里人（%） | 跟自己同村的能耐人（%） | 最能为自己说话的人（%） | 外面来的专家学者（%） | 跟自己信仰相同的人（%） | 村干部或上级领导在各种村民理想发起人中所占比例（%） |
|---|---|---|---|---|---|---|---|---|
| 选举 | 16.3 | 3.1 | 7.0 | 2.2 | 6.6 | 6.6 | 1.3 | 37.8 |
| 上访 | 0.0 | 0.0 | 0.0 | 0.4 | 1.3 | 0.4 | 0.0 | 0.0 |
| 修路 | 8.4 | 6.6 | 4.0 | 2.6 | 5.7 | 1.3 | 0.0 | 29.4 |
| 经济合作 | 0.9 | 0.4 | 0.0 | 0.4 | 0.0 | 0.4 | 0.0 | 40.0 |
| 修宗祠 | 0.4 | 0.4 | 0.0 | 0.4 | 0.4 | 0.0 | 0.0 | 25.0 |
| 婚丧嫁娶 | 2.6 | 3.1 | 1.3 | 3.5 | 2.2 | 5.7 | 0.0 | 14.3 |
| 庙会聚会 | 0.4 | 0.4 | 0.0 | 0.4 | 0.0 | 0.4 | 0.0 | 25.0 |
| 文体活动 | 1.3 | 0.0 | 0.4 | 0.0 | 0.0 | 0.0 | 0.0 | 75.0 |

**（四）村民对各类主体的期待与认同**

在围绕村民群体性活动展开的调查过程中，本章仍然设计了部分常规的信任问题，主要用于探察村民对不同主体的信任状态。所得的结论也显示出与传统研究结论不完全一致的方面。这从另一个侧面也进一步验证了本章的研究所秉承的基本关怀和假设：转型期村落中村民的信任结构出现了新的面向。不仅从群体性活动本身可以看出这一点，从与群体性活动相关的观念上看，我们依然可以看出转型期村民信任结构方面对"差序格局"的一定偏离。

1. 对抽象国家的态度

当被问到需要政府哪些方面的支持时，村民们的回答中只有2.5%的人认为政府"不进行干预"是最大的支持，而绝大部分村民都期待政府在经济、政策、人才和技术方面的支持，特别是经济方面的支持。这从总体上说明村民在村落发展和村民群体性活动的问题上期待国家的支持。这来自村落资源的贫乏和不断外流，以及村落在整个市场化和城市化背景下的发展弱势地位，他们将自己的期待放到了国家身上。当然，这是回答"农民要想集体做成一件事情，是否一定需要政府的支持？"这一问题时，持肯定态度的村民的回答。①

但另一事实同样值得深究，在回答"不需要政府的支持"就能集体做成一件事情的村民中，有近六成的受访者认为村民能够自我组织（若将"我们内部团结"的回答也放到这一类，总比例将达到63.8%），所以不需要政府；有近两成的受访者认为政府以前干预的都没有成功，这说明，有一部分村民基于经验已经对政府不信任；有超过一成的村民认为自己有这个经济实力（见表6-9）。这也从另一侧面证明当前村民对依靠自身解决问题的主体性在增强，对政府的理性态度也在逐步形成中。尽管从近期看，村民从总体上对国家依然有依赖和期待，但从长远看，村民们依靠自己群体性地解决问题的因素毕竟存在，而且有成长的可能性。

表6-9　　　村民群体性活动需要政府哪些支持及为什么不需要政府就能完成

| 村民群体性活动需要政府支持的方面 | 比例（%） | 不需要政府支持就能完成的原因 | 比例（%） |
| --- | --- | --- | --- |
| 经济支持 | 41.4 | 有经济实力 | 11.4 |
| 政策支持 | 28.7 | 能够自我组织 | 57.1 |
| 人才和技术支持 | 27.4 | 我们内部团结 | 6.7 |
| 不进行干预 | 2.5 | 政府以前干预的都没有成功 | 20.0 |
|  |  | 其他 | 4.8 |

**2. 村民的亲疏观念与归属感**

村落是熟人社会，熟人社会的内部关系存在差序。传统村落因为宗

---

① 需要说明的是，作出这种回答的村民在理解"集体做成一件事情"的"事情"的理解上可能更多的是经济发展和其他更接近于村落发展方面的公共问题。但在问卷设计中没有充分考虑到每位回答者所理解的事情可能有出入，因而会带来一定的误差。但放到村落的场景中，这一问题首先给予村民的印象将是发展方面的大问题，而主要不是那些民间文化网络意义上的群体性活动。这一分析同样适用于后文中的内容。

族和血缘力量的绝对主导,国家的介入和改造不深,市场和资本的力量也没有大举侵蚀村民关系而使村民之间关系理性化。经过国家政治力量大规模改造过的中国村落,当前村民的亲疏观念和归属感决定了村落自生秩序的基础。因为这种观念会直接影响甚至转化为相应的群体性活动,不管是合作的达成还是冲突的化解,村民的亲疏观念和归属感都是一个基本的变量。

其一,亲疏观念。如表6-10所示,亲戚不管是在帮助还是在求助方面都是村民们的首选,其比例远远高于对其他对象的态度。具体来讲,村民最愿意帮助的还是基于亲缘网络的自己的亲戚,而基于对地理位置的邻居的重视度则远低于对亲戚的看重;村民在亲戚和邻居之后重视的是跟自己关系好的其他村民;而愿意帮助村干部的村民占比则非常低,这说明村民在心理上和村干部之间存在距离。而在最先求助方面,对亲戚的依赖度高达六成左右,其次则是跟自己关系好的其他村民,再次是村干部——这在某种程度上归因于村干部依然是掌握一定资源并拥有一定权威,选择向邻居求助的村民的占比不到一成。综合这两方面来看,当前村民对亲戚的重视度还是最为明显的,但也对除亲戚之外的对象如邻居、跟自己关系好的其他村民、村干部等具有首先求助和帮助的动机,这至少可以说明村民的亲疏观念中在承接传统重视亲戚的同时,也体现了一定的复杂性和多元化。

表6-10　村民首先愿意帮助的人与村民最先求助的人及其比例

| 村民首先愿意帮助的人 | 比例(%) | 村民最先求助的人 | 比例(%) |
| --- | --- | --- | --- |
| 村干部 | 4.1 | 村干部 | 10.3 |
| 亲戚 | 57.5 | 亲戚 | 59.9 |
| 邻居 | 16.2 | 邻居 | 9.1 |
| 跟自己关系好的其他村民 | 10.2 | 跟自己关系好的其他村民 | 13.8 |
| 外面的人 | 9.2 | 外面的人 | 0.6 |
| 谁都不帮 | 2.9 | 自己扛着 | 6.3 |

其二，归属感。在归属感方面，本章设置了一个问题（见表6-11），村民在对自己所属圈子的回答上，显示属于"这个家族的"比例依然是最高的，但不能忽视的是其总体比例还不到四成。而回答属于"这个村里的"有两成多，排第二位，说明村民对自己村落的认同还是存在的；回答属于"这个国家的"也有一成多，这至少说明部分村民头脑中对国家的归属感，如果将认同党团的比例与认同国家的比例相加，总比例也有两成多，和对村落的认同相当，这充分说明现代党政力量对农村的渗透；而回答"哪儿都不属于，只属于自己"的已接近两成，更是值得追问：村民不认为自己属于现有的任何圈子，只依靠并相信自己，这一方面说明村民独立性和主体性的增强，另一方面也说明以现有的各种组织纽带来组织和动员农民的难度，虽然近两成比例的个体化村民在不同地区的村落分布可能会有不同，但这一比例已不能说低，而在涉及合作和化解冲突方面，少数的只坚持自我本位的村民也往往可以使群体性活动的目标迷失。同样的情况也可以在村民对相关事件的态度中得到进一步证明。

表6-11　　　　　　　村民对于所属圈子的自我定位

| 所属圈子 | 比例（%） |
| --- | --- |
| 这个村里的 | 23.2 |
| 这个家族的 | 36.2 |
| 党团的 | 6.3 |
| 这个国家的 | 14.9 |
| 哪儿都不属于，只属于自己 | 19.4 |

当然，在积极的意义上，我们从村民的这一归属感格局中也可以发现更多代表未来的因素。这主要有以下几个方面：其一，村民在归属感和认同方面出现了比较明显的多元化；其二，在各种纽带都没有绝对主导性的情况下，传统的认同性依然占据相对主导的地位；对除

党团和国家之外的偏自生性力量的认同近八成，这说明今后村落中自生性的因素至关重要，关键是其成长的轨道和空间，这就涉及国家权力的渗透和介入方式了。

## 四 结语

探讨转型时期中国村民的信任结构是一项极具挑战性的研究课题，本章开头已经总结了相关研究可能存在的不足，指出从新的研究路径深化村民内部信任研究的必要性。本章尝试通过比较有覆盖性的问卷调查，从群体性活动的视角对这一问题进行了初步研究，分别探讨了村民对村落中不同群体性活动的信任结构，村民对不同类型村落精英的信任结构，以及村民对政府和普通村民的信任结构，从而将村民信任的深层而全方位的结构尽力呈现出来。特别是考虑到村民信任结构中内含的村落治理因素，本章试图将既有的乡村研究往前推进[①]；更重要的是与现有的研究特别是村民信任研究进行对话和印证。

通过前面的分析，综合来看，从最重要的方面讲，当前中国村民的信任结构显示出村民的一定主体性和对现有精英一定程度的无信心；尤其是涉及村落公共事务时，村民个体的理性化比较明显，而村民对相关活动和村落精英的信心却明显不足。这种状况都构成我们考察村落自生秩序与国家权力二者之间关系的基础性事实，同时也是各类村民群体性活动得以发生和展开的基础性要素。考察今后中国的乡村治理，特别是在社会主义新农村建设的背景下反思中国的乡村治理政策，都不能忽视

---

① 20世纪90年代以来，中国的"三农"学界先后展开了对不同类型的村民群体性活动的单项研究，如对宗族、民间信仰、村民自治、经济合作、上访等问题的研究，并相继取得了众多的研究成果。这都极大地深化了人们对乡村相关问题的认识和理解。但系统地将这些不同类型的群体性活动按照一定的分类标准进行比较研究的成果并不多见。本章的初步探讨最终是为了这样一个研究目标服务的，即从信任基础、信任格局和信任特征的角度呈现村民的观念和心理状况，从而为不同类型村民群体性活动的比较研究确立量化基础。

这些最为基本的社会事实。需要进一步追问的是，对于仍处在转型过程中的乡村社会，村民如此尴尬的信任状态是不是一个将长期存在的社会事实，造成这一状况的更系统的原因还包括哪些方面，对此政府又能够做些什么，如何通过对不同区域村落的调查进一步细化对村民信任的研究？诸如此类的问题，仍有待学者们的无尽探索。

# 第七章

## 政策变革与差序政府信任再生产

——取消农业税的政治效应分析

基于2010—2012年展开的五次全国性农民访谈的材料，并参照相关的实证研究，可以发现取消农业税对中央和基层而言具有完全不同的政治效应。该政策一方面强化了农民对中央政府的高信任，另一方面也通过间接机制维持甚至恶化了农民对基层政权的低信任。取消农业税这一标志性的涉农政策表明，中央致力于改善农民处境和提升农民福利的重大举措，只是促进了差序政府信任的再生产，却基本无助于基层政权治理效能的提升。在其他的涉农政策上，也存在相近的状况和逻辑。从未来国家有效治理的高度反思，中央应该通过制度创新，重塑基层政权的治理主体性，并让普通民众参与治理过程，拉近基层政权与普通民众之间的距离，从而提升基层政权的民众支持度，并改进基层社会的治理绩效。

改革开放以来，中国乡村地区的巨变是在多轮政策变革的驱动下完成的。首先是分田到户的联产承包责任制，它解决了农业生产的激励问题，并放活了乡村社会。其次是1982年获得法律地位的村民自治，它解决了国家权力撤离乡镇后基层治理的体制问题。但是，1994年开始的分税制改革使得国家财政进一步集权化，正是从那时起，农民负担急剧增长并成为危及政权合法性的一大挑战。[①] 20 世纪 90 年代中后期至 21 世纪初，因为农民负担引发的这一挑战日益严峻，最终迫使中央政府及时推出税费改革，直至 2006 年全面取消农业税。中央的意图是，通过取消农业税，切实减轻农民负担，进而缓和基层干群关系，促进乡村地区的社会稳定，并保证国家的粮食安全。全面取消农业税似乎也表明，中国在减轻农民负担、实行工业反哺农业、城市支持农村方面取得了重要突破。但是，这一标志性的涉农政策实施至今已经十多年，它究竟产生了什么样的政治效应？对基层政权[②]和中央政权而言它分别意味着什么？本章基于笔者在村民访谈中的部分发现，尝试将取消农业税作为一个典型的涉农政策样本，从其对农民政治信任的影响入手，呈现取消农业税的结构性政治效应；进而反思，在中国现有的国家结构形式下，中央政府致力于改善基层民众处境和提升基层民众福利的政策努力，会对基层治理带来什么样的影响？未来中国基层治理的出路何在？

## 一 访谈中发现的突出现象

显然，乡村税费改革直至取消农业税的政策，旨在切实减轻农民负担，缓和干群关系，并规范基层政权的涉农行为。从理论上讲，取消农业税不仅意味着农民不再需要上缴"公粮国税"，也意味着基层

---

① Liu Mingxing et al., "Rural Tax Reform and the Extractive Capacity of Local State in China", *China Economic Review*, Vol. 23, No. 1, 2012, pp. 190 – 203.
② 本章所论的基层政权与基层干部，限于乡村两级。在农民眼中，乡村两级是紧密相连的；在实践中，村级政权与乡镇政权存在行政关系，村干部往往是乡镇的"腿"。农业税取消后，因为处境和利益的一致性，乡村两级政权的一体化甚至比以前更为明显。基层政权与基层干部是一个统称，并未具体区分党政两个方面，因为在乡村场域和农民眼中，党政两方面都是掌握权力的。而且，农民一般都是从干部的角度而非机构的角度形成他们对基层政权的认知和评价。因此，农民对基层干部的表述与他们对基层政权的表述基本上可以等同。

政权不能再通过各种名目向农民收取"杂费"。在取消农业税的同时，中央也及时推进了乡镇配套综合改革，催促基层政权为农民提供公共服务。基层政权不再向农民伸手要钱，反而向农民主动提供服务。在此情况下，农民即使不提高对基层政权的好感和信任度，但也至少不会再对其产生厌恶感或降低信任。但笔者的访谈结果却与此设想颇有距离。

为了解近年来中国乡村治理的新情况，2010年1月至2012年7月，笔者分别组织了五次中度规模的农民访谈。访谈基于农民本位的立场，全方位呈现他们对乡村政治诸实践的观察与评价。访谈内容涉及受访者对取消农业税的评价和对基层政权的信任度。笔者最终遴选了进入此次分析的访谈材料共计216份。216位受访者的所在区域、村庄类型、性别、年龄、身份、文化水平和经济状况相对均衡，也与中国农村的基本状况比较吻合。[①] 样本量虽然有限，却具有相当的代表性。基于这一全国性的访谈，笔者发现两大突出的现象并存：一是在诸多涉农政策中，受访者普遍高度评价取消农业税；二是在政府信任上，受访者对一些基层政权及其干部表示出压倒性的低信任和不满意。

具体来说，取消农业税成为后邓小平时代农民印象最为深刻的政策。在216位受访者的表述当中，有199位明确谈到了自己感受最深的农业政策。而在这199位受访者中，明确对取消农业税给予高度评价的就有75位，高达37.7%的比例，仅次于高度评价联产承包与改革开放的47.2%的比例。其中，中年农民对取消农业税的印象最为深刻。而在谈及取消农业税时，受访者对中央层次的国家机关特别是时任国家领导人（胡锦涛和温家宝）表达出强烈的感激之情。政府信任方面，在216位受访者的表述当中，有193位明确谈到了对不同层级政府（或干部）的信任度问题。其中，177位明确表达出对中央政府的信任和支持；相比之下，只有15位明确表达出对地方政府的信任和支持；基层

---

[①] 有关受访者的详细情况，参见刘伟《村民自治的运行难题与重构路径——基于一项全国性访谈的初步探讨》，《江汉论坛》2015年第2期。

政府（或干部）被信任或支持的情况则最为尴尬，只有 4 位受访者明确表达出相对积极的态度。① 广大农民对中央政府、地方政府和基层政府表现出明显的差序政府信任。而这其中，受访者对基层干部的不信任则非常明显，典型的表述如：

  当官的素质、能力没有常人高，常见到的人光为自己。当然，他们也做了政府工作，去办公了。但是基层干部都是为自己。他们只是手段强，并非能力强。（访谈编号：20100231）

  我不相信村干部，一直都不相信。我觉得我们现在跟村干部毫无瓜葛，我们种我们的田，村干部也不管我们。以前还开个会，现在都不怎么开会了。去年估计也就开过一两次会。（访谈编号：20110215）

  从家庭联产承包责任制开始，我就不相信乡和村里的干部了。硬是不做事，你看他们会做事吗？到下面开过会吗？找群众做过访问不？没有做过！他听个人的，不听群众的意见，就是这样产生腐败。（访谈编号：20110808）

  基层政府有问题得很！现在我认为就是应该将乡镇政府这些狠狠地整整！就他们拐（坏）得狠！（访谈编号：20120214）

在笔者组织的全国性农民访谈中，对基层政府及其干部表示出信任的受访者比例仅仅有 2%，绝大多数受访者对基层干部表示出强烈的不满。相比于李连江 1999—2001 年有关差序政府信任所做调查的统计结果②，这一比例可以说变得更低了。另有调查也发现，取消农业税后，中国乡村地区的农民上访数量不减反增。③ 对诸如此类的现象，急需学

---

  ① 详见刘伟《治理转型背景下的农民政治心理研究》之附录 3 "基本问题回答简表"，华中师范大学政治学研究院博士后出站报告，2014 年。
  ② 李连江：《差序政府信任》，《二十一世纪》2012 年第 3 期。
  ③ 贺雪峰：《国家与农民关系的三层分析——以农民上访为问题意识之来源》，《天津社会科学》2011 年第 4 期。

术上的合理解释和延伸讨论。

## 二 既有研究的发现与局限

关于取消农业税,既有讨论多强调其对农民负担或福利的实际影响。如国内有学者就统计出,2002年全国征收的农业税为422亿元,2003年为338亿元,但每年各种附加的杂费("三提五统")则约有2000亿元,附加杂费是农业税的5倍左右。这就意味着,取消农业税使这些杂费也取消了,农民负担得到切实减轻。[1] 官方统计发现,与农村税费改革前的1999年相比,因为取消农业税,中国农民每年减负总额超过1000亿元,人均减负120元左右。[2] 有研究则运用31省(自治区、直辖市)2000—2007年的相关社会经济数据,对取消农业税的政策效果进行了实证分析,并运用面板数据估算取消农业税对农民人均纯收入的影响大小。结果发现,取消农业税促进了农民人均纯收入2%的增长。[3] 涉及取消农业税的政治效应的,要么空泛地定义其在中国历史上的伟大意义,要么只看到其对县乡政府特别是乡村政权财政收入的影响及其引发的乡镇工作重心位移。[4] 个别研究也发现,农村税费改革虽然在一定程度上缓和了农村紧张的干群矛盾,却无助于从根本上改善和提高村民对基层党委和政府的信任程度,也就无法从根本上改善干群关系。[5] 但这项实证调查的截止时间是2004年,虽然取消农业税是税费

---

[1] 王云芳:《我国取消农业税制的效应分析》,《农业与技术》2005年第6期。
[2] 参见《取消农业税》,2006年3月6日,中华人民共和国中央人民政府,http://www.gov.cn/test/2006-03/06/content_219801.htm。
[3] 蔡金阳、张同龙:《取消农业税对农民收入影响的实证研究》,《农业科学与技术》(英文版)2012年第3期。
[4] Chen An, "How has the Abolition of Agricultural Taxes Transformed Village Governance in China? Evidence from Agricultural Regions", *The China Quarterly*, Vol. 219, 2014, pp. 715-735.
[5] 刘明兴、徐志刚、刘永东等:《农村税费改革、农民负担与基层干群关系改善之道》,《管理世界》2008年第9期。

改革的一个目标，但此时农业税毕竟尚未全面取消。总结关于取消农业税的既有讨论，少有同时关注到其对中央政权和基层政权的双重政治效应的，更未能详细解释这其中的具体机制和逻辑。

关于中央、地方与基层的信任差现象，是目前学界对中国政治信任结构较为成熟的理论发现。其中，对乡村地区民众差序政府信任的研究比较多，也有关注到当前乡村政权信任度不高的现象。李连江对中国三个省农民的问卷调查表明，63.1%的受访者认为上面是好的，下面是坏的，他将这一现象表述为"差序政府信任"。① 但应看到，李连江等人的研究主要基于税费改革前后中央对农村仍有提取的时期，而且是围绕农民抗争所做的研究。笔者前些年通过对调查问卷的统计分析也发现，村民总体上对涉及村落公共事务的活动信心不足，对现有精英的信任不足。② 肖唐镖等人在总结1999—2008年在五省市60个村庄的四次历时性调查数据基础上，进一步验证了农村基层群众对不同层级政府的信任度是自上而下逐级递减的。③ 2013年《人民日报》所做的"基层干部形象被误读状况"的调查也发现，有54.44%的基层干部认为当前社会上对他们的误读、误解甚至丑化的情况"普遍"，但只有两成的群众认为基层干部被误读；60.67%的基层干部认为社会舆论低估了他们的群体印象，但只有45.28%的群众这么认为。④ 在成因上，有学者认为，差序政府信任与历史传统、中央集权体制有一定的关系，但更是基层政府行为失范的必然结果。⑤ 另有学者认为这种心理既反映了制度规范的

---

① Li Lianjiang, "Political Trust in Rural China", *Modern China*, Vol. 30, No. 2, 2004, pp. 228 – 258.
② 刘伟:《群体性活动视角下的村民信任结构研究——基于问卷的统计分析》,《中国农村观察》2009年第4期。
③ 肖唐镖、王欣:《中国农民政治信任的变迁——对五省份60个村的跟踪研究(1999—2008)》,《管理世界》2010年第9期。
④ 《警惕基层干部群体"被污名化"——基层干部形象被误读状况的调查分析》, 2013年5月28日, 党建网, http://dangjian.people.com.cn/n/2013/0528/c117092 – 21636215. html。
⑤ 谢治菊:《论我国农民政治信任的层级差异——基于A村的实证研究》,《中共浙江省委党校学报》2011年第3期。

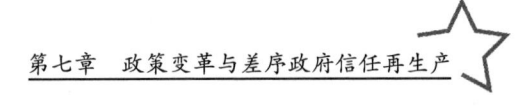

差异性，也体现了压力型体制造成的政治信任疏离。① 还有研究者强调了基层政府的政治接触结构对政治信任的影响，基层政府身处与民众接触的第一线，与民众的接触是全方位的，民众最容易将不满归结于基层政府，从而带来情感的疏离和信任的下降。② 总结来看，既有研究少有纵向探讨农民差序政府信任变与不变的，尤其缺少对其形成原因的详细解释，更缺乏结合具体政策解释农民政治信任形成机制的。虽然也有学者提出过农业税对差序政府信任的变动具有影响，但他并未详细解释这其中的具体机制。③

基于以上总结，本章尝试将取消农业税与差序政府信任联系起来，将取消农业税作为典型的政策变革，考察其对农民政治信任的影响机制。一方面实现对取消农业税政治效应的深入理解和客观评估，另一方面也深化对差序政府信任形成中的政策因素的具体认识。在此基础上，探讨乡村治理重塑的困局与出路。

## 三 取消农业税与差序政府信任再生产

在政治领域，公共政策影响公众信任的案例屡见不鲜。在中国，因为制度化建设的不完备，公众受公共政策的影响更为深远。本章所论的政策变革，主要指中央出台全国适用的新政策，导致原有政策失效的过程。而所谓政府信任，也即政治信任，一般被理解为公民对政府或政治系统运作产生出与他们的期待相一致的结果的信念或信心。④ 将政治信

---

① 沈士光：《论政治信任——改革开放前后比较的视角》，《学习与探索》2010年第2期。

② 叶敏、彭妍：《"央强地弱"政治信任结构解析——关于央地关系一个新的阐释框架》，《甘肃行政学院学报》2010年第3期。

③ 李连江：《差序政府信任》，复旦大学制度建设研究中心《动态与政策评论》总第22期，2012年5月。

④ Arthur H. Miller, "Political Issues and Trust in Government: 1964 – 1970", *The American Political Science Review*, Vol. 68, No. 3, 1974, pp. 951 – 972.

任作为因变量，相关研究主要有三种解释路径：理性选择路径，社会文化路径和终身学习路径。① 实证研究也发现，制度变量和文化变量对中国民众的政府信任都有较强的解释力，但制度变量对中国民众的政府信任的影响更大。② 总体来看，农民对中央政府的政治信任更多地受到文化、制度和政策的影响，但对基层政权的政治信任则更多地受基层干部实际表现的影响。虽然思维习惯、历史记忆、政治正确和舆论强化都对农民的政治信任起到一定的塑造作用，但在一个日益开放和世俗化的乡村社会，更应看到农民观察、思考和判断的成分。

### （一）取消农业税强化了农民对中央的高信任

中华人民共和国成立以来，中央先后制定了大量的涉农政策，收取农业税就是其中的一项标志性政策。取消农业税，首先意味着农民不再需要向中央履行这方面的政治义务。长期以来，农民都有缴纳"公粮"的传统和习惯，这一取消的确是史无前例的。正是基于纵向的比较，从有农业税到无农业税，至少在最开始实施的那几年，该政策给予广大农民群体的正面效应无疑是深刻的。同时，由于农业税的取消，地方政府特别是乡村基层政权征收取"杂费"的行为也就失去了合法性。因此，农业税的取消，同时也意味着农民负担的进一步减轻。不能忽视的还有，因为农业税是附着于土地和农业生产的，其取消还使农民产生一种不再被土地牢牢束缚的解放感，从而可以更为自由地外出务工。而因为农业税是具有强制性的，其取消从短期来看同样具有政治解放的效应。

取消农业税这一政策来自中央，农民因中央的政策而受益，因此对中央政府特别是对时任国家领导人持感激心态，因而强化了对中央的政治认同，即再次确信中央是"心里装着老百姓"的，是"为老百姓着想"的。这显然具有将中央政府情感化和人格化的倾向。这其中的心

---

① 熊美娟：《政治信任研究的理论综述》，《公共行政评论》2010年第6期。
② 高学德、翟学伟：《政府信任的城乡比较》，《社会学研究》2013年第2期。

## 第七章 政策变革与差序政府信任再生产

理机制比较容易解释。就此而言，在一个具有权威主义传统的国家，人们对政府的信任不仅是基于政府的表现，而且也基于人们对权威的崇拜和依赖。[①] 而相应的政策则更会强化这种崇拜和依赖。正是根深蒂固的权威型人格，促使无数孤立的小农对强大的中央权威持有较高的期待和认同。虽然有一份围绕农民上访与政府信任流失之间关系的实证研究发现，上访对政治信任的流失具有很大影响：上访者到达政府层次每提高一级，其对政府的信任就减少一个档次。[②] 但上访农民的数量毕竟有限，他们在村庄中一般也不是主流。对普通农民来说，他们对中央政府的高信任并不易受到现实因素的冲击，反而容易受到相关政策的不断激活和强化。中央只要出台相应的利农惠农政策，就可以有效维系和强化农民对中央政府的高信任。取消农业税就是这方面的极好例证。

在笔者组织的全国性访谈中，受访者在谈及取消农业税时大都对其给予高度评价。从这些评价的话语中，可以感受到他们对中央出台此政策的感激和认同，这无疑强化了农民对中央政府的高信任：

> 这是几千年第一次，你看以前公粮国税不得不交，没吃的也得交，现在多好啊，不用交税了，自己能吃多少就种多少，吃不完的就拿去卖。（访谈编号：20100230）
>
> 现在的政治就是好政治。从开天辟地就没那么好，不但不要你交钱，还给你补助。随哪个伟人没说不种田完粮，不说不交，总是或多或少，或重或轻。（访谈编号：20110213）
>
> 像农业税减免，是国家对农民的重视，减轻了农民的负担……总之，现在的生活跟以前不好比，我觉得都跟城里差不多了，吃喝住行都大大地改善了，这些都是靠党的政策。（访谈编号：20110842）

---

[①] 胡元梓：《中国民众何以偏好信访——以冲突解决理论为视角》，《华中师范大学学报》（人文社会科学版）2011年第2期。

[②] 胡荣：《农民上访与政治信任的流失》，《社会学研究》2007年第3期。

## (二) 取消农业税维持甚至恶化了农民对基层政权的低信任

笔者收集的全国性访谈材料和学界的相关研究都显示，农业税取消后，普通农民对基层政权的低信任并未改观，他们对乡村干部的负面评价依然十分普遍。这里的原因是多方面的，包括干群矛盾的历史记忆，乡村干部在阶层分化上超越于一般村民，等等。但有一点不能否认，农业税取消后，农民对基层干部依然持有的低信任，取消农业税本身至少也难辞其咎。它通过影响基层政权的基本处境和行为方式，从而维持甚至强化了村民对基层政权的原有态度。

其一，取消农业税使基层政权与普通村民的关系趋于松弛。正是因为基层政权不能再从农民那里收取税费，因而也就没有动力去讨好农民，或与农民展开比较日常的互动。而对农民来说，随着社会的日益开放和选择的增加，在日常生活中一般也无求于基层政权。由于缺乏征收农业税这一沟通农民与基层政权的纽带，乡村政权日渐脱离普通农民而由汲取型变成悬浮型。[1] 已有研究也发现，农村基层政权组织与公众利益实现关联度弱化等因素，构成了后集体化时代基层政权公信力流失的利益根源。[2]

其二，农业税取消后，由于一系列配套措施未能及时跟进，使农村公共产品供给陷入困境。一方面，基层政权为治理区域自主提供公共产品的能力急剧下降。另一方面，农村公共产品供给大都被纳入公共财政体制，但自上而下的农村供给决策机制尚未改变，以农民需求为导向的农村公共产品供给机制也未建立，多层级政府决策程序链过长与满足农民多元化需求的矛盾也日益突出。[3]广大乡村地区公共产品的供给依然

---

[1] 周飞舟:《从汲取型政权到"悬浮型"政权——税费改革对国家与农民关系之影响》,《社会学研究》2006年第3期。

[2] 陶振:《农村基层政权公信力流失:一个解释框架的尝试》,《南京农业大学学报》(社会科学版) 2012年第1期。

[3] 徐双敏、陈尉:《取消农业税费后的农村公共产品供给问题探析》,《西北农林科技大学学报》(社会科学版) 2014年第5期。

严重不足，致使农民将怨气撒在基层政权身上。

其三，取消农业税使基层政权越发依赖转移支付，而转移支付农民一般都不能有效参与。农业税取消前，乡镇财政的常规收入一般分三部分：农业税费部分，地税收入和国税收入（增值税）。其中，农业税一般占财政收入的30%以上，有的甚至达到70%—80%，取消农业税使乡镇收入锐减。[①] 这致使基层政权越发依赖上级的转移支付。从农村税费改革到2011年底，中央政府向地方政府转移支付资金高达6000多亿元。[②] 但是，转移支付一方面用于维持基层政权的运转；另一方面则被要求惠及普通农民，多以项目的形式下达。问题是，在项目下沉的过程中，乡镇政府自利性诉求凸显并发挥作用，农民无法真正参与。特别是因为缺乏农民的日常监督，其中的腐败问题难以避免，这也强化了农民对基层政权的低信任。

其四，取消农业税致使基层政权转而寻求招商引资。最新的实证研究表明，正是因为取消农业税，乡村政权出现财政的进一步吃紧，他们不得不另辟财源，招商引资遂成为共同的中心工作。[③] 全国大部分地区的基层政权因为缺少集体经济，在取消农业税后普遍陷入财政拮据的困境。为维持正常运转并完成上级要求提供公共服务的指标，仅仅依靠转移支付显然是不够的。他们不得不转而寻求招商引资，但招商引资通常涉及土地征用和房屋拆迁，极容易引发干群矛盾。这一普遍现象又进一步恶化了村民对基层政权及其干部的信任感。

需要指出的是，由于取消农业税处在相关的涉农政策丛中，除了前文谈到的它对基层政权行为逻辑的深层影响，其政治效应还会受到其他涉农政策的再强化。如种粮相关补贴、农村免费义务教育和新型农村合

---

[①] 张光：《取消农业税：财政影响的不平衡和转移支付政策的调整》，《调研世界》2006年第3期。

[②] 陈锡文：《农业和农村发展：形势与问题》，《南京农业大学学报》（社会科学版）2013年第1期。

[③] Chen An, "How has the Abolition of Agricultural Taxes Transformed Village Governance in China? Evidence from Agricultural Regions", *The China Quarterly*, Vol. 219, 2014, pp. 715–735.

作医疗等惠农政策,使普通农民越来越依赖基层政权外的政府体系,而只要基层政权在执行过程中出现纰漏,就会迅速放大农民对基层干部的厌恶感和不信任。加之,基层干部虽然不再向普通农民伸手要钱,但仍然要人("计划生育")、管人("维稳")。所以,农民要么觉得平时和基层干部不再相关,要么容易在涉及相关问题时与他们发生冲突。

## 四 差序政府信任与基层治理重塑

前文分析显示,正是因为取消农业税,中央政府又一次获得了农民群体的信任和支持;而基层政权的处境却发生深刻变化,其工作重心和行为方式也发生相应改变,致使农民对它们的低信任不仅难以改观,反而更容易走向恶化,基层政权的低信任得到进一步强化。两相结合,农民的差序政府信任在中央和基层这两个层面分别得到高信任和低信任的强化,差序政府信任的格局由此得以再生产。而由于农业税取消的同时,中央还颁布了一连串惠农补贴政策,不仅进一步强化了农民对中央的信任,也进一步塑造了基层政权不被信任的尴尬处境。仅2011年,中央财政用于种粮农民直接补贴、良种补贴、农机具购置补贴和农资综合补贴的支出就超过1400亿元,这些都是直接发到农民手中的。[1]这体现了中央政府对基层政权的不信任。与此同时,中央政府还脱卸了农村基层政权的部分治理性权力,基层政权的治理主体性未能得到有益维护。

问题是,乡村政权只有成为名副其实的基层治理主体,并获得普通农民稳定的政治支持,广大乡村地区的有效治理才能得到保障。中央政府获得的高信任,可以维系整个政治体系的稳定和中央政府的权威,但乡村政权获得的低信任将最终决定基层治理的绩效。差序政府信任不仅

---

[1] 陈锡文:《农业和农村发展:形势与问题》,《南京农业大学学报》(社会科学版)2013年第1期。

如有研究者所谈到的,具有政治风险,因为它容易引发以中央为依据的基层抗争。① 更关键的是,差序政府信任使基层政权的治理难以获得基本的民众支持。任其恶化,就会使基层治理陷入经典的"塔西佗陷阱",即不管基层政府及政策是好是坏,社会均采取"老不信"的立场。② 很难想象,在此境况下的基层政权能够拥有合格的治理表现。

若将基层政权作为最低层级的地方政府来看,其遭遇的上述治理困局既是新的,也是旧的。说其新,是因为基层政权乃近代以来国家政权建设的产物,传统中国的基层政权只达至县,县之下是非正式的乡绅自治;而说其旧,则是因为当前基层政权所面临的问题,仍未脱离中国"上下分治的治理体制"的基本逻辑。③ 即国家通过"治官权"与"治民权"的分离,使包括基层政权在内的地方政府承担治理的实际责任,而中央则通过处理领导干部而维持权威和稳定。但在此体制中,基层政府的民众信任就成为一个不容回避的难题。农民平常主要接触乡村基层干部,基层干部离农民最近,直接面临利益冲突和矛盾解决。乡村干部事实上可能做对了很多事,但只要有一件事没做好,就不会得到村民的谅解。而基层干部群体的素养,所能调动的有限资源,所掌握的有限权力,面对其承担的重大责任,自然是捉襟见肘。

针对此困局,着眼于国家未来的有效治理,必须通过体制变革和乡村治理的重塑,提升基层政权的民众支持度,在农民保持对中央的高信任的条件下,适当提升他们对基层政权的信任度,及时夯实基层治理的社会基础。做到这一点具有相当的难度,因为在中央集权的体制下,中央政府拥有先天的权威资源和政策优势,其致力于改善基层民众处境的政策和努力,首先就会强化基层民众对它的政治支持。在相当长的时期,差序政府信任中的高中央信任难以改变,也不必改变。但是,差序

---

① Li Lianjiang, "Political Trust in Rural China", *Modern China*, Vol. 30, No. 2, 2004, pp. 228-258.
② 耿静:《政府信任的差序化:基层治理中的"塔西佗陷阱"及其矫正》,《理论导刊》2013年第12期。
③ 曹正汉:《中国上下分治的治理体制及其稳定机制》,《社会学研究》2011年第1期。

政府信任中的低基层信任必须改变，而且也不是不可以适当改观的。这需要从以下几个方面着手。

首先，在国家全面反腐的背景下，促使基层政权严格执行中央政策，要求基层干部改进自身工作作风和行为方式，增加农民对基层干部的信任感和支持度。而中央也应该在不断完善法治、上级监督和社会监督的基础上，逐步改变之前不信任基层政权的明显取向，并适当引导农民信任基层政权和基层干部。其次，通过制度创新，重塑基层政权的治理主体地位，保障基层政权的治理资格，向基层政权提供必需的治理资源，赋予基层政权开展工作的必要权力，让基层政权发挥在基层治理方面的能动性。最后，也是最关键的，让普通农民能够参与和监督，并切实拉近基层政权与农民之间的距离。不仅要促进基层政权运作的公开化，也通过制度创新，让普通农民能够切实参与基层治理，促进基层政权自治性的回归。在这方面，中央可以通过资源下沉，要求普通村民在基层治理过程中的有效参与，让村民和乡村干部在治理过程中产生密切互动，进而在有效监督和责任机制的基础上规范乡村干部的行为，并逐步建立村民对他们的政治信任。实际上，基层治理的重塑并非完全缺乏动力。毕竟，村民政治信任的理性化也已是一个明显的趋势。[①] 只要供给相应的利益和资源，并确立公平合理的公共规则，乡村基层政权就可以通过实际表现逐步获得农民的信任和支持。

# 五 结论与讨论

在政治学理论中，合法性、政治秩序、有效执行以及理性的政治文化等，都是政治体系良性运行的核心要素。不管是联邦体制还是中央集权制，政治信任都直接关系到政治合法性，它不仅仅是自变量，同时也

---

① Tao Ran et al., "Political Trust as Rational Belief: Evidence from Chinese Village Elections", *Journal of Comparative Economics*, Vol. 39, No. 1, 2011, pp. 108 – 121.

## 第七章 政策变革与差序政府信任再生产

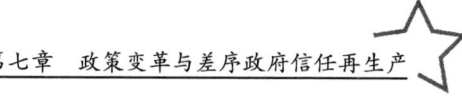

会成为因变量。美国一项关于政治信任的著名研究就发现，民众政治信任的低落不仅是对总统不满意的反映，而且会进一步降低对总统的评价，从而导致当政者执政环境恶化、政策推行艰难。[①] 政治信任不仅直接关系到民众的政治支持，也会对治理质量产生深层影响。民众的政治信任感越高，政治系统承担的压力就越小，政治权威的基础就越牢固，可动员的社会力量也就越广泛；相反，当民众普遍持不信任态度时，就会造成政治疏离与政治冷漠，直至向政府表达不满，进而恶化治理环境，影响治理绩效。不管是哪个层面的政府治理与政治信任，这一原理都是适用的。相比于联邦制，中央集权体制下民众"信中央/不信地方（基层）"的心理模式具有韧性，很难在短期内从根本上予以改变，致使基层政权面临合法性危机，并在治理效能上难有理想表现。

本章只是以取消农业税这一标志性的涉农政策为例，力图呈现中央集权体制下政策变革与差序政府信任再生产之间的深层关系，以及由此引发的乡村治理困局。中央政府看到地方政府（特别是基层政府）在税费征收中的诸多乱象以及由此引发的社会危机，才最终决定切断地方政府（特别是基层政府）盘剥农民的合法渠道，从而实现了与广大农民的政治结盟。由此，中央政府获得了农民普遍的政治支持，而导致基层政权进一步陷入不被信任、难以发挥治理功能的境地。实际上，中央出台的诸多涉农政策，包括种粮补贴等，它们的政治效应都有着与取消农业税高度相似的逻辑。中央集权体制下促进农民处境改善和福利提升的诸多政策，大都是中央偏向农民而抑制乡村政权的政治过程。这一过程使得高信任中央与低信任基层的差序政府信任得到不断的再生产，基层政权的认同度和支持度一直难以得到有效提升。但是，中国作为一个大国，既有全国大局意义上的治理，地方大局意义上的治理，更有广大基层地区的治理。未来中国的有效治理必然要求基层治理的优良表现。出路只能在于，在保持农民对中央高信任的条件下，通过基层参与和监

---

[①] Marc J. Hetherington, "The Political Relevance of Political Trust", *The American Political Science Review*, Vol. 92, No. 4, 1998, pp. 791–808.

督，适当提升乡村基层政权中的民众信任和支持。

　　进而言之，这也是中国整个国家治理的根本性问题。因为差序政府信任的倾向在中国不同领域的不同群体身上都广泛存在着。中国在其他领域的基层治理困局，同样呈现着中央集权体制下差序政府信任再生产的惯常逻辑。一项针对中国城乡居民政治信任的比较研究就发现，当前城乡居民对政府的信任呈现出典型的"央强地弱"的差序性样态，但城市居民的政府信任度要低于农民的政府信任度，且城市居民比农民表现出了对基层政府更不信任的趋势。[1] 一份针对大学生的抽样调查，也验证了调查对象对各级政府信任度层级递减的趋势。[2] 一项运用2012年"世界价值观调查"全国范围的面访资料的实证研究也发现，约有75%的中国受访者信任中央高于地方，表明差序信任态度在中国社会是相当普遍的。[3] 在某种意义上，差序政府信任是中国这样一个有着中央集权深厚传统的大国的基本国情和政治惯性。该信任格局使当代中国政治体系在整体上具有高度的稳定性，但基层政权的民众支持度和治理绩效一直难以提升。随着国家治理体系和治理能力现代化建设的不断推进，中央政府在提供公共产品方面的力度将不断加大，民众对全国性权利的享有将越来越广泛，基层政权的民众支持度将受到越来越大的挑战，基层治理的重塑和优化也将变成一个越发紧迫的现实问题。毕竟，基层政权不仅事关中央政策的有效执行，更关系到中国基层地区长远的常规治理。中央政府和地方政府只有通过政策创新和治理创新，不断催促基层政权在基层空间积极开拓，并创造与当地民众的有机连接，才能稳步提升基层政权的民众支持度，并进而有效提高中国基层治理的绩效。

---

[1] 高学德、翟学伟：《政府信任的城乡比较》，《社会学研究》2013年第2期。
[2] 管玥：《政治信任的层级差异及其解释：一项基于大学生群体的研究》，《公共行政评论》2012年第2期。
[3] 黄信豪：《解释中国社会差序政府信任：体制形塑与绩效认知的视角》，《政治科学论丛》2014年第1期。

# 第八章

## 业主维权困局何以形成？
### ——基于B市Q区S小区业主维权事件的过程分析

随着城镇住房制度商品化改革的深入，新型"业主群体"开始出现并且在维护自身合法权益过程中与开发商、物业公司、政府等展开了复杂博弈，然而业主群体的维权却时常陷入困局；通过对S小区业主维权事件的过程分析，可以发现维权困局的形成是内外驱动共同作用的结果。一方面，未形成持续性的维权力量是业主维权陷入困局的内在动因，其中业主怨恨情绪、业主公民精神以及动员组织平台是业主力量得以持续的关键因素；另一方面，政府出于维稳压力而采取区分性策略是维权困局形成的重要外部驱动。另外，从小区内维权发展到堵路维权，业主因身份差异产生的心理变化影响其维权行为的选择和变化，整体表现为非理性维权力量增强。要打破维权困局，需重视对业主心理的回应以及业主群体维权行为模式的选择和变化，充分培育和发挥业主组织的自治作用，引导业主理性维权，把冲突化解在可控范围内。

20世纪90年代中期以后，随着中国城镇住房制度商品化改革的不断深化，房地产市场迅速发展，新式商品房数量急剧增加，大量城市社区应运而生并逐渐成为城市基层治理的基本单元。一个规模庞大的

"有房阶级"①在城市空间里出现并壮大，随着《物业管理条例》（2003年）和《物权法》（2007年）的颁布和实施，"业主"的法定身份获得了正式确认，并被赋予了相应的权利和义务。②城镇住房制度商品化改革的深入和新型"业主群体"的出现，使城市住宅产权制度发生了深刻变革，"第一次产生了1949年后的不动产私有者群体"③，房屋开始成为城市业主日常生活中最重要的私有财产。因此，当财产受到侵犯时，业主为维护自身合法权益与房地产开发商、物业公司、地方政府的相关行政主管部门、街道办事处、居民委员会以及社区服务中心等各方力量展开复杂博弈。近年来，业主维权事件频频见诸新闻媒体，引起了国家和社会的广泛关注，日益构成了当代中国城市社会生活的一项重要内容，对基层社会的政治生态产生了重大影响。

## 一 既有研究回顾

在维权中，业主主要采取行政调解途径、司法诉讼途径、不作为途径和非正常途径进行抗争。④但无论采取哪种方式，大多数维权力量在与房地产商、物业甚至政府的博弈中，在后期往往陷入维权事项未解决，维权力量却难以维持的困局，且在过程中常被贴上非理性的标签。

无论从规模还是从发生频率来看，城市社区业主维权已成为中国继工人维权、农民维权之后的第三大维权现象。⑤关于业主维权的相关研究，主要可分为以下三类。

---

① 沈原：《走向公民权——业主维权作为一种公民运动》，载《市场、阶级与社会：转型社会学的关键议题》，社会科学文献出版社2007年版。
② 郭于华、沈原：《居住的政治——B市业主维权与社区建设的实证研究》，《开放时代》2012年第2期。
③ 夏建中：《城市新型社区居民自治组织的实证研究》，《学海》2005年第3期。
④ 朱燕、朱光喜：《城市住宅小区业主维权的现状、困境与对策》，《城市》2008年第9期。
⑤ 吴晓林：《房权政治：中国城市社区的业主维权》，中央编译出版社2016年版。

## (一) 关注业主维权何以形成的研究

这类研究关注维权行动得以形成的结构性条件。国家政治结构的变迁导致国家强制力的衰弱进而出现维权行动的政治机会结构是此类研究的前提。[①] 宏观上，住房商品化使房产成为民众日常生活最重要的私有财产，新兴业主群体的权利意识得以增强。同时政府职能向服务型转变的趋向也使维权抗争的风险成本相对降低，维权事件屡见不鲜。但地方政府出于维稳需要和政绩考虑往往倾向于寻求制度化的方式来分化维权力量或对其进行强力打压，而强压激化了矛盾，促发维权行动的进一步发展。孟伟指出由业主、开发商、物业管理公司、政府组成的社区内的利益结构是导致业主抗争行动发生的主要原因。[②] 而石发勇的研究则指出行政体系的相对"分裂"为业主委员会和其他社会组织进入社区提供了机会，媒体的初步开放和相关法制的完善促使业主维权意识的觉醒，为集体抗争塑造着得以实现的政治机会结构。[③] 也有研究者指出，怨恨的生产和解释、积极分子及其组织能力（涉及集体行动的组织和动员结构及战略战术的选择）、潜在参与者的选择模型（受到政治机会结构和对成功预期的影响）是集体行动得以实现的重要因素。[④]

## (二) 关注业主维权如何发展的研究

这类研究关注业主维权行动的曲折历程，主要研究维权运动的行为逻辑和相关机制，探讨业主维权的产生条件、社会动员机制和抗争策略等问题。

---

① 蒋晓平：《城市社区业主维权研究中的理论与进路：一个文献综述》，《中共福建省委党校学报》2014 年第 3 期。
② 孟伟：《城市业主维权行动的利益目标与权利取向》，《黄山学院学报》2007 年第 2 期。
③ 石发勇：《关系网络与当代中国基层社会运动——以一个街区环保运动个案为例》，《学海》2005 年第 3 期。
④ 刘能：《怨恨解释、动员结构和理性选择——有关中国都市地区集体行动发生可能性的分析》，《开放时代》2004 年第 4 期。

关于业主维权的产生条件，陈映芳、胡荣和刘艳梅等学者认为业主具备的中产阶级的身份属性是促发维权产生和影响维权发展的重要条件。陈映芳认为组织化业主维权得以出现的重要促发因素是业主的中产阶级身份及其具备的权利意识和资源动员力。[①] 同时，胡荣、刘艳梅指出业主中产阶级的身份属性也决定了他们在维权行动中保持温和与保守。[②] 业主们为维护自身的经济权益、自治权利和政治权利而展开抗争，[③] 有学者将其归纳为趋于对"物"权、"治"权和"人"权的追求[④]。吴晓林则认为业主维权是"业主—市场主体—政府"权利失衡和制度供给不足的产物；[⑤] 在业主维权的动员机制上，学者们从社区组织网络、互联网等方面展开了研究。曾鹏提出存在融合性和离散性两种不同的社区网络，且融合性社区网络比离散性社区网络具有更强的动员潜能并更易于发生集体行动。[⑥] 石发勇的研究也强调关系网络在中国威权主义国家体制和行政体系的相对"分裂"状态下对于维权运动具有极端重要性。[⑦] 此外，不少学者还指出在"人人都是自媒体"的网络化时代下，互联网加速了抗争的扩散，对业主动员结构、决策模式和参与方式等方面产生了重要影响。其中，黄荣贵和桂勇指出业主能通过互联网这个公共领域来自由表达意见、制造舆论并形成维权空间，加速个体意见向群体力量的转变，这有利于维权行动的动员、组织和发展。[⑧] 郑坚

---

[①] 陈映芳：《行动力与制度限制：都市运动中的中产阶层》，《社会学研究》2006年第4期。

[②] 胡荣、刘艳梅：《中间阶层在公共领域中的维权行为——厦门市U小区公摊纠纷个案分析》，《中共福建省委党校学报》2006年第8期。

[③] 陈文：《城市社区业主维权：类型与特点探析》，《贵州社会科学》2010年第4期。

[④] 郭于华、沈原：《居住的政治——B市业主维权与社区建设的实证研究》，《开放时代》2012年第2期。

[⑤] 吴晓林：《中国城市社区的业主维权冲突及其治理：基于全国9大城市的调查研究》，《中国行政管理》2016年第10期。

[⑥] 曾鹏：《社区网络与集体行动》，社会科学文献出版社2008年版。

[⑦] 石发勇：《关系网络与当代中国基层社会运动——以一个街区环保运动个案为例》，《学海》2005年第3期。

[⑧] 黄荣贵、桂勇：《互联网与业主集体抗争：一项基于定性比较分析方法的研究》，《社会学研究》2009年第5期。

同样肯定了网络媒介在推动城市社区维权和构建城市市民公共领域中的重要作用;[1] 在业主抗争策略上,孟伟深入调查深圳滢水山庄小区业主的维权实践,指出业主们在集体行动的策略选择上主要是采取组织动员精英业主和普通业主广泛参与相结合、争取政府部门支持与积极组织自主行动相结合以及借助社会资源产生社会压力等方式。[2] 张紧跟和庄文嘉将业主集体行动的策略归纳为"在体制内寻找代言人、拜老师,以行为合理性谋求身份合法性,创制选票市场,提交民间立法草案,寻求媒体支持",等等。[3] 朱健刚分析某小区针对物业管理费和业委会展开的集体行动,提出"以理维权"是业主的行动策略。[4]

### (三) 关注业主维权为何困难的研究

现有研究主要从权力结构失衡和法律制度建设滞后两方面对业主维权困难做出解释。

关于业主维权陷入困局的结构性原因,徐琴认为是现阶段权力分布结构严重失衡和不对称,即国家—市场—社会之间的权力水平呈依次递减的格局,这也使业主维权遭遇制度排斥与非制度瓦解。[5] 吴晓林提出业主在与政府、市场博弈中处于最弱势的地位,使其在遭受市场主体权利伤害的同时,还面临着法律制度层面和政府基于维稳考量对业主行动的双重限制。[6] 因此,实现权力分布结构的合理化是破解业主维权困境的关键;相关法律制度建设滞后于维权实践的发展,加剧了业主同房地

---

[1] 郑坚:《网络媒介在城市业主维权行动中的作用》,《当代传播》2011年第3期。

[2] 孟伟:《建构公民政治:业主集体行动策略及其逻辑——以深圳市宝安区滢水山庄业主维权行动为例》,《华中师范大学学报》(人文社会科学版) 2005年第3期。

[3] 张紧跟、庄文嘉:《非正式政治:一个草根NGO的行动策略——以广州业主委员会联谊会筹备委员会为例》,《社会学研究》2008年第2期。

[4] 朱健刚:《以理抗争:都市集体行动的策略 以广州南园的业主维权为例》,《社会》2011年第3期。

[5] 徐琴:《转型社会的权力再分配——对城市业主维权困境的解读》,《学海》2007年第2期。

[6] 吴晓林:《中国城市社区的业主维权冲突及其治理:基于全国9大城市的调查研究》,《中国行政管理》2016年第10期。

产开发商、物业公司以及当地政府之间的矛盾,已构成"市民组织化表达行动和社会发育的制度瓶颈"。① 首先,《物业管理条例》赋予业主委员会和业主的权利是有限的,而对开发商和物业公司的约束却不够,为开发商和物业公司利用法律漏洞实施侵权活动提供了广阔空间。② 其次,《物业管理条例》对业主委员会法律地位的模糊定位(业主委员会是否为法人机构、是否为具备民事权利能力的行为能力的非法人组织、是否具有一般民事诉讼主体资格?)造成维权主体缺失,影响了维权效度,阻碍了维权进程。③ 最后,法律规定如签订物业服务合同等物业治理行为需由业主委员会代表业主予以实施。当纠纷产生时,开发商和物业管理公司就以单个业主无权查看产权和规划等重要资料为理由拒绝,降低了业主维权的效度。④ 这使业主个体很难在制度化渠道内实现对开发商和物业的监督以及相关材料的获取,迫使业主维权行动通常需借助各类体制外途径,加大了维权难度。

现有研究大部分是将业主维权视为社会运动来进行考察,较多关注运动的产生和发展,注重研究业主、开发商以及政府之间的博弈过程,但对业主维权能否成功的基础性要素——业主内部力量如何组织和持续缺乏深入研究;现有研究注重从外部环境条件(法律滞后和权力失衡等方面)解释维权困局的形成,但缺乏对维权困局形成的内部结构性条件的研究,即业主维权力量内部存在非理性化倾向和持续性不足的问题。在维权中,业主有理性行为,也有非理性行为;有小区范围内的维权冲突,也有大规模的维权冲突;有维权成功的,也有维权停滞的。面对这些现象,研究者们务必思考:业主的心理和行为逻辑如何变化?小区内维权向大规模维权冲突发展的催发条件和发生机制是什么?维权力

---

① 陈映芳:《行动力与制度限制:都市运动中的中产阶层》,《社会学研究》2006 年第 4 期。
② 张磊:《业主维权运动:产生原因及动员机制——对北京市几个小区个案的考查》,《社会学研究》2005 年第 6 期。
③ 徐琴:《转型社会的权力再分配——对城市业主维权困境的解读》,《学海》2007 年第 2 期。
④ 朱光喜:《小区业主维权难的多维分析》,《城市问题》2010 年第 12 期。

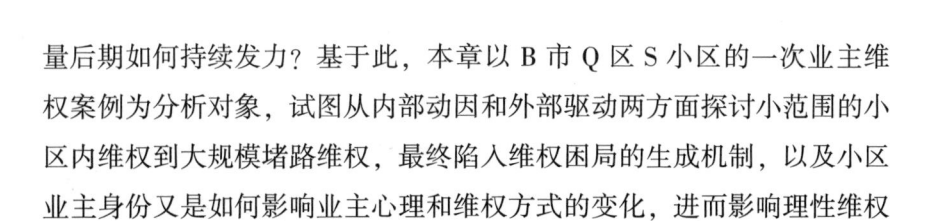

量后期如何持续发力？基于此，本章以 B 市 Q 区 S 小区的一次业主维权案例为分析对象，试图从内部动因和外部驱动两方面探讨小范围的小区内维权到大规模堵路维权，最终陷入维权困局的生成机制，以及小区业主身份又是如何影响业主心理和维权方式的变化，进而影响理性维权力量和非理性维权力量的变化。

## 二 S 小区业主维权的大致进程

S 小区地处 B 市 Q 区 T 公园区域，位于老城区范围护城河南岸，东临城南路及南沟路，南面及西面临跑马山，北以交通西路为界。整个项目总占地面积约 21.3 万平方米，总建筑面积约 70 万平方米，于 2011 年 7 月正式开盘发售，其宣传定位是一个集托斯卡纳风情城市洋房、法式新古典主义奢阔豪景高层为一体的高档居住小区，且配有篮球场、羽毛球场、山体健身步道和山顶运动公园，还配有适当的商业街区、会所，购物、休闲、娱乐、饮食等配套设施。加之位于城市高处，小区景观资源十分丰富，可以鸟瞰 Q 区全城美景，因此不少人选择在此购房。小区现有住户 4392 户，居民 15487 人。但在 2016 年 11 月 9 日却爆发了一次大规模的业主堵路维权事件，致使半个城市交通瘫痪。在该小区走访中，笔者从业主口中了解到该小区存在房屋质量问题、物业暴力管理、开发商擅自更改规划、严重虚假宣传等问题……

### （一）房屋开裂，维权开始

该小区最初维权聚焦于虚假宣传、开发商擅自修改小区设计方案以增加住宅建筑面积、绿化面积不足等问题，并以 5 号楼房屋开裂为导火索。在这一阶段，业主们认为自己合理合法的经济利益受到损害，于是不少住户开始与房地产商和物业公司进行协商，但未得到合理解释和相关解决方案。5 号楼的房屋开裂直接引发了业主们心中积压的"火"，于是在小区内爆发了第一次维权事件。

> 住在里面，一天不走出小区来，长时间在里面一定要得抑郁症，太压抑了，你看嘛，那些房子好密嘛！我是2014年入住该小区的，当时上面高楼并没有这么多，绿化面积还是相当大的，游泳池、喷泉、幼儿园应有尽有，基本满足了我买房的需求，所以当时就毫不犹豫地买了，并快速装修入住。开始还是挺满意的，但是随着时间的推移，原有的基本配套设施慢慢地被开发商拆除了，改成了一栋栋拔地而起的高楼。这不是虚假广告吗？房子这么密，该有的绿化面积也没有满足要求！（访谈编号：20180211）

> 他还好哦，至少房子没裂口。我也算是较早在这个小区购买房子的，反正不晓得啥原因，之后没多久，开发商就把我们这栋楼旁边的绿化挖了，重新进行房屋基础施工。施工一天又吵灰尘又大不说，施工没多久，旁边的5号楼就整体开裂了，导致整栋楼的住户全都不敢再继续住。（访谈编号：20180211）

> 从开发商的暴力平息事件、警察抓人到最终以开发商对5号楼住户予以赔偿告终。结果是赔偿了，可中途有人被打有人被抓，这受伤的始终都是我们业主。如果一开始开发商就出面解决问题，结果也不会这样。（访谈编号：20180211）

5号楼的房屋开裂事件是业主集体维权的第一次。据网上检索和调查走访所了解的情况是当时开发商报警后，大量警察出动带走了相关带头维权人员。在纠纷中，有业主被打伤住院，之后开发商对该幢楼所有住户和受伤业主予以赔偿。

### （二）车库收费，维权升级

继5号楼房屋开裂引发维权事件之后，S小区又"沸腾"了。这次不是该小区某一栋楼的业主站了出来，而是S小区所有业主集体出动。

第八章 业主维权困局何以形成？

这次事件的导火索是小区车库实行收费。据小区公告显示，未在该小区购买车库的业主，按照摩托车和三轮车每月300元、轿车每月560元进行收费，其中包含管理费及清洁费。

小区容积率达不到，绿化达不到，没有露天公共停车位。当初买房承诺的东西现在一样也没达到，反而还在继续修房，这样的密集度请问是怎么审批下来的。把业主的公摊面积拿去修地下车库，现在还来收停车费，这合理吗？连个手续也看不到。摩托车、电瓶车一月收费300元，这个价格又是怎么定下的？（访谈编号：20180211）

从11月7日晚开始，小区业主集体出动。由于物业告知业主从8号开始收费，7号下午就有业主找物业管理公司对收费标准进行沟通，物业管理处工作人员却表示收费价格必须按公示价格收取，没有任何谈判的余地。所以有业主从7号晚开始围堵车库，8号从早上6点多开始一直持续到凌晨12点多，S小区所有业主一直在小区内与开发商及物业公司僵持，收费并未如期执行。

**（三）业主被抓，堵路维权**

经过两天的僵持，开发商与物业公司虽未顺利实现他们的收费计划，但他们也从未直面业主的质疑与提问。小区内维权业主情绪高涨，怨声载道。

直到9号中午临近时，开发商会同街道办事处、市规划和自然资源局、市住房和城乡建设委员会、市国土资源局、市公安局等部门，说是对我们业主所有的疑问进行现场解答。在一场长达4个小时的答疑会上，相关单位与开发商并没有正面回答我们业主的疑问，整个会议的核心内容就是：收费符合相关文件要求，必须执行。让小区所有住户全部散去，不要聚众维权，有疑问就派代表到各相关部门去处理。会议结束后，大家都不满意会议的结果，相互推搡。在售楼部门前，瞬间出动了大量特警，短时间内，特警就带走了现场的6个人。（访谈编号：20180212）

对于当时的混乱场面，有业主说："其实当时也不是要闹啥群体性事件，本来当时现场人就很多，开完会出来大家又对结果很不满意，就你挤我我挤你的，情绪比较躁动，哪晓得那些警察还抓人哦，甚至还把一个孕妇抓了，大家一看这种情况自然就更冒火了，场面就失控了。"（访谈编号：20180213）

警察的抓人行为，让现场所有业主情绪更为激动，他们随即追着抓人的警车要求放人，从原来S小区的城南交通西路一直到城东公安局大门口。大量业主出动，导致半个城市的交通严重瘫痪。此次堵路行动从9号中午一直持续到当晚11点多，被抓的业主最终被放了出来。

人是放出来了，我们的实际问题似乎一样都未得到根本性的解决。（访谈编号：20170213）

据知情人士介绍，这期间相关部门已组织召开紧急会议，对该事件进行研究。会议结果是该小区收费事宜延期至春节后执行，房屋容积率和房屋质量等问题责令相关部门严查落实。但至今，业主们也仍未看到有关房屋容积率的处理方案，但是停车费一直未收取，业主们也觉得只要不收停车费就暂时观望。一系列事件后，有业主表示：

应该重新反思和规划一下维权上访计划，纵观之前的状态，大家都显得有些盲目，也没有什么业委会对我们进行组织，大家都是靠手机微信群还有小区业主在小区内的信息交换，很多事情没有经过咨询便去行动，有时我们在维权过程中或许已经违法违规了，我们自己不知道。接下来我们需要去了解相关法律法规后再进行维权，目前而言，我们业主似乎是胜利了，但距离真正的维权胜利还远远不够。（访谈编号：20180223）

**（四）维权停滞，陷入困局**

从最初矛盾出现到业主分散性地多方寻求解决办法无果再到房地产商的冷漠无视引发矛盾升级，最终引起了政府部门连同房地产商、物业公司等的高度重视。由于第二次堵路维权引发的城市交通瘫痪和秩序混乱，政府面临着维稳压力，于是采取了分散维权力量的方法。对任职于政府部门和国有企业、事业单位的业主进行约谈，对与房地产商、物业公司有利益牵连的业主实行拉拢策略等方式分化、弱化维权力量。同时，对于房地产商擅自更改规划的问题，政府责令整改，但始终没能拿出关于小区容积率的解决方案，停车位收费问题也一直搁置，物业公司也并未催促业主们缴纳相关费用，维权陷入"维权事项并未完全解决，但维权停滞"的困局。

同时，在走访中笔者了解到，堵路维权之后，在政府相关部门、房地产商和物业的协调下，小区成立了业主委员会，并推动了一系列社区建设。在推进社区建设上，小区设立了群众诉求接待中心、调解室和少数民族维权服务站、法律诊所、心理咨询室等社工服务组织，为社区内业主提供多类维权平台；在每栋楼设表决投票箱以推动社会民主建设；小区实行便民服务网格管理，设专职网格员开展宣传教育，采集网格基础信息，调节矛盾纠纷和便民服务等工作；采取"网格+"方式，按照"党建引领、法治保障、创建促进、六和共创"的工作思路加强社区党建，在S社区党委的领导下，下设5个网格党支部和3个特设党支部，并在每栋楼成立楼栋党小组；在小区内进行物业简报的宣传汇报，定期汇报物业服务工作最新动向，向业主征询建议。初步的社区组织建设取得了一定成效，但在后续走访中，笔者发现这些初建组织的专职人员配备并不完善，S小区的建设任重而道远。

## 三 S小区业主维权困局的生成逻辑

S小区的业主经历了长时间的维权，前期从小规模的小区内维权发展到大规模堵路维权，表现出小区整体维权力量趋向于非理性，促发大规模堵路维权行动，使政府力量迫于维持城市秩序和社会稳定的压力介入，实施相应措施；后期相关维权问题被搁置，业主面临内部力量难以持续、外部政府力量介入实施区分性策略的双重压力，维权陷入困局。

### （一）前期非理性维权力量总体上升：业主身份影响维权行为模式选择

笔者选取S小区13名业主作为访谈对象，并对其职业和维权行为模式及其变化进行了相关分析（见表8-1）。本章将其维权行为模式大致分为理性行为模式和非理性行为模式两大类。笔者在此定义的理性行为模式有两类：一类是业主在其合法的权益受到侵犯时，积极地与房地产商或物业公司进行沟通协商，试图得到房地产商和物业公司的相关回应；另一类是坚持向街道和相关政府职能部门反映情况，积极寻求政府调解，以解决相关纠纷问题。而非理性行为模式也分为两类：一类是指在维权过程中采取消极的不合作不作为途径来表达对房地产商或物业公司的不满，表现为拒缴停车费、物业费等；另一类是业主通过集体上访、示威游行等冲突强度较高的方式向房地产商、物业公司甚至是政府施压，以寻求相关问题的解决。

表8-1　　　　　　　　访谈对象情况一览表

| 编号 | 性别 | 学历 | 职业 | 维权行为模式变化 |
| --- | --- | --- | --- | --- |
| 1 | 男 | 大学 | 公务员 | 从理性行为模式到维权搁置 |
| 2 | 男 | 大学 | 国有企业职员 | 从理性行为模式到维权搁置 |
| 3 | 男 | 大学 | 教师 | 理性、非理性行为模式结合 |

续表

| 编号 | 性别 | 学历 | 职业 | 维权行为模式变化 |
|---|---|---|---|---|
| 4 | 女 | 大学 | 教师 | 坚持理性行为模式 |
| 5 | 女 | 大专 | 个体工商户 | 未参与维权 |
| 6 | 男 | 高中 | 个体工商户 | 从不维权到非理性行为模式 |
| 7 | 男 | 大专 | 民营企业职员 | 坚持理性行为模式 |
| 8 | 男 | 初中 | 下岗待业 | 坚持非理性行为模式 |
| 9 | 女 | 初中 | 闲散务工人员 | 从未维权到非理性行为模式 |
| 10 | 男 | 高中 | 广告公司职员 | 坚持非理性行为模式 |
| 11 | 男 | 大专 | 高速公路收费员 | 从非理性行为模式到理性行为模式 |
| 12 | 女 | 初中 | 超市收银员 | 从理性行为模式到非理性行为模式 |
| 13 | 女 | 高中 | 餐馆老板 | 从理性行为模式到非理性行为模式 |

大家都是有时间有精力就去物管和售楼中心协商，我们还利用身边的人脉去问了这个事情的解决方法。但我们小区当时没有成立业主委员会，维权更多时候是各自为战，严重缺乏组织力量，很多资源、意见和力量都无法很好地整合。而且这个事情拖了这么久也没有很大的成效，除了小区的事情，更重要的是我们还有自己单位的工作要忙。自从上次堵路的事情发生了，单位领导都把我们这些住在这儿的人叫去谈话了，说是枪打出头鸟，让我们不能参与和组织策划。（访谈编号：20180718）

我们这种做生意的人每天早出晚归的，其实就是回来睡觉休息。这个维权的事情这么烦琐，我要搞这个事情就得耽误做生意，那这样经济上不是得不偿失了嘛。再说这又不是我一家的事，肯定其他人也会去闹的。（访谈编号：20180718）

维权肯定要进行的，现在是法治社会，不是都提倡依法治国嘛。我们老百姓的合理合法的权利被损害了，肯定要一个说法的。但是现在就是相关的法律法规并不完善，我们"小打小闹"，开发商和政府也不会太在意的。到后面闹大了，政府要维稳，肯定会出面把事情压下来，就像听证会那次抓了那么几个人，后面问题也没解决啊。所以我们还是要成立有执行力的业委会，研究一下怎么依法维权。(访谈编号：20180719)

我们花了大半辈子积蓄才买了这个房子，房子还出现裂缝，小区这么拥挤，和我们买房的时候了解的都不一样，我们肯定要闹。去找开发商、物管，你好好和他们说，他们三言两语就把你打发了。我们也没啥文化，说依法维权的就是喊你登记情况然后等消息，后面就再没有消息了。只有把事情搞大了，政府才会引起重视的。那些公务员和有单位的人是支持我们的，但不肯到第一线。我们这些下岗的反正又不怕在工作上压我们，我们时间也多，他们不解决问题，我们就天天去闹。(访谈编号：20180718)

在访谈中，笔者发现不同社会身份的业主所具备的信息、资源、专业知识等各不相同，业主身份差异对其相关维权行为模式的选择和变化产生重要影响。小区业主除了业主这个身份，还归属于其他多个群体或集团，具有重叠的成员身份，感受到来自不同身份集团的交叉压力。在国家行政机关（公务员）、国有企业、事业单位工作的业主拥有较高的知识文化水平和社会地位，具备较强的理性维权意识。面对一开始的利益受损，他们往往积极地与房地产商和物业公司进行沟通协商，或是利用自己的人脉资源向有关政府部门工作人员咨询相关纠纷的解决方法。但由于 S 小区维权时间线过长，考虑到自身时间精力成本的高投入和漫漫维权路的不确定收益，加之在维权后期受到来自所在单位的压力，这类业主被政府的反动员策略所吸收、分化，往往慢慢退出维权场，不会成为集体行动的持续参与者；个体工商户和民营企业职员等身份的业主，他们在维权过程中需要付出较高的时间、精力和经济成本，且他们对维权行动的结果没有良好预期，认为发展到最后大规模的维权行动肯定会被政府出于维稳和政绩的压力而消解。所以这部分潜在行动者选择观望和等待，往往采取理性行为模式甚至是不采取相关维权行为；以下岗待业、闲散务工人员等为代表的业主，其个体特征表现为文化水平相对较低、维权盲目性较高，部分人存在一种强烈的相对剥夺感和压迫感。房产是他们花费大半辈子积蓄所购，面对相关利益受到侵害而前期理性维权行为又得不到正面回应，他们的非理性情绪往往会不断增长。这部分弱势群体由于利益诉求的民主渠道不畅，最初经济利益受到损害时未得到相应回应，不能通过制度化渠道及时释放自己的情绪，日积月累，加剧了他们的边缘化，进而引发了这部分业主非理性心理因素进一步增长，壮大了非理性维权力量。同时S小区又未形成相应的心理预警机制对业主非理性情绪变化进行回应，加之在答疑会当天，不断地有"孕妇被抓""老人被打了"等弱势群体受到侵害的消息在聚集大量业主的空间内迅速传播，激发了现场业主们较强的正义感和不计成本收益的心理动因，使群体的非理性情绪进一步被点燃，促使有可能付出极大成本而无明确收益预期的集体行为产生。针对S小区维权力量的分析，不难发现理性维权力量在长战线、低回应率的维权历程中逐渐被分化、削弱，而非理性力量则在没有及时引导和化解的情况下迅速增长。S小区举办答疑会为群体力量感的增强和心理情绪的传染提供了空间机会，催发了大规模的堵路维权行动。此次大规模行动也使后期政府力量迫于维稳压力介入，为防止维权事件再度激化，政府实施相应措施分化维权力量，力图将维权冲突控制在小区范围内。

### (二) 后期小区维权困局的形成机制分析

S小区的维权争端解决情况：开裂的5号楼的住户获得赔偿、小区停车收费问题搁置，但小区容积率和小区绿化面积不足等问题并未得到解决。S小区业主从开始的积极理性维权到爆发大规模堵路维权，但后期业主维权力量却难以动员整合，维权行动难以持续，维权陷入困局。查尔斯·蒂利的动员模型强调一个成功的集体行为是由以下因素决定的：运动参与者的利益驱动、运动参与者的动员能力、个体加入社会运动的阻碍或推动因素、政治机会或威胁、社会运动群体所具有的权力。[1] 他认为这些内外因素通过特定的组合而对集体行为的形成和进程产生影响。根据该动员模型，本章认为 S 小区维权困局的形成是内部未形成持续性的维权力量且外部又面临政府实施区分性策略分解维权力量而共同作用的结果。

1. 内部动因：未形成持续性的维权力量

首先，怨恨情绪堆积是业主进行维权的心理前提。面对房地产商擅自更改小区规划，把原有的绿化和基础设施改建为住房，收取不合理的停车费等行为，业主们在维权中一直据之有"理"，心中有"火"。这个"理"是维护自己合理合法的经济权益，是要求房地产商和物业公司能讲"理"，向业主们提供其在购买房屋时承诺的相关住房环境。这里的"理"，不仅指要符合国家相关的法律法规，更要从道德层面上彰显价值理性。[2] 业主们面对"理亏"的房地产商，开始寻求协商解决的办法，为自己争"理"，但受到了房地产商的强压和置之不理，便激发了业主们心中的"火"，即业主的受损利益不能通过制度化渠道化解而产生的怨恨情绪。利益受损的业主们心中的"火"没有得到及时的舒缓，加之5号楼房开裂引发了安全隐患。业主们从最初经济利益受损的"小火"升级到安全利益受损的"大火"，便直接引发了小区内第一次维权活动。但这次维权只涉及几栋住户，其他住户的利益边界还未被打破。但之后的停车费收取事件，便直接把"火势"引发到了整个小区所有的住户，加之维权抗争过程中的抓人事件使大多数业主心中积压的"怒火"被点燃，演变为一种超越经济利益诉求的"争理、败火"的斗争。在这一过程中，房地产商和物业公司没有对业主心中的"火"进行及时扑灭，其置之不理和暴力压制等做法反而激发了业主的非理性情绪，答疑会之后现场执法人员与业主们产生推搡冲突便直接点燃了积压

---

[1] Charles Tilly, *From Mobilization to Revolution*, New York: Random House, 1978.
[2] 朱健刚：《以理抗争：都市集体行动的策略——以广州南园的业主维权为例》，《社会》2011年第3期。

在业主心中的"怒火",加之业主们缺少相关专业人士的维权指导,故在维权过程中更多地表现为缺乏理性。

其次,小区业主公民精神缺失,降低了业主参与小区维权的实际效能,难以形成持续性的维权力量。业主公民精神的缺失很大程度是由于业主对小区的认同感和归属感较低。住房商品化后,业主虽住在同一小区,但大都关起门来少有交往,小区业主之间缺少沟通、合作协商、共同解决社区事务的机会。没有交往就没有了解和更好的沟通,往往缺乏共同的利益与兴趣,致使业主对小区的认同感和归属感普遍较低。且业主在行动中的主要驱动是个人权益,呈现出个人利益＞共同利益＞他人利益的利益链。共同的利益诉求能使个体迅速聚集起来,共同卷入矛盾冲突和对抗之中,使矛盾更加激化,并在能量聚集到一定程度时引发群体性事件。[①] 所以面对前期小区房屋开裂、容积率低以及停车费收取等问题,小区业主在共同利益诉求上能有效整合起来维护共同利益。但在长战线、低回应率的维权过程中,业主对后续维权所需时间、资源和金钱成本与个人利益预期收益的权衡,使部分业主不会成为后续维权的持续行动者。在感情纽带缺失的现代商业小区,大多数业主仅仅把小区当作居住场所,具有多重社会身份的业主对"业主"这一身份的认同感和归属感远低于其他身份集团(如工作单位),加之后期停车费收取被搁置,催发维权的经济利益驱动减弱,大大降低了业主在后续维权实践中的参与热情。

最后,小区动员组织平台缺失,后期没有形成有效的维权动员机制,业主组织化程度低,维权陷入困局。要想形成一个有效的维权动员机制,必须打破维权力量分散的局面。业主委员会在维权行动中显现出强大的行动力,表现在其对内可以整合凝聚业主力量以发挥组织化参与的整体优势,引导业主积极参与公共领域讨论和相关诉求表达,对外则

---

[①] 杨瑞清、辜静波:《关于弱势群体引发群体性事件的原因透析》,《求实》2005年第12期。

代表小区业主与房地产商、物业公司和政府相关部门进行谈判。[①] 因此利用业主委员会这个组织平台将原子化的业主组织起来是后期形成持续性维权力量的关键。但根据对 S 小区的调查，笔者了解到该小区业主委员会等自治组织成立滞后，业主们采取"游击式"维权。其业主委员会是在 2016 年大规模的堵路维权事件之后，由该小区所在的街道办事处牵头组织成立的。业主委员会作为业主理性维权的阵地，本应是依法由业主大会选举产生的社区管理精英人士，对全体业主负责的，引导业主们依法理性维权。但据 S 小区业主叙述：

> 当时就是有人拿了一张纸，上面有几个人，到每一户去说是要我们勾选一下业委会成员，上面的人我们也都不认识，后面也就是公示了一下，并没有听说后面有具体的活动或者组织我们维权。（访谈编号：20180718）

可见，在维权初期，小区并没有业主委员会对小区业主维权力量进行整合，形成有效的自治力量，引导业主理性维权，导致后续的非理性维权活动再次升级。在维权后期，虽在街道牵头下成立了业主委员会，但是很多业主对新成立的业主委员会存在极大的不信任感，认为其是在政府和房地产商"安排"下成立的。加之业主委员会之后的不作为、难作为也使其实为一个挂牌组织，难以对该小区业主进行引导和整合以形成持续性的维权力量。

怨恨情绪的堆积虽为业主维权提供心理驱动，但维权过程中业主组织化程度低。在访谈中，笔者发现大多数业主是在因开发商虚假广告产生的被欺骗感和合法权益被损害的怨恨感促发下而展开的自发式维权，且在维权过程中并未有专门组织对其进行引导，主要以个体或小区内小范围聚集与房地产商或物业公司进行沟通。大多数业主在维权中过于盲目，且在沟通过程中将房地产商或物业公司一开始就视为"对立的"，

---

① 夏建中：《中国公民社会的先声——以业主委员会为例》，《文史哲》2003 年第 3 期。

沟通不畅。在多次维权无果后，业主们的维权情绪日益高涨，部分业主成为维权抗争的积极分子。维权行动组织化程度低，即并不依赖所谓的组织领导核心，而是从起初的"各自为战"到后来依靠在抗争中成长起来的积极分子。这一部分积极分子成为后续维权活动的"联结点"，其主要功能是发布信息和提出集体行动建议，从而将信息和行动策略传送到更广范围的业主中。这些积极分子在抗争过程中通过在业主微信群里动员宣传，在相关论坛上注册并发言，"促使虚拟串联的业主得以开展集体行动演练，使得抗争在现实和虚拟世界双重呈现"[1]。但是，业主群体总体上呈现分散状态，加之与房地产商、物业公司等行为体在资本、力量、信息和地位上的不对等，业主们往往成为多数的弱者，从而导致小区内势力不均衡，维权陷入困局。

2. 外部驱动：政府介入，实施区分性策略

业委会、社区党建等构建工作的滞后，使得业主们在维权过程中没有组织依托，整合程度低，表现为"游击式维权"，即业主在侵权事项发生后以个体为主开展维权行动，呈现出原子化、分散化和应激性的特点。在整个维权过程中也未能形成有效的动员机制和合理的行动策略，表现为维权力量易分化，对房地产商、物业公司以及地方政府的维稳压力较小。房地产商和物业公司对业主的利益诉求回应以及心理回应上的滞后引发业主怨恨情绪进一步堆积，导致业主非理性情绪迅速增长。后期 S 小区爆发了大规模堵路维权，造成城市交通堵塞，扰乱了城市的稳定和秩序。故地方政府迫于维稳压力介入，实施区分性策略，分解维权力量。即对与房地产商认识的、在购房时享受优惠的各级领导干部或投资商等身份的业主采取拉拢策略；对于公务员、事业单位或国企员工等身份的业主，通过区际政府合作，将权力伸及维权业主或其家属所在的单位或企业，促成所在单位领导给予压力，对维权参与者施加影响。[2]

---

[1] 陈晓运：《去组织化：业主集体行动的策略——以 G 市反对垃圾焚烧厂建设事件为例》，《公共管理学报》2012 年第 2 期。

[2] 陈映芳：《行动力与制度限制：都市运动中的中产阶层》，《社会学研究》2006 年第 4 期。

这一部分维权业主因迫于"单位压力""政府快找到公司""失去从业资格"等原因中途退出维权行动，分解了维权力量。同时面对长战线、低回应率的维权之路，部分业主存在"搭便车"的心态，由于集体行动的收益是一种公共物品，无论是否支付成本，都可以享受通过他人的努力而实现的利益。而收益是不确定的，所以更多的人愿意保持"合乎理性的无知"[①]，使维权陷入困局。

## 四 结论与讨论

纵观该小区的维权事件，业主本应通过合理合法的维权途径进行协商解决。但在前期矛盾出现时，业主们缺乏业委会、社区党组织等平台支撑其展开维权；面对房地产商和物业公司的置之不理，业主多次争"理"无果，心中怨恨情绪堆积，使维权冲突一再升级；答疑会后爆发的大规模堵路维权事件，是在一直未得到房地产商、物业公司、地方政府的满意答复、加之前期维权屡屡受阻的情况下，现场业主情绪躁动，你推我挤的情况下发生的。这一阶段大面积集中性的空间环境为堵路维权的爆发提供了重要的环境条件，答疑会给大多数业主自然的、直接的接触机会。这次堵路维权不是通过既有关系网络在小区进行传播而精心组织的，而是通过答疑会现场的集中性直接接触，其间不断有"老人被打""孕妇被抓"这样的消息在群体中传播，迅速营造了紧张的氛围，加速催发了大规模维权行动的产生；而后期，维权力量又面临着内部被分化、外部被分解的双重压力，即内部未形成持续性的维权力量，外部又面临政府的区分性策略，加大了维权成本，降低了业主的维权热情，使维权陷入困局。

观察中国当下之情形，在社会变革的猛烈冲击下，公民的权利意识

---

[①] 邹树彬：《城市业主维权运动：特点及其影响》，《深圳大学学报》（人文社会科学版）2005年第5期。

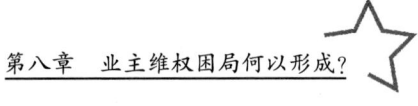

快速觉醒并茁壮生长。值得引起重视的是，在处理小区维权事件过程中不仅要注重对业主经济利益诉求的制度回应，更要重视心理回应，重视业主群体的维权行为模式（尤其是非理性行为模式）的选择和变化，及时做好"灭火"工作，降低维权冲突的升级概率。非理性维权力量的发展呈现在公共空间之后就是一个公共问题，因此要直面和重视小区维权事件中的非理性力量和问题的出现与疏导，学会掌握业主的心理变化规律，关注非理性变化；充分培育和发挥业主自治组织的作用，并制定处理业主非理性情绪变化的相关解决方案以阻止非理性维权力量迅速壮大，引导业主们理性维权，将矛盾和冲突化解在可控范围内。

# 第九章

## 互联网的政治性使用与中国公众的政治信任
——一项经验性研究

现代社会的媒体已成为公共领域信任关系的中介。公众对互联网的政治性使用可能对政治信任产生复杂、多元的影响。本章提出媒体对政治信任的两种影响路径：直接的认知效果和社会资本的中介效果，并分析互联网作为公众政治认知、互动、表达和参与的媒介对其政治信任水平的可能影响。对一项2010—2011年全国性公众调查数据的分析表明，作为传统媒体的报纸和电视与作为新媒体的互联网，具有不同的政治含义。当控制住各种可能的影响因素后，在网上接触海外"另类媒介"越多、网上公共事务参与越频繁的公众，其政治信任水平越低；但网上政治信息获取、政治互动和表达与政治信任水平之间没有显著的联系。研究还发现，传统媒体在"涵化"公众政治信任方面的功效极其微弱，体现出新媒体互联网对传统媒体政治传播效果的"挤迫效应"。

## 一 引言

中国在社会转型进程中，随着社会结构的断裂与固化、公民权利意

## 第九章　互联网的政治性使用与中国公众的政治信任

识增强、民间话语空间的活跃和群体性事件频发,公众政治信任持续下降已是明显事实。近年来,在许多公共事件中,常出现一些公众对政府的质疑和追问,甚至"对政府说什么都加以怀疑"[1],社会舆论"一边倒",引导事件发酵升级,极大地消耗政府的公信力。2011年2月,时任国务院总理温家宝与网友交流时明确表示:"现在影响我们整个社会进步的,我以为最大的是两个方面:一是社会的诚信,一是政府的公信力。"[2] 随后在短短几个月,《人民日报》连续著文讨论如何在新媒体时代"全方位重塑政府公信力"、提振"沉没的权威声音"。可见,政治信任已是新媒体时代的重要课题。

政治信任的生成机制中涵盖经济、社会、政治、文化等一系列广阔的进程,包括多种可能的影响因素,媒体为其中之一。在西方,许多研究揭示出媒体对政治事务的报道,尤其是对政治丑闻的曝光会影响公众对政府、国会、总统、警察等政治机构和人物的信任水平;同时,媒体使用也嵌入社会政治结构中,通过其他中介变量,如社会资本而塑造政治信任状态。[3] 在中国,媒体管理体制与西方不同,媒体最重要的功能是服务于国家的政治要求[4],在行政、人事、编辑方针等多方面受严格管制,部分媒体甚至被视为政府机构在社会宣传和意识形态领域的延伸。然而,迄今还未有研究揭示中国媒体在公众政治信任机制中可能扮演的角色。

新兴媒体互联网的广泛应用,引发了媒体生态的整体变革,对信息传播的过程和后果产生深远的社会政治影响。在中国,互联网越来越成为网民了解公共事务的主导信息结构,成为他们交流、表达政治观点和

---

[1] 《怀疑成中国人生活方式 地方政府越来越不被相信》,2011年1月17日,《国际先驱导报》,http://news.cntv.cn/society/20110117/104339.shtml。
[2] 王亚欣:《提升政府公信力》,《人民日报》(海外版)2011年3月16日。
[3] 参见 Michael J. Robinson, "Television and American Politics: 1956–1976", *Public Interest*, Vol. 48, No. 1, 1977, pp. 3–39; Pippa Norris, *Critical Citizens: Global Support for Democratic Government*, New York: Oxford University Press, 1999。
[4] Sun Tao et al., "Social Structure, Media System, and Audiences in China: Testing the Uses and Dependency Model", *Mass Communication & Society*, Vol. 4, No. 2, 2001, pp. 199–217.

开展政治行动的重要平台。近几年,许多基于互联网传播的公共事件,由于信息公开不及时或传播阻滞,不少民众"将获得事实真相、表达自身诉求的希望寄托于网络,通过互联网表达不满,质疑政府行为的真实性和公平性",被认为直接导致了"对政府信任度的大幅下降"[①]。在舆情热点事件中,公众在网上对政府的种种质疑,以及大量恶搞式山寨政治文化的流行,似乎表明公众对互联网的使用正在消解他们的政治信任。[②]

　　本土学者对政治信任的理论和经验考察,还未将媒体作为考量因素。实际上,"虽然政治信任问题在西方得到学界的广泛研究和关注,但目前对中国的政治信任的研究并不多"[③]。政治信任是重要的执政资源,是政治稳定的基础;和谐有序的政治生态浸润着信任的公共生活。当前中国处于社会转型期,基于新媒体传播的公共事件频发,政治信任愈显脆弱。一个亟待回答的问题是:公众对互联网的使用,特别是以政治为目的使用是否影响他们的政治信任水平?如果答案是肯定的,由于互联网使用包括多种形式(如信息获取、政治互动、表达和参与),我们需要进一步回答,到底哪种或哪些使用活动影响了公众的政治信任水平?影响的方向和程度分别如何?同时,作为"党的新闻事业"的电视和报纸,这些"统一社会成员的思想,并驱使他们为自己(政府)的利益而奋斗"[④]的传统媒体,在当今媒体生态变革环境中,对塑造公众的政治信任到底发挥什么样的作用等问题,也值得探究。本章将首先从理论层面对上述问题做初步考察,然后通过对一个全国性调查数据的分析,给出经验性的答案。

---

　　[①] 《网络舆情监测显示民众对政府专家及媒体信任度低》,2011年10月11日,《人民日报》,http://leaders.people.com.cn/GB/15616025.html。

　　[②] 《怀疑成中国人生活方式　地方政府越来越不被相信》,2011年12月15日,《国际先驱导报》,http://news.cntv.cn/society/20110117/104339.shtml。

　　[③] 胡荣、胡康、温莹莹:《社会资本、政府绩效与城市居民对政府的信任》,《社会学研究》2011年第1期。

　　[④] 喻国明:《九十年代以来中国新闻学研究的发展与特点》,《新闻学研究》1997年总第55期。

## 二 文献回顾与研究问题

### (一) 政治信任机制中的媒体因素

政治信任是公民对政府或政治系统运作产生出与其期待相一致的结果的信念或信心。[1] 作为一个社会"政治资本"的重要内容,政治信任是政治权力和政治制度合法性的基础。信任政府的公众更愿意相信政府将改善公民的生活,而不信任政府的公众认为政府只服务于少数特定的利益群体,认为政府是腐败、自私自利的。政治信任有多个层次,包括对领导干部的信任(人际信任)、对政府机构及公共部门的信任(组织信任)和对制度的信任(制度信任)。对中国政治信任的研究表明,在不同层级的地方政府中,"层级越低,公众信任水平也越低"[2]。

政治信任的来源是多方面的。基于制度或政府绩效的视角,研究发现,公众对国家经济状况、民主制度的评价,以及对腐败程度的评价影响政治信任水平;基于社会资本的视角则将社会信任、文化价值观作为政治信任的重要解释因素。[3] 政府绩效体现在政府机构是否为公众提供了合格的公共物品,是否确保经济、社会运行的良好状态;公众是否信任政府乃是他们基于对政府行为的评价、对物质利益的计算结果,体现出理性选择。因此,"一个表现拙劣的政府是不可能赢得公民的信任的"[4]。社会资本视角作为社会文化路径的理论解释,强调公众的政治

---

[1] Arthur H. Miller, "Political Issues and Trust in Government: 1964 – 1970", *The American Political Science Review*, Vol. 68, No. 3, 1974, pp. 951 – 972.

[2] Li Lianjiang, "Political Trust in Rural China", *Modern China*, Vol. 30, No. 2, 2004, pp. 228 – 258.

[3] 马得勇:《政治信任及其起源——对亚洲8个国家和地区的比较研究》,《经济社会体制比较》2007年第5期;胡荣、胡康、温莹莹:《社会资本、政府绩效与城市居民对政府的信任》,《社会学研究》2011年第1期。

[4] Wang Zhengxu, "Before the Emergence of Critical Citizens: Economic Development and Political Trust in China", *International Review of Sociology*, Vol. 15, No. 1, 2005, pp. 155 – 171.

信任源于社会化经历、文化与价值观，认为政治价值观和信念是被习得的，一般是早期生活经验的结果，与个人的社会地位相联系。中国内地和澳门特别行政区的实证研究为其提供了经验证据。① 唐文方认为，在中国制度信任不只是传统价值的产物，更是个人理性选择的结果，以对制度绩效的评价为基础，同时也是政府控制的政治化的产物。② 史天健还发现，在中国台湾地区，政治信任更多地取决于政府绩效；而在中国大陆，政治信任更多源于传统的价值观。③

在传播高度发达的现代媒介化社会，公众被信息重重包围，高度依赖媒体，使"民众关于政府官员能力与诚意的信念不来自直接经验，而由新闻记者来告知"④。政治社会化研究将媒体视为塑造公众政治态度的重要机构，认为媒体有助于公众分享关乎社会政治环境的共同知识、形成公意和提供意见表达、获取政策共识。⑤ 因此，媒体塑造公众的政治信任状态。具体而言，媒体至少通过两种路径影响政治信任。

其一，直接的认知效果（recognition effect）。媒体对政府行为的呈现构筑公众头脑中政治世界的原材料。在新闻生产中，记者以新闻价值为标准选择事实，为获得发行量和收视率，往往对能引起轰动的政治人物或事件（特别是政治丑闻、贪污腐败）"高度再现"，而对常规政治"低度再现"。作为持续接触和使用媒体的结果，公众往往对现实政治环境产生"认知错位"，对现实政治形成更多的负面评价，导致政治信任下降。⑥ 此即"媒体恶意论"（media malaise thesis）或"丑恶世界效

---

① 胡荣、胡康、温莹莹：《社会资本、政府绩效与城市居民对政府的信任》，《社会学研究》2011年第1期；熊美娟：《社会资本与政治信任——以澳门为例》，《武汉大学学报》（哲学社会科学版）2011年第4期。

② [美]唐文方：《中国民意与公民社会》，胡赣栋、张东锋译，中山大学出版社2008年版。

③ Shi Tianjian, "Cultural Values and Political Trust: A Comparison of the People's Republic of China and Taiwan", *Comparative Politics*, Vol. 33, No. 4, 2001, pp. 401–419.

④ Joseph N. Cappella, and Kathleen Hall Jamieson, *Spiral of Cynicism: The Press and the Public Good*. New York: Oxford University Press, 1997, p. 38.

⑤ 张昆：《大众媒介的政治社会化功能》，武汉大学出版社2003年版。

⑥ Michael X. Delli Carpini, "Mediating Democratic Engagement: The Impact of Communications on Citizens' Involvement in Political and Civic Life", in Lynda Lee Kaid (ed.), *Handbook of Political Communication Research*, Mahwah, NJ: LEA, 2004, pp. 395–434.

果假设"(mean world effect hypothesis)[1]。经验研究为负面认知效果论提供了证据。在美国，研究揭示出政府官员和国会往往会被媒体负面描绘、批评甚至攻击[2]，从20世纪60年代至90年代，这种呈现有渐增趋势[3]。马克·罗泽尔发现媒体描绘的90年代是一个"犬儒年代"，美国人虽比以前更健康、长寿、富裕，却觉得最美好的日子已经过去，民众对政府机构与领导人的信心降低至前所未有的程度。[4] 在新西兰，保罗·佩里等发现超过10%的公众认为大部分或几乎全部官员有受贿或腐败行为；[5] 但与公众认知相反，透明国际组织全球清廉指数显示新西兰一直是世界上最不腐败的国家之一。[6] 研究者将这种现实与认知背离的原因归结于媒体对官员的不平衡报道。如约瑟夫·奈等人所指出的[7]，在公众头脑中政府的权威已严重恶化，通过对媒体的使用和接触，公众倾向于认为多数领导人是腐败自私的。基于本土的经验研究也发现，"由于（媒体）对各种腐败案例的广泛报道，公众会形成一种政府与官员都是不诚实的、从而根本不值得信任的观念"。[8]

其二，社会资本的中介效果（mediated effect）。公众的媒体使用行

---

[1] Stephen Earl Bennett et al, "'Video Malaise' Revisited: Public Trust in the Media and Government", *The Harvard International Journal of Press/Politics*, Vol. 4, No. 4, 1999, pp. 8–23; Robert D. Putnam, "Bowling Alone: America's Declining Social Capital", *Journal of Democracy*, Vol. 6, No. 1, 1995, pp. 65–78.

[2] Peter Viles, "Hosts, Callers Trash Clinton on Talk Radio", *Broadcasting & Cable*, Vol. 123, No. 28, 1993, p. 43.

[3] Thomas E. Patterson, *Out of Order*, New York: Vintage Books, 1994.

[4] Mark Rozell, "Press Coverage of Congress: 1946–1992", in Thomas E. Mann, and Norman J. Orenstein, (eds.), *Congress, the Press and the Public*, Washington, D. C.: Brookings Institution/American Enterprise Institute, 1994, pp. 59–129.

[5] Paul Perry, and Alan Webster, *New Zealand Politics at the Turn of the Millennium: Attitudes and Values about Politics and Government*, Auckland: Alpha Publications, 1999.

[6] Cheryl Barnes, and Derek Gill, "Declining Government Performance? Why Citizens Don't Trust Government", New Zealand State Services Commission, 2000.

[7] Joseph S. Nye et al. (eds.), *Why People Don't Trust Government*, Cambridge, MA: Harvard University Press, 1997.

[8] 柯红波：《腐败与公众信任——基于政府官员的调查与解读》，《中共杭州市委党校学报》2009年第6期。

为被认为是影响他们的社会资本，而后者正是孕育政治信任的重要机制。罗伯特·普特南认为社会资本是社会组织的特性，包括社会网络、规范和信任，促进人们之间的协调与合作，达到共赢互利的目的。① 一个健康的社会的必要条件是拥有足够的社会资本存量。② 普特南的社会资本理论从公众非政治的社会互动中发展出来政治后果③，强调低水平的社会资本导致部分政治功能失调，如公众参与下降，削弱政治信任。弗朗西斯·福山则坚称"社会信任的降低将需要更多的政治干预，以及制定更多法规来规范社会关系"④。"媒体使用→社会资本→政治信任"的思考路径包括两种取向：消极效果和积极效果。"时间替代假设"（time displacement hypothesis）是一种消极效果观⑤，认为媒体使用挤占人们对公共生活的投入，削弱人们相互之间的信任，削弱社会资本，最终有损于政治信任。"媒体动员论"（media mobilization theory）是一种积极效果观⑥，主张媒体和不断提升的教育水平有助于塑造"知情的"（informed）社会，增强公众政治兴趣，提高政治认知能力，最终动员他们参与公共事务。"媒体动员论"强调媒体在公共生活中扮演启动"良性循环"的机制，带动更高的政治信任。⑦ 经验研究分别为积极效果和消极效果论提供了支持。普特南对美国社会进行了 30 年追踪

---

① Robert D. Putnam, "Bowling Alone: America's Declining Social Capital", *Journal of Democracy*, Vol. 6, No. 1, 1995, pp. 65 – 78.

② James Coleman, *Foundations of Social Theory*, Cambridge MA: Harvard University Press, 1990.

③ Pippa Norris, *Democratic Phoenix: Reinventing Political Activism*, New York: Cambridge University Press, 2002.

④ ［美］弗朗西斯·福山：《信任：社会美德与创造经济繁荣》，郭华译，广西师范大学出版社 2016 年版，第 339 页。

⑤ Robert D. Putnam, "Bowling Alone: America's Declining Social Capital", *Journal of Democracy*, Vol. 6, No. 1, 1995, pp. 65 – 78.

⑥ Pippa Norris, *Critical Citizens: Global Support for Democratic Government*, New York: Oxford University Press, 1999.

⑦ Dhavan V. Shah et al., "Expanding the 'Virtuous Circle' of Social Capital: Civic Engagement, Contentment, and Interpersonal Trust", Paper presented at *the Annual Conference of Association for Education in Journalism and Mass Communication*, New Orleans, LA, 1999.

研究，将政治信任降低归咎于电视的影响。① 卡培拉和贾米森也发现媒体使用造成社会资本下降，使民众对政治的信任越发低落，连带影响参与或投票行为。② 研究还指出媒体对政治信任的影响因媒体类别而异——公众对电视的依赖越重，政治不信任程度越高③，报纸阅读却有助于提升政治信任④；但阅读对政府持批判态度的报纸的公众，政治信任水平要相对较低⑤。纽顿总结道，是媒体内容而不是媒体形式决定其政治效果。⑥

与西方社会媒体扮演"第四权力"的角色不同，中国的新闻媒体是党和政府的"耳目喉舌"，肩负着正面宣传引导、塑造主流舆论的重任，是主流意识形态和社会主义核心价值观传播的中坚力量。改革开放以来，新闻媒体拥有了些许自主空间，但这种由商业化、市场化和产业化带来的"新闻自由"被认为是一种"消极自由"，这种自由仅能在非政治领域实现。⑦ 政府被认为通过管制媒体而塑造、操纵和限制民意。⑧ 西方传播学界关于"涵化理论"（Cultivation Theory，又称为"培养理论"）的研究表明，电视节目中充斥的大量暴力内容，大大增加了人们对现实社会环境危险程度（不安全感）的判断，接触电视较多者比接触较少者更容易认同电视所描绘的暴力世界。随着研究范围的扩展，随

---

① Robert D., "Bowling Alone: America's Declining Social Capital", *Journal of Democracy*, Vol. 6, No. 1, 1995, pp. 65–78.

② Joseph N. Cappella, Kathleen Hall and Jamieson, *Spiral of Cynicism: The Press and the Public Good*, New York: Oxford University Press, 1997.

③ Lee B. Becker, and D. Charles Whitney, "Effects of Media Dependencies: Audience Assessment of Government", *Communication Research*, Vol. 7, 1980, pp. 95–120.

④ Patricia Moy, Michael Pfan, *With Malice toward All? The Media and Public Confidence in Democratic Institutions*, New York: Praeger Publishers, 2000.

⑤ Arthur H. Miller, "Type-Set Politics: Impact of Newspapers on Public Confidence", *The American Political Science Review*, Vol. 73, No. 1, 1979, pp. 67–84.

⑥ Kenneth Newton, "Mass Media Effects: Mobilization or Media Malaise?", *British Journal of Political Science*, Vol. 29, No. 4, 1999, pp. 577–599.

⑦ 李金铨：《从儒家自由主义到共产资本主义》，载《超越西方霸权：传媒与文化中国的现代性》，牛津大学出版社2004年版，第80—84页。

⑧ [美] 唐文方：《中国民意与公民社会》，胡赣栋、张东锋译，中山大学出版社2008年版。

后的涵化研究将重点放在电视内容对受众其他方面态度的影响，这些研究都发现了一种被称为"主流化"的媒体效果，即电视所描绘的世界，基本上存在一种普遍规律，都在灌输社会中的主流意识形态和文化、政治价值观，这种媒体上呈现的"象征性现实"对人们认识和理解现实世界具有巨大影响。[1] 在逻辑上，中国的"党管媒体"体制在维系民众对政权和政治体制的支持方面，常被认为具有类似于涵化意义上的"主流化"效果。[2]

然而，在经验层面，不同的研究得出了相反的结论。比如，陈学义和史天健通过分析1994年的调查数据，发现公众接触媒体对政府信任存在负面影响，[3] 两位研究者据此认为，中国的政治宣传无法操控公众意见，也无法争取到他们的认同和支持。不过，知名华人传播学者祝建华的研究表明，被限制的媒体在政治动员和教育民众方面具有强大的效果，对维持公众的高政治信任有积极意义。[4] 美国华裔政治学者唐文方也发现，经常使用媒体的公众更支持和信任现有政治体制和主流意识形态。[5] 近期，本土一项关于媒体与政治信任的研究观察到，接触利益表达内容的报道明显提升农民工的政治信任，而灌输型的宣传只达到很有限的效果。[6] 总体上看，已有研究似乎更多地支持了传统媒体在维持民众积极政治态度方面的效果假设。

---

[1] Denis McQuail, and Sven Windahl, *Communication Models for the Study of Mass Communication*, London: Longman, 1993.

[2] 喻国明：《九十年代以来中国新闻学研究的发展与特点》，《新闻学研究》1997年总第55期。

[3] Chen Xueyi, and Shi Tianjian, "Media Effects on Political Confidence and Trust in the People's Republic of China in the Post-Tiananmen Period", *East Asia: An International Quarterly*, Vol. 19, No. 3, 2001, pp. 84–118.

[4] 祝建华：《中文传播研究之理论化与本土化：以受众及媒介效果的整合理论为例》，《新闻学研究》2001年总第68期。

[5] [美]唐文方：《中国民意与公民社会》，胡赣栋、张东锋译，中山大学出版社2008年版。

[6] 董毅：《基层民众的媒介接触与政治信任》，博士学位论文，复旦大学，2011年。

## (二) 新媒体作为公众政治认知、互动、表达和参与的平台

公众政治信任进程中的媒体因素，包括三种机制：信息传播、互动表达和公共参与。信息传播机制，是媒体作为政治信息的传播载体，为公众提供评价政府绩效的必要信息，为公众的政治信任积累必要的认知基础；互动表达机制，是媒体为公众提供相互讨论和进行公共表达的平台，为公众和政府提供沟通的载体，公众形成对政府机构及其工作人员的经验感受和理性思考；公共参与机制，是媒体扮演促进人们参与公共事务的角色，介入政治事务的过程，有助于提升公民精神，孕育政治信任。

本章对上述三种机制做出区分，主要是出于以下两方面理由：其一，公众基于互联网或其他媒体渠道的政治信息获取，属于认知（cognition）的范畴，与观点互动和态度表达存在本质区别。在传播学、政治学、社会学的学术研究传统中，公众对公共事务领域信息的寻求、使用与处理行为，虽与许多政治或社会参与行为存在关联，但在许多研究的理论架构中，信息获取或认知变量往往处于逻辑链条的最前端，且被证实对信息处理及后续的参与行为具有显著的影响，比如"传播中介模式"（communication mediation model）、"认知中介模式"（cognitive mediation model）等。[1] 其二，公众基于互联网的互动表达和公共参与

---

[1] 具体可参见 Jack M. McLeod, Dietram A. Scheufele, and Patricia Moy, "Community, Communication, and Participation: The Role of Mass Media and Interpersonal Discussion", *Political Communication*, Vol. 16, No. 3, 1999, pp. 315 – 336; Jack M. McLeod, et al., "Reflecting and connecting: Testing a Communication Mediation Model of Civic Participation", Paper presented to the Communication Theory and Methodology Division, AEJMC annual meeting, Washington, DC, 2001; Dhavan V. Shah et al., "Campaign Ads, Online Messaging, and Participation: Extending the Communication Mediation Model", *Journal of Communication*, Vol. 57, No. 4, 2007, pp. 676 – 703; William P. Eveland, "The Cognitive Mediation Model of Learning from the News: Evidence from Non – election, Off – year Election, and Presidential Election Contexts", *Communication Research*, Vol. 28, 2001, pp. 571 – 601; William P. Eveland et al., "Assessing Causality in the Cognitive Mediation Model: A Panel Study of Motivations, Information Processing and Learning During Campaign 2000", *Communication Research*, Vol. 30, 2003, pp. 359 – 386。

也有本质区别。根据亨廷顿和纳尔逊的观点，公众在公共事务领域的参与是其试图影响政府决策的活动，关注试图影响政府的所有活动，而不包括公众所表达出来的态度。① 因此，从逻辑上讲，属于政治态度表达范畴的政治行动，不应该包含在政治参与行为之中。近年来，尽管已有一些学者将政治表达视为一种政治参与或政治行动（political activity），也有研究将此类行动称为"表达性政治参与"（expressive political participation），② 但正如维巴等所言，朋友之间的政治讨论、与编辑的互动等意见表达行为，不能被视为政治参与行动，因为它们的"目标对象不是政策决策者"。③ 在传统上，这些行为也被称为政治表达（political expression）、政治态度表达（political attitude expression）或舆论表达（opinion expression）等。尽管在民主制度发展不充分的社会，表达性政治参与常常构成政治行为的一个重要维度，但实证研究表明，网上的表达性政治参与可以作为一个独立的变量被考察，它被证实是政治或公共参与行为，如政治动员、选举投票的前因变量。④

随着互联网的广泛应用，新媒体展现出蓬勃的发展态势，逐渐成为重要的政治信息传播、互动、表达和参与渠道。由于媒体管理体制的差异，互联网对中西方社会的政治具有不同的含义。在中国，互联网的使用具有强烈的政治性和新闻性，尤其成为挑战与质疑官方声音的媒体，以及社会情绪的宣泄窗口；同时，互联网也成为大量非制度性政治参与的平台。⑤ 然而，无论是在西方还是在本土学界，关于互联网如何影响

---

① [美]塞缪尔·亨廷顿、琼·纳尔逊：《难以抉择——发展中国家的政治参与》，汪晓寿等译，华夏出版社1989年版，第5—7页。

② 参见 Eulàlia P. Abril, and Hernando Rojas, "Internet Use as an Antecedent of Expressive Political Participation among Early Internet Adopters in Colombia", *International Journal of Internet Science*, Vol. 2, No. 1, 2007, pp. 28-44。

③ Sidney Verba, Key Lehman Schlozman, and Henry Brady, *Voice and Equality*, Cambridge: Harvard University Press, 1995.

④ 参见 Hernando Rojas, and Eulalia Puig-i-Abril, E., "Mobilizers Mobilized: Information, Expression, Mobilization and Participation in the Digital Age", *Journal of Computer-Mediated Communication*, Vol. 14, No. 4, 2009, pp. 902-927。

⑤ 郭小安：《网络政治参与和政治稳定》，《理论探索》2008年第3期。

## 第九章 互联网的政治性使用与中国公众的政治信任

公众政治信任的研究,还寥寥可数。

网上政治信息传播。信任源于了解和知情。公众的政治信任取决于他们对政府运作过程及绩效的认知,而后者取决于政治透明度。政治透明度是指政府机构对政治活动的公开程度,也即公众对政治机构及权力运行状况的了解。沃伦认为,在当今社会,有关官员的利益和表现的信息日益复杂、缺乏或难以得到,在缺少信息情况下,世故的公民将完全放弃信任。① 在中国,媒体受到严格监管,新闻报道是政治权力层层"把关"下的信息生产。公众面对被控制的媒体,倾向于怀疑官方信息的可信性。② 网络信息流通具有自由、海量、交互的特点,有助于打破政治传播系统的封闭性,减少传播层级,提高透明度。③ 这在理论上对培育公众信任有积极意义。然而,消极因素同时存在。一方面,越来越多的谣言通过互联网在素不相识的民众中传播,④ 调查显示,83.2%的被访者认为当前谣言很多,网络是最常见的传播渠道(85.8%)。⑤ 另一方面,网上大量关于政府机构及其工作人员的负面信息在广泛传播。可以设想,网民越是接触上述内容,越可能滋生不信任感。此外,互联网也为公众提供了接触与主流意识形态不同声音的途径,许多网民通过代理服务器或"翻墙"突破信息疆界,获取跨国界的多元信息。接触"主流媒介"往往使公众共享一致的意识形态观,"另类媒介"(alternative media)则具有启蒙与解放意义,⑥ 消解他们对政府的认同。这可能意味着公众越是通过互联网接触海外媒体,越对政治

---

① [美]马克·E.沃伦编:《民主与信任》,吴辉译,华夏出版社 2004 年版,第 22—24 页。

② Raymond A. Bauer, and David B. Gleicher, "Word-of-Mouth Communication in the Soviet Union", *The Public Opinion Quarterly*, Vol. 17, No. 3, 1953, pp. 297-310.

③ 潘祥辉:《去科层化:互联网在中国政治传播中的功能再考察》,《浙江社会科学》2011 年第 1 期。

④ 胡泳:《谣言作为一种社会抗议》,《传播与社会学刊》(香港) 2009 年总第 9 期。

⑤ 《逾八成人称现在社会谣言很多 因官方信息不透明》,2011 年 11 月 15 日,《中国青年报》2011 年 9 月 8 日,https://www.chinanews.com.cn/gn/2011/09-08/3314052.shtml。

⑥ 周葆华、陆晔:《从媒介使用到媒介参与:中国公众媒介素养的基本现状》,《新闻大学》2008 年第 4 期。

产生不信任。

网上政治互动与表达。在"全能型"国家时代,社会公众由下而上的表达极为困难,而互联网拓展了民众政治互动和表达的空间。"世界互联网项目"(The World Internet Project,WIP)通过比较各国资料,发现其他国家的多数受访者都不认为"通过使用互联网,人们对政府事务会有更多的发言权",只有中国是例外,60%以上的受访者同意该说法。① 政治互动和表达对中国民众的成长是否有益、是否"涵化"公众积极的政治态度,是一个悬而未决的问题。王嵩音分析2004年台湾地区社会变迁调查数据,发现相对于在互联网上获取政治信息,在网上表达观点更能预测人们的政治态度;② 在网上搜寻政治信息激发了人们对政治的兴趣,却与他们对政府的信任无关,但在网上表达观点却与政治信任有关。在中国,持乐观态度的学者认为网络社会已然崛起,成为中国社会发展的新生力量,参政议政功能凸显,越来越"从虚拟走向现实"③。也有学者针对公众的网上讨论、互动和表达,表露出悲观态度:"网络为对现实政治不感兴趣的广大人群提供了某种精神鸦片。大多数网民上网的目的不是谈论政治,而是阅读奇闻和流言、聊天交友、抒发个人情感和玩网络游戏。因此,网络在中国同时满足了人们参与和远离政治的欲望。"④

网上公共事务参与。政治信任绝非在真空中出现或运行,其与公众介入社会政治过程的方式和程度密切关联。作为社会资本的重要维度,公共事务参与一般被认为与政治信任存在积极的联系,很少参与公共活动的个体可能对政府及其机构产生更负面的印象。"当公民很少参与公

---

① 郭良:《中国互联网的发展及其对民意的影响》,2004年4月26日,香港中文大学,http://www.usc.cuhk.edu.hk/wk-wzdetails.asp?id=3329。
② Wang Song-In, "Political Use of the Internet, Political Attitudes and Political Participation", Asian Journal of Communication, Vol. 17, No. 4, 2007, pp. 381–395.
③ 刘学民:《网络公民社会的崛起——中国公民社会发展的新生力量》,《政治学研究》2010年第4期。
④ 胡泳:《博客在中国》,《二十一世纪》网络版(香港)2008年9月号总第78期。

共生活和缺乏社会互惠体验的时候,他们也很难信任制约政治生活的制度"[1],因为"社会成员之间的面对面的接触使人们更好地了解对方,同时也允许他们将这种公民经历中的积极感受传播给社会及政府中的陌生人,使人们对社会和政府有更多的信任感"[2]。政治参与通过培育公民的规则和宽容意识,以及增强公民对政治共同体的自信心和乐观精神而提升政治信任。[3] 政治信任和政治参与之间的关系更可能互为因果。甘姆森认为政治不信任直接影响"非制度化",往往也是成本较高的参与行为,如直接参与对抗政府的行为。[4] 政治信任也更容易带来较低成本的参与行为,如参加选举。[5] 欧博文和李连江在中国农村的研究发现,对中央政府的信任会增加村民"半制度化"的上访行为。[6] 互联网被认为拓展了传统的政治参与途径,激发了公众参与的积极性,并扩展了政治参与的规模。常见的网络政治参与形式包括政治表达(如通过新闻跟帖、政治博客或微博、时政论坛等途径)、问政、监督、网络信访、结社和利用网络发起的政治运动。网络参与已在切实影响和推动公共决策的过程、监督行政管理事务,拥有与传统政治参与类似的功能。本章将网民以文本、语言、图片形式表现出来的政治参与视为"网上政治表达",而将更具行动特征的参与形式(如网络问政、投票、监督、信访、结社)视为"网上政治参与"。

### (三) 研究问题

上述文献回顾表明,无论从政府绩效还是社会资本视角,媒体因素

---

[1] Luke Keele, "The Authorities Really Do Matter: Party Control and Trust in Government", *Journal of Politics*, Vol. 67, No. 3, 2005, pp. 873–886.

[2] 梁莹:《基层政治信任与社区自治组织的成长》,中国社会科学出版社2010年版。

[3] 闫健:《居于社会与政治之间的信任——兼论当代中国的政治信任》,《南昌大学学报》(人文社会科学版) 2008年第1期。

[4] William A. Gamson, *Power and Discontent*, Homewood: Dorsey Press, 1968.

[5] Richard D. Shingles, "Black Consciousness and Political Participation: The Missing Link", *The American Political Science Review*, Vol. 75, No. 1, 1981, pp. 76–91.

[6] Kevin J. O'Brien, and Li Lianjiang, *Rightful Resistance in Rural China*, New York: Cambridge University Press, 2006.

皆可能对公众的政治信任产生影响。在中国，互联网已成为民众获取政治信息、进行政治互动和表达以及参与政治生活的重要媒体，意味着互联网在事实上扮演了公民政治社会化的角色。而且，当互联网全面融入公众的政治生活，很可能影响他们对传统媒体的态度和使用行为，进而改变传统媒体在塑造公民政治观念过程中的效果。有鉴于此，本章主要考察以下两个问题：

研究问题一：公众对互联网政治性使用的多种形式，包括网上政治信息获取、政治互动和表达与公共参与，是否对他们的政治信任产生影响？如果答案是肯定的，影响的具体强度和方向如何？

研究问题二：在互联网传播的环境下，公众对传统新闻媒体的政治性使用是否影响他们的政治信任水平？如果答案是肯定的，影响的具体强度和方向如何？

## 三 研究方法与变量描述

### （一）抽样与样本

本章通过对一项全国性网民问卷调查数据的分析来回答上述问题。该调研的主题关乎公众的互联网使用及其社会政治效果。调查时间从2010年12月26日至2011年1月16日，采用便利样本的自填式问卷法，共邀请分布于全国各地，在年龄、职业、社会经济地位三个人口学属性上分布于各层次的1500位公民填写问卷。其中，1200人在网上接受邀请，300人在线下接受邀请，最终回收1100份问卷。有效问卷为927份，本章的分析选取其中的网民被访者，共计826人。被访者的平均年龄为28.3岁（Sd=8.2），男女分别占47.1%和52.9%。受教育程度上，本科学历的被访者比例最大（32.8%）。收入水平上，自认为处于中下层（37.4%）和中层（37.3%）的被访者最多。59.1%的被访者处于单身/未婚状态，43.8%的被访者居住在省会城市。可见，样本偏向于学历较高、年龄较小的社会群体。尽管如此，该样本的人口统计学特征与几乎同期实施的"新媒体与我国沿海发达城市市民的媒体选择"调研(杜骏飞主持)样本的网民构成具有高度可比性。①

## (二) 因变量

政治信任。本土关于政治信任的研究,一般具体化为公民对各级政府的威信的认同度②,或从威信、公道、能力等方面衡量公众对某级政府部门的信任水平③。此外,政治信任具有不同层次的内容,既指向政治共同体和政治制度,也指向政府机构,还指向领导干部和普通公务员。在当前中国,公众在整体上对政治信任的硬核部分,即政治共同体、政治制度、政治价值拥有很高的认同,而对政府机构及其工作人员的信任水平则因人而异。④ 有鉴于此,本章测量公众对普通公务员、领导干部和政府机构的信任。我们要求被访者在 5 级李克特量表上指出对以下三个陈述的同意度:"普通公务员是不值得信任的""领导干部更关心自己的仕途而非我等老百姓所想""我对这个社会的执法和司法不信任"。⑤ 其中,"1"代表"很不同意","5"代表"很同意"。这三个反向的陈述分别衡量被访者对普通公务员、领导干部和政府机构的信任水平,被访者越是同意,则表明不信任的程度越高,越是不同意则表明信任的程度越高。

---

① 本章的具体数据,请参见杜骏飞教授课题组已在该调查基础上发表的成果,如李亚妤《互联网使用、网络社会交往与网络政治参与》,《新闻大学》2011 年第 1 期。
② 胡荣、胡康、温莹莹:《社会资本、政府绩效与城市居民对政府的信任》,《社会学研究》2011 年第 1 期。
③ 孙昕、徐志刚、陶然等:《政治信任、社会资本和村民选举参与——基于全国代表性样本调查的实证分析》,《社会学研究》2007 年第 4 期;O'Brien, K. J., and Li, L. J., *Rightful Resistance in Rural China*, New York: Cambridge University Press, 2006.
④ 上官酒瑞、程竹汝:《政治信任的结构序列及其现实启示》,《江苏社会科学》2011 年第 5 期。
⑤ 选择司法执法部门是因为,公众对执法人员的信任危机是影响当代中国政治信任的重要因素。北京社会心理研究所(2006)曾对北京市 1049 位公众的调查表明,司法执法诚信是最突出的社会问题之一。具体请参见北京社会心理研究所《北京市民对社会诚信问题的态度》,2007 年 7 月 16 日,中国民意网,http://www.minyi.org.cn/Article/diaochabaogao/200707/40.html。

结果表明（见图9-1），17.1%的被访者信任普通公务员，42.7%的被访者不信任普通公务员；10.1%的被访者信任领导干部，63.9%的被访者不信任领导干部；对司法执法机构，信任和不信任的比例分别是15.1%和46.4%。这与此前一些研究的差异较大。胡荣等于2008年对厦门572位市民的调查显示，即使在公众相对不信任的基层政府一级，也仅有不足两成被访者否定街道办事处（17.2%）和区政府（14.2%）的威信，约三成表示肯定（25.5%，36.1%）。浙江省社会科学院调研中心的调查也显示①，总体上公众对各级政府"较信任"，对于"我们应该非常相信政府"的说法，约70%表示"比较同意"和"非常同意"。

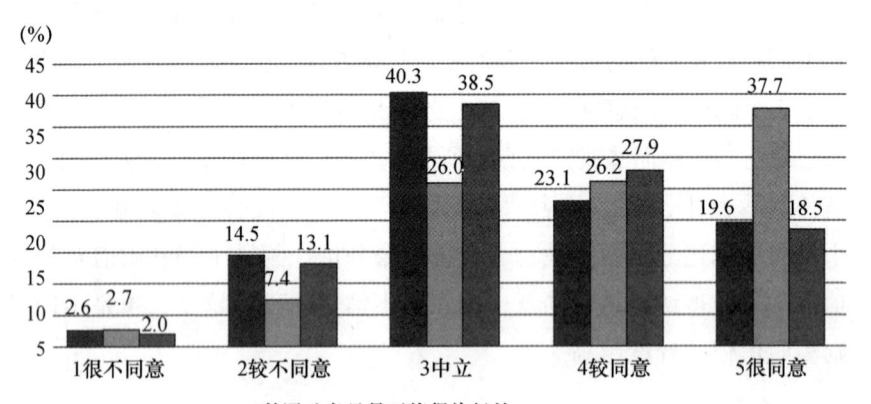

```
(%)
45
40                    40.3  38.5
35                                          37.7
30                         26.0       27.9
25                                 23.1 26.2
20       14.5                               19.6  18.5
15           13.1
10  2.6 2.7      7.4
 5       2.0
    1很不同意  2较不同意  3中立  4较同意  5很同意
```
■ 普通公务员是不值得信任的
■ 政府领导干部更关心自己的仕途而非我等老百姓所想
■ 我对这个社会的执法和司法不信任

图9-1 被访者对普通公务员、政府领导干部和司法执法机构的信任现状

但本章的发现也与部分调查的结论具有可比性。2011年，一份对厦门6个区798位市民的调查显示②，64%的被访者对政府信息"不信

---

① 钟其：《我们的政府值得信任吗？——有关政府信任度的问卷调查》，《观察与思考》2011年第3期。

② 姚金伟：《权力运行的脱节与中国政治信任的现状分析》，2011年11月9日，求是理论网，http://www.qstheory.cn/zz/xsyj/201111/t20111109_122477.htm。

任", 21.6%的被访者弱度信任, 仅 14.4%的被访者积极信任; 53.1%的被访者对政治不信任, 31.6%的被访者轻度信任, 积极信任者的比例为 15.3%。同时, 89%的被访者对政府领导干部不满意, 9.4%的被访者"弱度满意"。另外两个具有可比性的调查出自影响广泛的《小康》报告。该杂志 2006 年"信用度最低职业群体"调查发现, 政府领导干部排在首位, 63.68%的受访者"很不信任"当地政府领导干部, 25%的被访者"不太信任"。[①] 翌年该杂志发布的《中国信用小康指数报告》显示, 政府领导干部以 80.3%的绝对多数再次被评为信用度最低的职业群体。[②]

因子分析显示在普通公务员信任、政府领导干部信任、司法执法机构信任三个项目中, 仅有一个公因子存在, 我们将其命名为"政治信任"（$\alpha = 0.75$）。在 1—5 级量表上公众政治信任的均值为 2.42（Sd = 0.82）, 低于中间水平, 说明在政治领域, 整体上公众倾向于不信任的状态。本次调查中被访者的政治信任相对较低, 可能与以下因素有关: 第一, 三个项目代表了当前公众评价最低的信任对象, 也就是说, 本次调查结果显示的是当今公众政治信任的最低水平; 第二, 被访者是相对年轻的网民群体, 他们可能对政府持更加批评的态度。由于本章的目标并不在于描述政治信任的现状, 而在于分析媒体使用因素对民众政治信任的可能影响, 故而, 即使本章的调查结果与其他研究不完全一致, 但并不影响我们回答前文提出的两个研究问题。

### (三) 自变量

网上政治信息获取。关注被访者通过网络获取政治信息的频率。列出两种常见的网上政治信息获取方式: 访问新闻网站（如新华网、新浪新闻) 或政府部门网站、通过搜索引擎查找感兴趣的时政/社会事务

---

[①] 秦海霞:《信用小康三忧一喜》, 2006 年 10 月 12 日, http://politics.people.com.cn/GB/8198/71979/71980/4910531.html。

[②] 小康研究中心:《官员信用敲响政务信用警钟》,《领导文萃》2008 年第 3 期。

信息（$\alpha = 0.65$）。要求被访者在7级李克特量表上选择进行相应网上活动的频率，其中"1"代表"从不"，"7"代表"很多"（见表9-1）。

表9-1　　　　被访者对互联网的部分政治性使用状况

| 变量 | 项目 | 从不(%) | 很少(%) | 较少(%) | 有一些(%) | 较多(%) | 多(%) | 很多(%) |
|---|---|---|---|---|---|---|---|---|
| 网上政治信息获取 | 访问新闻网站（如新华网、新浪新闻）或政府部门网站 | 6.6 | 18.6 | 13.4 | 26.0 | 18.5 | 8.2 | 8.8 |
| | 通过搜索引擎查找感兴趣的时政/社会事务信息 | 5.0 | 11.0 | 13.5 | 33.4 | 22.9 | 8.0 | 6.3 |
| 网上政治互动 | 浏览时政性网络论坛（或综合论坛的时政版）或时政博客 | 9.3 | 20.1 | 23.1 | 26.7 | 11.4 | 5.0 | 4.2 |
| | 转发或群发自己感兴趣的时政或公共事务信息网页/帖子 | 16.5 | 17.0 | 20.2 | 25.3 | 13.2 | 4.2 | 3.5 |
| | 与他人通过电邮/论坛BBS/QQ群等讨论时政/社会事务 | 23.2 | 24.4 | 23.2 | 18.6 | 6.1 | 2.7 | 1.9 |
| 网上政治表达 | 在论坛BBS/QQ群/博客/微博上就时政/社会事务发表观点 | 19.5 | 19.6 | 23.9 | 22.7 | 8.7 | 2.5 | 3.1 |
| 网上公共事务参与 | 通过网络质疑或监督某项政策的执行或某公共事件的进展 | 29.1 | 21.2 | 23.6 | 15.5 | 6.9 | 2.0 | 1.7 |
| | 检举或监督甚至曝光政府工作机构/人员的不良作为 | 47.8 | 23.2 | 16.4 | 8.4 | 3.0 | 0.8 | 0.5 |
| | 在网上与政治领导人或政府机构及其人员对话、提出建议 | 54.9 | 19.9 | 13.1 | 7.9 | 2.9 | 0.4 | 1.0 |

续表

| 变量 | 项目 | 从不(%) | 很少(%) | 较少(%) | 有一些(%) | 较多(%) | 多(%) | 很多(%) |
|---|---|---|---|---|---|---|---|---|
| 网上公共事务参与 | 通过网络参加听证会或参与对社会事务的投票 | 46.4 | 23.4 | 13.5 | 12.0 | 3.4 | 0.5 | 0.8 |
|  | 加入时政或政治性网上社区/圈子以参加它们的活动 | 49.9 | 21.0 | 14.4 | 9.8 | 3.3 | 0.5 | 1.1 |

注：各行总和不一定等于100%，是由于四舍五入所致。

网上"另类媒介"接触。衡量被访者通过网络访问"另类媒介"的频率。"另类媒介"往往由于宣扬与中国主流意识形态不同甚至完全曲解的观点而被封锁。鉴于该问题的敏感性，我们采用一种"迂回"的方式测量。询问被访者是否会"翻墙或使用代理服务器"，选项为"完全不会""不怎么会""会""不确定"。被访者如选择"完全不会"和"不确定"，表明此人从未访问网上"另类媒介"；如选择"不怎么会"，表明他或她可能有时访问；如选择"会"，可能常常访问。结果显示，分别有33.2%、35.4%和27.6%的被访者"从未""有时"和"常常"绕开封锁访问海外的网上"另类媒介"。

网上政治互动。考察被访者通过以下三种形式在网上与网友进行政治信息和观点的交互程度：浏览时政性网络论坛（或综合论坛的时政版）或时政博客、转发或群发自己感兴趣的时政或公共事务信息网页/帖子、与他人通过电邮/论坛 BBS/QQ 群等讨论时政/社会事务（结果见表9-1）。三个题项拥有较高的内在一致性（$\alpha = 0.73$）。

网上政治表达。衡量被访者以网络为媒介表达对政治或公共事务的观点的频率。14.3%的被访者指出自己在论坛 BBS/QQ 群/博客/微博上就时政/社会事务发表观点的频率较高，他们是网上政治表达的"活跃者"；22.7%的被访者选择"有一些"，其余63%的被访者表达很少或较少。

网上公共事务参与。我们列举了五种常见的网上参与形式（$\alpha = $

0.92),要求被访者指出自己从事这些活动的频率。如表 9-1 所示,超过 10% 的被访者从事第一种活动(通过网络质疑或监督某项政策的执行或某公共事件的进展)的频率较高;至于其余四种形式,参与"较多""多"和"很多"的比例之和,皆未超过 5%。

根据以上结果,我们将网上政治信息获取、网上政治互动、网上政治表达、网上公共事务参与的各自指标(见表 9-1)加总后平均,可进一步得到,在 1—7 级量表上,被访者网上政治信息获取、网上政治互动、网上政治表达、网上公共事务参与的均值分别为 3.99、3.15、3.02 和 2.01。这表明,信息获取是当前被访者相对常见的网络政治性使用形态,其次是政治互动和政治表达,最后是公共事务参与。至于网上"另类媒介"接触,我们将其单列出来处理。

传统媒体使用。关注公众对传统媒体政治性新闻内容的使用,包括对报纸和电视政治类新闻内容的接触度与关注度。报纸和电视接触,分别采用两个题项询问被访者一周中有几天接触该媒体上的社会和政治事务新闻(报纸:$\alpha = 0.91$,$M = 2.36$;电视:$\alpha = 0.90$,$M = 2.98$)。对媒体关注度,分别采用两个题项询问被访者在阅读/收看报纸或电视上的社会和政治事务新闻时,关注的程度有多高(报纸:$\alpha = 0.85$,$M = 3.77$;电视:$\alpha = 0.81$,$M = 4.26$)。

### (四)控制变量

社会资本。根据普特南的观点,社会资本包括社会信任、公民参与的网络和互惠互利的规范。本章聚焦社会信任(social trust)和公共参与(civic participation)两个维度。社会信任被很多学者认为是预测政治信任的重要指标。学界经常使用的测量社会信任的指标是,"一般来说,你认为社会上的大多数人可以信任吗?"[1] 我们要求被访者在 5 级

---

[1] Zhang Weiwu, and Stella C. Chia, "The Effects of Mass Media Use and Social Capital on Civic and Political Participation", *Communication Studies*, Vol. 57, No. 3, 2006, pp. 277-297;马得勇:《政治信任及其起源——对亚洲 8 个国家和地区的比较研究》,《经济社会体制比较》2007 年第 5 期。

# 第九章　互联网的政治性使用与中国公众的政治信任

量表上对"社会上的绝大多数人是诚实的"的说法表明同意程度，数字越大表示越同意，即越信任他人。结果是，被访者对他人的信任仅稍稍越过中间线（$M=3.18$）。对公共事务参与，要求被访者在7级量表上指出自己参加以下四种活动的频率：政府部门组织的听证会或民意调研等活动、在现实中与政府部门联系反映问题、找政府部门领导或工作人员提工作或政策方面的建议、给媒体写信或打电话反映自己的想法。四个指标拥有很高的内在一致性（$\alpha=0.90$，$M=2.10$）。

政治效能感。政治效能感是指公众对自己的参与行为可影响政治体系和政府决策的能力的评价，包含两个维度：内在效能感和外在效能感。前者是个体对自己理解和参与政治的能力的评价，后者是个体对自己的政治参与行为影响政治决策的评价。[1] 公民政治效能感的增加往往可以推动对政府的认同与支持[2]。政府绩效是政府在社会经济管理活动中的结果、效益及效能，体现出政府在行使其功能、实现其意志过程中的管理能力，包括政治、经济和社会领域的绩效。[3] 外在政治效能感是公众对政府在政治绩效方面评价的表征，可以此来衡量政府绩效。对内在政治效能感的测量，采用以下两种陈述：我觉得自己有足够的能力去理解政治事务，对各种社会事务我能发表自己的看法以及去参与；对外在政治效能感，采用以下两种陈述：我国的决策体制对公众舆论的反应是积极有效的，政府部门/领导干部对公众舆论的反应是积极有效的。在5级量表上，"1"代表"完全不同意"，"5"代表"完全同意"。对四个题项做因子分析，得到预期中的两个公因子，内部一致性 $\alpha$ 值分别为0.74和0.82。被访者的内部效能感（$M=3.28$）明显高于外部效能感（$M=2.80$），呈较弱的正相关（$r=0.138$，$p<0.001$）。

---

[1] Paul R. Abramson, *Political Attitudes in America: Formation and Change*, New York: Free Press, 1983.

[2] Yogenda K. Malik, "Trust, Efficacy, and Attitude toward Democracy: A Case Study from India", *Comparative Education Review*, Vol. 23, No. 3, 1979, pp. 433-442.

[3] 胡荣、胡康、温莹莹：《社会资本、政府绩效与城市居民对政府的信任》，《社会学研究》2011年第1期。

政治兴趣。体现公民对公共事务的感兴趣程度。不关注政治系统的公众往往认为"政治系统没什么问题",关注公共政策与公职人员的公众则可能认为"问题比较多"①。本章采用两种陈述构成的5级量表:我对在政府部门里发生的事情很感兴趣、我对社会上所发生的公共事务很感兴趣。"1"代表"完全不同意","5"代表"完全同意"。量表的内在一致性 $\alpha = 0.56$($M = 3.42$)。

人际政治沟通。衡量被访者与身边亲人、朋友、同事等对象的政治沟通频率。测量方法是询问被访者在一周中有几天和下列三类人讨论政治或社会事务:(1)家人/恋人;(2)同事/同学;(3)朋友/熟人($M = 2.15$, $\alpha = 0.66$)。

互联网的使用经历和程度。被访者平均拥有7.49年的互联网使用经历($Sd = 3.42$),每天上网时间为4.61小时($Sd = 3.14$)。常用的人口统计学变量和社会结构变量,包括年龄、性别、婚姻状态、受教育程度、政治面貌、社会经济地位(以家庭收入在社会中的层次作为指标)、居住地,也作为控制变量被纳入考察范围。

(五)数据分析方法

首先,我们将调查数据录入数据分析软件 SPSS for Windows 17.0中,经过核查和初步整理,对定距型变量的缺失值以"均值替代"方式处理;对离散型变量,采用"系统缺失"方式处理,使相应个案不进入分析程序。

其次,为回答前文的问题,即分析公众互联网政治性使用的四种形式(共五个变量)对政治信任的影响,并分析电视和报纸政治类新闻内容使用对政治信任水平的可能影响,我们将分别以政治信任总指标及其三个项目为因变量,在控制住人口统计学变量和社会结构变量,以及社会资本、内外政治效能感、政治兴趣、人际政治沟通等变量后,再将

---

① 彭心安:《阶层分化与各层政治信任差异分析》,《厦门特区党校学报》2010年第5期。

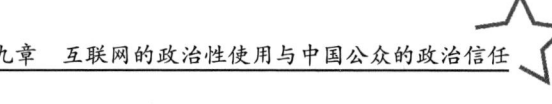

自变量，即互联网使用和传统媒体使用引入多元回归方程，通过考察它们的标准化回归系数，以确定新旧媒体使用因素对政治信任水平的影响。

## 四 研究发现

公众对互联网的政治性使用包括信息获取、互动、表达和参与；但很明显，互联网使用在各社会群体中呈现出不同的特征。究竟哪些因素影响人们对互联网的政治性使用？我们以互联网政治性使用的四种形态为因变量，以人口学和社会文化变量、传统媒体政治性使用和人际政治讨论、政治态度和公共参与，以及互联网使用因素作为自变量，执行多元阶层回归分析，结果如表9-2所示。

表9-2 预测被访者互联网政治性使用的多元阶层回归分析结果

|  | 网上政治信息获取 | 网上"另类媒介"接触 | 网上政治互动 | 网上政治表达 | 网上公共事务参与 |
| --- | --- | --- | --- | --- | --- |
| 年龄 | -0.020 | -0.158** | -0.093 | -0.075 | -0.137** |
| 性别（男） | 0.119*** | 0.216*** | 0.113*** | 0.078** | 0.108*** |
| 婚姻状态（未婚） | -0.031 | 0.121* | 0.059 | 0.090# | 0.022 |
| 受教育程度 | 0.193*** | -0.002 | 0.061# | -0.024 | 0.046 |
| 政治面貌（党员） | 0.032 | 0.001 | 0.059# | 0.002 | -0.017 |
| 社会经济地位 | 0.019 | 0.055 | -0.018 | -0.050 | -0.008 |
| 居住地（城市） | -0.006 | 0.063# | 0.013 | 0.041 | -0.046 |
| $\triangle R^2$ % | 13.6*** | 12.0*** | 10.2*** | 6.6*** | 7.4*** |
| 报纸政治新闻接触 | -0.026 | -0.004 | -0.069 | -0.053 | 0.036 |
| 电视政治新闻接触 | 0.057 | -0.021 | 0.042 | -0.040 | 0.018 |
| 报纸政治新闻关注度 | 0.088# | 0.042 | 0.086# | 0.021 | 0.093* |
| 电视政治新闻关注度 | 0.090# | -0.024 | 0.024 | 0.059 | 0.003 |
| 人际政治讨论频率 | 0.134*** | 0.103** | 0.143*** | 0.079** | -0.005 |

续表

|  | 网上政治信息获取 | 网上"另类媒介"接触 | 网上政治互动 | 网上政治表达 | 网上公共事务参与 |
| --- | --- | --- | --- | --- | --- |
| △$R^2$% | 10.1*** | 1.5* | 8.5*** | 3.2*** | 4.9*** |
| 政治兴趣 | 0.131*** | -0.038 | 0.107** | 0.047 | -0.025 |
| 内在效能感 | 0.147*** | -0.008 | 0.125*** | 0.166*** | 0.062* |
| 外在效能感 | -0.070* | -0.046 | -0.012 | -0.034 | 0.011 |
| 线下公共事务参与 | 0.079* | 0.198*** | 0.322*** | 0.327*** | 0.547*** |
| △$R^2$% | 4.8*** | 4.0*** | 13.2*** | 13.5*** | 28.9*** |
| 互联网使用经历 | 0.028 | 0.133*** | 0.103** | 0.089** | 0.046 |
| 互联网使用程度 | 0.101** | 0.059# | 0.105** | 0.120** | 0.083** |
| △$R^2$% | 1.1** | 2.0*** | 2.2*** | 2.3*** | 0.9** |
| 调整后$R^2$% | 27.8*** | 17.5*** | 32.4*** | 23.7*** | 40.6*** |
| 有效样本量（N） | 740 | 740 | 740 | 740 | 740 |

注：空格中数字为标准化 β 值；# $p<0.10$；* $p<0.05$；** $p<0.01$；*** $p<0.001$，表9-3之注释相同。

整体上，男性、人际政治讨论频率高、内在效能感强、公共事务参与多及互联网使用程度高的被访者，对互联网的政治性使用更加频繁。我们更关注被访者传统媒体政治性使用与互联网政治性使用之间的关系。尽管传统媒体使用和人际政治讨论阶层的五个自变量对各因变量的解释方差都达到显著水平（方差贡献率从1.5%到10.1%），但意外的是，被访者对报纸和电视政治新闻内容的接触和关注，几乎与他们对互联网的政治性使用不存在显著关联。唯一的例外是，对报纸政治新闻关注度高的人更可能在网上参与政治事务。这至少说明，对本次调查的被访者而言，作为传统媒体的报纸和电视与作为新媒体的互联网，其政治意义是不同的。与传统媒体因素的表现不同，人际政治讨论与互联网政治性使用的四个变量都存在积极联系。也就是说，在日常生活中与身边人讨论政治事务较多的被访者，更可能在网上获取政治信息、接触海外网络的"另类媒介"、在网上进行政治互动及表达自己的政治观点。被

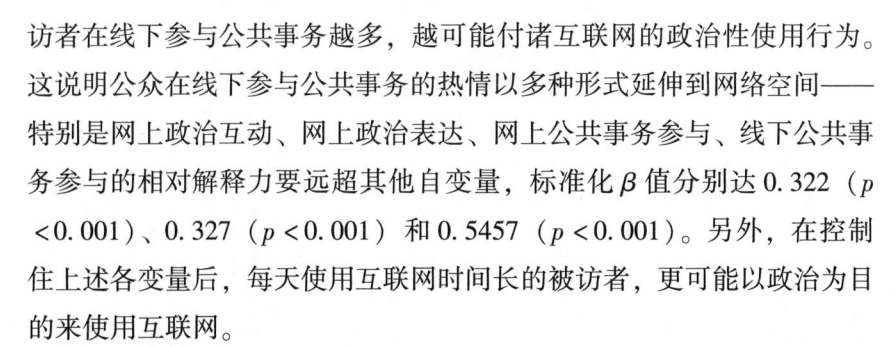

访者在线下参与公共事务越多,越可能付诸互联网的政治性使用行为。这说明公众在线下参与公共事务的热情以多种形式延伸到网络空间——特别是网上政治互动、网上政治表达、网上公共事务参与、线下公共事务参与的相对解释力要远超其他自变量,标准化 $\beta$ 值分别达 0.322 ($p<0.001$)、0.327 ($p<0.001$) 和 0.5457 ($p<0.001$)。另外,在控制住上述各变量后,每天使用互联网时间长的被访者,更可能以政治为目的来使用互联网。

为回答本章提出的问题,我们将被访者对普通公务员、政府领导干部和司法执法机构的信任,以及总体政治信任作为因变量,将人口学和社会结构变量、控制变量和自变量分别作为多个阶层的预测变量依次进入回归方程,结果如表 9-3 所示。

表9-3　预测被访者政治信任水平的多元阶层回归分析结果

|  | 普通公务员信任 | 政府领导干部信任 | 司法执法机构信任 | 总体政治信任指标 |
| --- | --- | --- | --- | --- |
| 年龄 | -0.064 | -0.079 | -0.061 | -0.078 |
| 性别(男) | 0.056 | 0.020 | -0.049 | -0.007 |
| 婚姻状态(未婚) | 0.072 | 0.086 | 0.111 ** | 0.105 * |
| 受教育程度 | -0.023 | 0.002 | -0.076 # | -0.052 |
| 政治面貌(党员) | 0.043 | 0.018 | 0.040 | 0.058 |
| 社会经济地位 | 0.105 ** | 0.077 * | 0.088 * | 0.089 * |
| 居住地(城市) | -0.034 | 0.040 | -0.002 | 0.009 |
| $\Delta R^2 \%$ | 3.2 *** | 2.5 ** | 4.9 *** | 4.3 *** |
| 报纸政治新闻接触 | -0.011 | -0.040 | 0.079 | 0.007 |
| 电视政治新闻接触 | 0.045 | 0.071 | -0.076 | 0.001 |
| 报纸政治新闻关注度 | 0.010 | 0.089 # | -0.056 | 0.019 |
| 电视政治新闻关注度 | 0.014 | -0.077 | 0.159 ** | 0.045 |
| 人际政治讨论频率 | -0.033 | 0.011 | -0.013 | -0.006 |
| $\Delta R^2 \%$ | 0.9 | 0.8 | 1.9 ** | 1.1 |
| 政治兴趣 | -0.033 | -0.066 # | 0.005 | -0.036 |
| 内在效能感 | -0.106 ** | -0.127 *** | -0.134 *** | -0.152 *** |

续表

| | 普通公务员信任 | 政府领导干部信任 | 司法执法机构信任 | 总体政治信任指标 |
|---|---|---|---|---|
| 外在效能感 | 0.222*** | 0.234*** | 0.118** | 0.234*** |
| 线下公共事务参与 | 0.149*** | 0.169*** | 0.095* | 0.172*** |
| 社会信任 | 0.116** | 0.091* | 0.115** | 0.132*** |
| $\triangle R^2\%$ | 7.8*** | 9.6*** | 4.8*** | 10.5*** |
| 互联网使用经历 | 0.003 | -0.006 | -0.003 | 0.001 |
| 互联网使用程度 | -0.031 | 0.038 | 0.002 | 0.016 |
| 网上政治信息获取 | 0.071 | 0.054 | -0.069 | 0.024 |
| 网上"另类媒介"接触 | -0.086* | -0.122** | -0.099* | -0.112** |
| 网上政治互动 | -0.071 | -0.112(b) | 0.076 | -0.041 |
| 网上政治表达 | 0.088(a) | 0.073 | -0.068 | 0.044 |
| 网上公共事务参与 | -0.156** | -0.045 | -0.050 | -0.108* |
| $\triangle R^2\%$ | 2.6** | 2.1* | 1.6# | 2.0* |
| 调整后 $R^2\%$ | 11.7*** | 12.2*** | 10.3*** | 15.2*** |
| 有效样本量（N） | 740 | 740 | 740 | 740 |

注：(a) $p=0.104$，(b) $p=0.103$。

人口学和社会结构变量为第一阶层。只有社会经济地位对四个因变量都有显著影响。社会经济地位越高的被访者，对普通公务员、领导干部、司法执法机构越信任，总体政治信任也越高。受教育程度对因变量的影响是负面的，但不显著。这与西方已有研究一致[1]，却与本土研究不完全相同。比如，胡荣等在厦门的调查发现，男性、受教育程度高者对政府的信任度较低，收入水平与信任度之间却没有关系。[2]

第二阶层是传统媒体的政治性使用和人际政治讨论。除了电视政治新闻关注度对司法执法机构信任有显著的正面影响（$\beta=0.159$，$p<$

---

[1] 参见 Joel D. Aberbach, and Jack L. Walker, "Political Trust and Racial Ideology", *The American Political Science Review*, Vol. 64, No. 4, 1970, pp. 1199-1219。

[2] 胡荣、胡康、温莹莹:《社会资本、政府绩效与城市居民对政府的信任》,《社会学研究》2011年第1期。

0.01),各变量对四种政治信任指标都没有显著的解释力(标准化 $\beta$ 值为正但未通过显著性检验),表明传统媒体电视和报纸对维持当前中国公众的政治信任并不存在明显的积极效果。这与此前的相关研究不同①,我们的数据揭示出,在新媒体环境下,传统媒体在"涵化"公众政治信任方面仅有极其微弱的效果。

第三阶层包括政治兴趣、内在效能感、外在效能感、线下公共事务参与和社会信任 5 个变量。其中,外在效能感表征公众对政府绩效的评价,线下公共事务参与和社会信任表征社会资本。被访者内在效能感越强,政治信任水平越低($\beta$ 值为负)。外在效能感越强的被访者(即政府绩效评价高),信任水平越高($\beta$ 值为正)。在线下参与公共事务多、社会信任水平高的被访者,拥有更高的政治信任。这与之前的研究发现一致。②

第四阶层是自变量阶层。除了司法执法信任,该阶层对政治信任其他三个指标的方差贡献率超过 2%,且是显著的。被访者的互联网使用经历、互联网使用程度与政治信任之间没有任何联系。在我们所关注的表征互联网政治性使用的五个变量中,仅有网上"另类媒介"接触和网上公共事务参与对因变量有显著的负面影响。

首先,被访者网上"另类媒介"接触与政治信任的四个指标之间,都存在显著的负相关关系,即越多接触被封锁的海外网站,越对政治不信任(标准化 $\beta$ 从 $-0.086$ 到 $-0.122$,皆达到显著水平)。其次,在网上参与公共事务越频繁的被访者,对普通公务员的不信任程度越高($\beta = -0.156$,$p < 0.01$),也拥有越低的总体政治信任水平($\beta = -0.108$,$p < 0.05$)。网上公共事务参与对政府领导干部信任($\beta = $

---

① 祝建华:《中文传播研究之理论化与本土化:以受众及媒介效果的整合理论为例》,《新闻学研究》2001 年总第 68 期;[美]唐文方:《中国民意与公民社会》,胡赣栋、张东锋译,中山大学出版社 2008 年版;董毅:《基层民众的媒介接触与政治信任》,博士学位论文,复旦大学,2011 年。

② 参见 Pippa Norris, *Critical Citizens: Global Support for Democratic Government*, New York: Oxford University Press, 1999;胡荣、胡康、温莹莹:《社会资本、政府绩效与城市居民对政府的信任》,《社会学研究》2011 年第 1 期。

-0.045)、司法执法机构信任（$\beta = -0.050$）的影响是消极的，但未达到显著水平。最后，被访者越频繁地在网上获取政治信息、越多地通过网络表达政治观点，总体政治信任水平就越高，越信任普通公务员和政府领导干部，对司法执法机构的信任却越低，但这些影响并不显著，只是揭示了一种可能的影响方向。不过，网上政治表达对普通公务员信任的积极影响，已接近边缘显著水平（$\beta = 0.088$, $p = 0.104$）。

网上政治互动对政治信任的影响模式，与网上政治信息获取和网上政治表达的影响正好相反。越是频繁地在网上进行政治互动的被访者，总体政治信任水平越低（$\beta = -0.041$），对普通公务员（$\beta = -0.071$）和政府领导干部（$\beta = -0.112$）的信任水平越低，对司法执法机构的信任（$\beta = 0.076$）水平却越高，但皆未达到显著水平。不过，该变量对政府领导干部信任的负面影响，已接近边缘显著水平（$p = 0.103$）。

## 五　结论与讨论

基于媒体对民众政治信任的两种影响路径，即直接的认知效果和社会资本的中介效果的基本判断，本章以近期一份全国性问卷调查数据为基础，分析了互联网作为网民政治认知、政治互动、政治表达和政治参与的媒介对其政治信任水平的可能影响。

在政治信任水平的描述层面，本章研究发现，当前网民的政治信任水平较低，被访者对普通公务员、政府领导干部和司法执法机构的信任程度评价，整体上处于"不信任"状态。这令人忧虑，需要引起警觉。因为国家和政府的力量与权威在于它拥有公民的信任，[1] 当"政府失去公众信任后，说真话、做好事，都会被认为是说假话、做坏事"[2]。然

---

[1] ［美］马克·E.沃伦编：《民主与信任》，吴辉译，华夏出版社2004年版。
[2] 《执政党和政府如何提高修复公民对政治不信任的能力》（2011年11月9日），2011年12月1日，新华网（http://news.xinhuanet.com/politics/2011 - 11/09/c_ 111154039. htm）。

## 第九章　互联网的政治性使用与中国公众的政治信任

而，多个实证研究表明，当前公众的不信任并不指向政治共同体的宏观层面[①]，公众对中央政府仍拥有较高信任度[②]。换句话说，当前公众的政治信任流失，主要是针对地方基层政府及部分公职人员和某些公共政策，这使得在当前修补缺损的民众政治信任，存在具有可操作性的现实空间。

在对政治信任多变量分析的解释层面，本章的发现主要在以下三点。

其一，传统媒体的政治使用在预测网民的网络政治性使用方面没有明显效果。我们发现，被访者对报纸和电视这两种传统媒体的政治新闻内容的接触和关注，几乎与他们对互联网的政治性使用不存在显著关联。唯一的例外是，对报纸政治新闻关注度高的被访者，更可能在网上参与政治事务。与传统媒体政治性使用的情形不同，网民在现实生活中的人际政治讨论与他们的网络政治性使用之间存在显著的正向关联，也就是说，在日常生活中更多地和身边人讨论政治事务的被访者，更可能在网上获取政治信息、接触网上"另类媒介"、在网上进行政治互动及表达自己的政治观点。这似乎表明，在预测公众的网络政治性使用行为方面，人际传播渠道与传统新闻媒体具有不同的性质。

其二，网民的传统媒体政治性使用对他们政治信任水平的贡献微乎其微。按照不少学者的解释[③]，中国对传统媒体的严厉控制，对于提升和维持民众的高政治信任和政治支持具有积极效果。但数据揭示出，在

---

[①] 上官酒瑞：《现代政治信任建构需要新理念》，2011 年 5 月 30 日，光明网，http://theory.gmw.cn/2011-07/06/content_2191467.htm。

[②] 参见胡荣、胡康、温莹莹《社会资本、政府绩效与城市居民对政府的信任》，《社会学研究》2011 年第 1 期；Li Lianjiang, "Political Trust in Rural China", *Modern China*, Vol. 30, No. 2, 2004, pp. 228–258。

[③] 参见祝建华《中文传播研究之理论化与本土化：以受众及媒介效果的整合理论为例》，《新闻学研究》2001 年总第 68 期；[美] 唐文方《中国民意与公民社会》，胡赣栋、张东锋译，中山大学出版社 2008 年版；董毅《基层民众的媒介接触与政治信任》，博士学位论文，复旦大学，2011 年。

当今新媒体环境下，传统媒体的政治性使用，几乎无法预测他们的政治信任水平，也就是说，传统媒体在"涵化"公众政治信任方面，贡献微乎其微。

其三，网民对互联网的各种政治性使用形态，对他们的政治信任产生了多重效果。首先，被访者的互联网使用经历、互联网使用程度与政治信任之间没有任何联系，这是整体上网络使用行为的一种"无效果"（null effects）。其次，被访者在网上的"另类媒介"接触、网上公共事务参与对他们的政治信任水平产生消极的影响（negative effects）。最后，被访者的网上政治表达（积极）和网上政治互动（消极）两种使用行为，表现出对不同政治信任指标的差异化效果（differential effects）。这表明，在解释中国民众的政治态度方面，互联网的政治性使用展现出复杂而多元的效果机制。

以上三方面的结论表明，电视和报纸对维持当前中国公众的政治信任已没有明显效果，无法"涵化"公众积极的政治态度。这体现了在媒体转型态势下，传统媒体政治功效发挥的现实困境。在传播实践方面，传统媒体需要注意，在新媒体环境下，如果不重视网民的媒体接触心理和习惯，传统媒体中严肃庄重的主流政治话语往往将退缩为媒体的自说自话，而网民也很可能以俏皮甚至恶搞的方式消解崇高。[①]

与此相反，网络空间的政治话语和人际渠道的政治表述，作为独立于官方话语之外的"在野"的话语体系，却具有某种意义上的相似性。网民在现实生活中的人际政治讨论与其网络政治性使用之间存在显著的积极联系，这表明对民众而言，作为政治沟通的渠道，网络空间和人际传播具有与传统媒体不同的特征，二者对网民政治心态的影响具有不同的效果——以政治态度作为观测变量，至少新媒体互联网已体现出对传统媒体的"挤迫效应"。

然而，我们也不必因此过分夸大互联网在中国政治领域的消极影

---

[①] 李永刚：《我们的防火墙：网络时代的表达与监管》，广西师范大学出版社2009年版，第150页。

响。国外研究声称，中国政府正在适应信息时代的来临，且体会着其中的优越性——没有证据表明新媒体正在严重破坏中国的国家权威，或者形成了明显的政治挑战。[①] 他们认为，目前还不能证实互联网侵蚀了中国政府的权力。本章发现，公众对互联网的政治性使用已威胁到公众对政府的信任状况；但情形还远未达到严重的境地。首先，互联网的政治性使用对民众政治信任的影响，表现为一个多元而复杂的结构；其次，即使考虑到存在负面影响，影响力仍然相当微弱，还远不能和其他有着积极效果的变量（如外在效能感、网下公共参与、社会信任等）相比。

本章也为政府绩效和社会资本对政治信任存在积极影响的论断提供了经验证据。经济增长被证实是决定中国民众政治信任状况的首要因素。[②] 相对于社会资本，政府绩效是更具解释力的预测因素。在此意义上，政府部门有必要从这两种视角出发，为提升公众的政治信任水平探寻有效的对策。

本章存在以下两方面的局限性。其一，样本对全国网民不具较好的代表性。本章的研究以便利抽样方式获得被访者，结果显示，被访者整体上偏向于低龄化（平均年龄为28.3岁），难以反映中国网民政治信任、互联网使用和传统媒体使用的基本现状，甚至更进一步影响对媒体使用与政治信任之间关系的分析。其二，对部分概念的测量，有待进一步改善。本章对政治信任的测量，只关注到民众对政府领导干部、司法执法机构和普通公务员的信任状况，而未考虑到更多层次的信任对象。其三，对于政府绩效的测量，采用以外在政治效能感作为替代性测量的方法，值得在理论和实证上进一步商榷。

综上所述，本章揭示了当前中国网民互联网的政治性使用对其政治信任的复杂而多元的影响格局。未来研究可进一步就民众互联网政治性

---

[①] 范士明：《新媒体和中国的政治表达》，《二十一世纪》网络版2008年3月号总第72期。

[②] Wang Zhengxu, "Before the Emergence of Critical Citizens: Economic Development and Political Trust in China", *International Review of Sociology*, Vol. 15, No. 1, 2005, pp. 155–171.

使用的某种特定形态（如政治认知或政治表达）对他们政治态度或行为的影响进行实证性考察。同时，考虑到近年来各种社会化媒体的应用日渐深入[①]，民众对社会化媒体的政治性使用与其政治态度及线上线下政治行动的关系，则是值得研究的新课题。

---

[①] 陈先红、张明新：《中国社会化媒体发展报告·2013 卷》，华中科技大学出版社 2013 年版。

# 第十章

## 中国治理场景中的合法性话语
### ——反思与重构

中国政治合法性是政治学研究领域的一个焦点性议题，长期以来受到了中外学界的共同关注。然而，理论界的研究结论常常与中国的政治实践相抵触。造成这一局面的直接原因是，中西方的历史发展、民众的国家观念以及"国家—社会/个人"关系都存在着根本性差异，使用西方合法性话语阐述和分析中国政治合法性问题，必然会导致理论与实际的断裂。为了显示出中国政治合法性的本真面目，避免陷入西方的话语霸权，应对当下的理论研究进行梳理和反思，并在中国治理场景中重构本土合法性话语。具体建议为：摆脱"西方价值中心主义"倾向，立足本土政治实践、挖掘中华优秀传统文化资源；健全理论视野，填补国家合法性论证话语的不足；完善经验性研究，为合法性话语的构建奠定基础。

## 一 引言

合法性（legitimacy）是政治学研究领域的核心议题和重要分析概

念，涵盖两个层面的内容：一方面指政治精英对民众的说服性支配，论证"统治者为什么可以统治"；另一方面指民众对统治权力的价值认同，表明"民众为什么愿意被统治"。一直以来，国内外的学者和政治精英对中国合法性问题的讨论都十分活跃，但理论和现实之间却存在着断裂。当理论界充斥着"历史即将终结""中国即将面临合法性危机"的预言和猜测时，中国共产党领导下的人民政府在政治实践中获得了普遍的支持和深厚的信任。中国合法性研究出现这种尴尬局面的直接原因在于，当西方学者使用西式合法性话语分析中国问题时，本国的学者也被牵引着落入这样的理论陷阱——在规范主义合法性研究层面，不由自主地用"民主化""程序化"标准衡量中国的政治体制，用批判性的审视目光将官方说服性话语框架视为非理性、非现代化、不规范的意识形态灌输和宣传；在经验主义合法性研究层面，将国内的合法性实践套入西方学者总结的合法性理论范式中，在实证研究的概念化、操作化过程中仍以西方合法性理论为标准，难以提炼出本土的宏观合法性理论。"西方价值中心主义"研究倾向对中国合法性理论发展产生了深远的负面影响。避免落入西方"话语陷阱"、改变当下中国合法性理论研究在西方话语霸权面前所处的"失语"状态，需要我们梳理和反思既有的中国合法性理论研究，重构中国治理场景下富有阐释力和吸引力的合法性话语。

　　合法性理论的研究存在两种进路：一种是自上而下的合法性论证路径，如普遍性政治价值的推演和论证、官方话语框架的说服与宣传；另一种是自下而上的合法性描述路径，通过对民众的政治信任和政治支持进行测量，从个体的政治态度和心理反馈中解释合法性状态及其来源。本章从这两方面出发，对中西方合法性理论研究的发展进行梳理反思，旨在说明中西方国家观念的差异所在以及在中国治理场景下构建本土合法性话语的必要性，并提出几点总体性建议。

## 二 自上而下的合法性论证话语

早在古希腊时期就产生了对国家的起源、性质、目的和任务的讨论，但哲学家主要是追求"善""正义""美德"等终极价值规范。对"政府是否有必要存在""国家为什么有统治权力"等合法性问题的探讨以及民主实践过程出现在宗教改革之后。18世纪，启蒙运动和工业革命的发生在西方世界掀起了工业化、城市化和思想解放的浪潮。资本主义的发展和资产阶级的崛起促进了社会主体多元化。这一时期，社会与国家发生了分离，"国家—社会"关系发展为一种非此即彼的二元对立关系，国家原本天然性存在的统治权力受到重新审视。在这样的历史背景下，自由主义思潮的兴起影响了西方国家理论，重新论证了现代国家的起源和功能，构成西方主流国家理论的核心主张，并成为西方规范主义合法性的理论基础。

西方的国家理论呈现出两大特点，一是理性，二是有限性。自进入近代社会以来，科学人文主义思想的产生和发展对宗教神权提出挑战，并危及宗教神权的基本假设和信仰，使传统的社会秩序丧失合理性。在宗教体制土崩瓦解、神权衰落、传统秩序崩溃的背景下，人们已经难以形成对权威习惯性、先验性的认同，新政治秩序的制定以及理论话语必须建立在有逻辑的、理性的、富有创造力的论证上。从16世纪到18世纪，西方的政治思想家使用理性论证的方法，利用不同的思想资源，试图创造新的、适应当时社会思潮的合法性论证话语。社会契约论作为一种国家理论构想，成为当时被大众广泛认可的主流学说。社会契约论代表人物霍布斯、洛克、卢梭等人以"自然状态"的预设，按照"社会契约"的理解构建了国家与社会的关系。"既然任何人对自己的同类都没有任何天然的权威，既然强力并不能产生任何权利，于是便只剩下来约定才可以成为人间一切合法权威的基础。"① 人们为了更好地保障自己的权利，克服自然状态下没有法律、缺少裁判者等缺陷，从而相互达成协议，自愿转让自己部分自然权利，订立契约产生国家。显然，社会契约论作为一种国家学说，仅仅是国家秩序建立后的一种论证方式，而绝非国家秩序建立的依据和原则。但是它作为一种被广泛接受的理论资源，使西方社会的国家观念发生了深刻转变。人们在摒弃传统权威的同时，已经将"理性的"有力论证视为国家主权正当化的必备条件。因此，理性成为西方国家构建话语的原则，是国家存在和发展正当化的必备条件，形成西方合法性话语的重要特点。

西方国家学说的另一特点体现在国家权力的"有限性"上。在新兴资产阶级力量壮大的时代，社会需要一种用来限制国家权力的正当化理论，以此来避免君主和议会的绝对权力。洛克补充了社会契约理论中限制国家权力的内容。他强调，国家统治者也是契约的一方，当统治者违反契约、人民的基本权利受到威胁时，人民有权推翻并重新建立政府。② 在自由主义国家理论的合法性论证逻辑中，民众将国家视为必要的恶，因此需要时刻质疑和限制政府的统治权力，并要求经过审慎及规范的辩论协商程序使政府能够真正地代表"公意"。这种"有限性"在政治实践中的具体表现为：（1）在"国家—个人"关系的处理上，民众更多的是持有个人主义而非集体主义的态度，强调国家对公民提供必要服务而非公民对国家的奉献与牺牲；（2）在"国家—社会"关系的处理上，追求国家和社会的分化，限制国家统治权力；（3）在国家治理程序上，重视规范、理性及制度化的治理手段，强调依法治国。对国家权威的消解和限制成为这一时期资本主义发展的理论诉求，社会契约理论的形成以及合法性论证的方式契合了当时西方的时代背景和社会需求。尽管国家的建立是人类行动的结果，而非理论设计的产物，但社会

---

① ［法］让·雅克·卢梭：《社会契约论》，何兆武译，商务印书馆2003年版，第10页。

② ［英］约翰·洛克：《政府论》，叶启芳、瞿菊农译，商务印书馆1964年版，第77—78页。

契约论作为一种国家学说已经深度融入西方政治法律的实践,并在西方民众心中成为主流国家观念。

由于历史发展演进路径不同,中国的国家治理逻辑和民众的国家观念呈现出与西方不同的面向。在中国帝制时期,国家的形成及朝代的更替与普通人关系不紧密,是民众无法参与、难以掌控的事件。受"大一统"传统政治文化的影响,在普通人的国家观念里,"服从国家和统治者的管理"是自然形成的,这一自发的思维和行动在实际政治生活中没有论证需求,在理论上也不存在讨论的必要。因此,国家政权具有先验的合法性。在中国帝制时期的历史发展中,由于社会力量始终较为孱弱,国家政权先入为主的合法性也没有受到挑战。皇权的合法性基础在理论上依托"天命""神权",在实际生活中依托"民生",体现在"德治天下"。力图为自身"统治权力"进行论证的不是国家政权,而是历朝历代的皇帝及其家族集团,否则统治当局就会遭到"王侯将相宁有种乎"的质疑和反抗。对于普通人而言,"君权神授"及皇权的世代传承是天经地义的,皇权成为一种自然秩序。

辛亥革命后,虽然儒家思想仍然深入人心,但君权神授的传统合法性受到质疑,"帝制"已经不合时宜。中国的国家构建向现代化转型,精英分子试图借鉴西方国家的政权组织形式建设理性国家,但这一解决危机的尝试受到严重挫折。在帝制复辟、共和危机、军阀割据等混乱局面的危急关头,保证领土完整、主权独立的考虑超过了对内建设民主的考虑。结合现实需求,建立总体性的、有动员力的、意识形态化的国家取代了建立民主化理性国家的尝试。[①] 中国共产党将激进的、吸引民众的马克思主义理论作为意识形态资源,通过革命运动和军事斗争迅速夺取政权,并在中华人民共和国成立后通过人民代表大会、党内外选举等一系列制度安排建立法理权威,以民主宪政的制度化方式论证其合法性。但理性化、制度化的法理权威并没有真正根植于经历了数千年君主

---

[①] 项飙:《普通人的"国家"理论》,《开放时代》2010年第10期。

制、浸润于儒家文化的中国社会，在国家建构和运行的实际过程中，执政党的合法性基础实际上来源于卡理斯玛权威。① 即民众被超凡禀赋领袖的个人魅力所吸引而追随、服从领袖及其政党。中国共产党在革命时期及社会主义建设初期，通过土地改革、平定时局、建立政权、恢复和发展经济等一系列政绩塑造并强化了卡理斯玛权威，构成执政党和领袖的实质性权力依据。在这个现代化转型的过程中，中华人民共和国政权合法性基础以法理型权威为表、卡理斯玛权威为实，呈现出总体性和情感化两大特征。总体性特征表现在全能主义②国家的社会经济结构及意识形态上，相较于帝制时期"集权的简约治理"③，新中国成立后的全能主义体系下的政治力量侵入和控制了社会各个领域并深入个人生活，国家权力在社会革命中得以全面渗透和延伸扩展。情感化特征体现在"国家—个人"关系上，强调国家与个体关系的亲密互动和同一战线。这一阶段中，总体性、情感化的国家观念从帝制时期延续下来并得以深化，继续影响着官方进行合法性论证的话语逻辑。

改革开放后，党和国家的宣传系统尽量避免各种政治意识形态的争论，而将官方话语框架转向强调经济发展。这一时期，加强国家经济建设、提高民众物质生活水平成为工作重心，经济发展绩效成为政府合法性论证的主要话语资源。同时，为了构建稳定的政治环境以全心全意进行经济建设，新的合法性话语资源没有被开发出来，"国家—社会/个人"关系初步分化，但分界仍不够清晰，且未能定型并稳定下来。

近年来，官方话语逐渐转向现代化话语资源，重视政治说服的作用。④ 以习近平总书记在中国共产党第十九次全国代表大会上所作的

---

① 周雪光：《国家治理逻辑与中国官僚体制：一个韦伯理论视角》，《开放时代》2013年第3期。

② [美]邹谠：《二十世纪中国政治：从宏观历史和微观行动的角度看》，香港牛津大学出版社1994年版，第69页。

③ 黄宗智：《集权的简约治理——中国以准官员和纠纷解决为主的半正式基层行政》，《开放时代》2008年第2期。

④ [德]玛利亚·邦德、桑德拉·希普：《意识形态变迁与中共的合法性：以官方话语框架为视角》，周思成、张广译，《国外理论动态》2013年第8期。

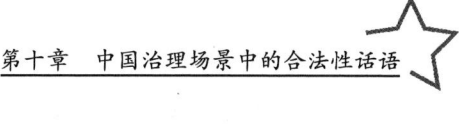

《决胜全面建成小康社会　夺取新时代中国特色社会主义伟大胜利》报告为例，从构建合法性的视角来看，其策略主要在于以下几个方面：第一，描绘宏观图景。这种宏大图景的描述在历史发展的各个阶段有不同的内容，兼顾历史文化因素和正在发生的社会、政治变化。中华人民共和国成立初期，领导层的目标口号是"解放中国""带领无产阶级成为国家的主人"，并且"实现共产主义"；改革开放时期，政治领域的意识形态争论被搁置，这一目标调整为"以经济建设为中心""实现共同富裕"；在新时代，这种图景被提炼为"伟大梦想""初心和使命"，内容是"为中国人民谋幸福，为中华民族谋复兴"。国家宏观图景建立在既有的文化叙事之上，将全国的集体历史记忆和美好的未来目标联系起来，成为全国上下共同的信念。通过制造集体记忆、集体目标、集体愿望，使民众感受到国家是一个整体，政治精英和普通民众也是一体而非对立的，以此构建民众对总体性国家的高度认同感。第二，强调人民的首要地位。凸显中国共产党为人民服务、为人民谋福利的初心，让民众相信政治精英具备将人民利益放在首要地位的信念和道德。这一策略在帝制时期表现为"民本主义"；在社会主义革命时期则成为"一切为了群众，一切依靠群众"和"从群众中来，到群众中去"的"群众路线"，并作为重要历史经验延续下来，至今仍然被官方话语重点强调。如习近平总书记在中国共产党第十八届中央纪律检查委员会第六次全体会议上指出，"民心是最大的政治"[1]；党的十九大报告也指出，"人民是历史的创造者，是决定党和国家前途命运的根本力量"[2]。第三，突出领导精英的领导能力和素质。强调政治精英在复杂的国际局势和困难的现实环境中带领中华民族取得来之不易的巨大成就，并指出这些发展

---

[1] 习近平：《中共中央关于党的百年奋斗重大成就和历史经验的决议》，《人民日报》2021年11月17日第1版。

[2] 习近平：《决胜全面建成小康社会　夺取新时代中国特色社会主义伟大胜利——在中国共产党第十九次全国代表大会上的报告》，《人民日报》2017年10月28日第1版。

得以实现"是党中央坚强领导的结果"①。此外,国家发展中的问题和不足也被承认,并成为党和政府面临的新挑战、新要求,显现出政治精英改正错误和缺陷的意愿与信心,彰显其自我批评的意识和优越的领导能力。第四,强调中国道路的正确性和中国制度的优越性。党的十九大报告指出,"中国特色社会主义道路、理论、制度、文化不断发展,……为解决人类问题贡献了中国智慧和中国方案",并强调,"中国特色社会主义政治发展道路,是近代以来中国人民长期奋斗历史逻辑、理论逻辑、实践逻辑的必然结果,……不能生搬硬套外国政治制度模式"②。资本主义道路和社会主义道路作为两种对立的意识形态长期存在争论,政治精英通过既有成就论证中国道路、中国制度的独特性和优越性,并提出全国上下要有"道路自信、理论自信、制度自信、文化自信",以构建国家体制层面的合法性。第五,将公共问题行政化、技术化。党的十九大报告对国家各领域的发展事无巨细地作出全面部署,将经济、社会、政治等重大问题都转化为行政技术问题,而非政治问题。这一策略将危及政权的不安定因素吸纳进行政过程中,以平息在发展过程中产生的矛盾,保持民众对总体性国家的政治支持和信任。当下,中国的官方话语框架不仅借助意识形态作为理论背景,串联起支撑合法性的主要概念和基础观念,更是将意识形态运用于日常治理活动中,以实在而微观的行政内容充实了抽象宏大的理论构建。

在近现代的国家建设过程中,中国延续了总体性的国家主义治理逻辑,理性化和制度化程度并不高,始终没有形成明确的"国家—社会/个人"关系。在当下的官方话语中,政治精英也无意将"国家—社会/个人"关系清晰化、明朗化,而是继续保持了这种说不清道不明的模糊性和整合性。官方话语持续构建和开发情感合法性资源③,用"中华

---

① 习近平:《决胜全面建成小康社会 夺取新时代中国特色社会主义伟大胜利——在中国共产党第十九次全国代表大会上的报告》,《人民日报》2017年10月28日第1版。
② 习近平:《决胜全面建成小康社会 夺取新时代中国特色社会主义伟大胜利——在中国共产党第十九次全国代表大会上的报告》,《人民日报》2017年10月28日第1版。
③ 王向民:《传统中国的情治与情感合法性》,《学海》2019年第4期。

民族的伟大复兴"这种宏伟目标和愿景将国家与个人置于同一立场上、同一战线中,强调由领导精英带领和服务人民,人民服从国家和集体。官方话语力图采用说服方式,借用国家治理的理论范式,让民众产生"政治精英以人民至上观念为核心"的信念,并信任政治精英具备领导国家实现共同目标的能力。从现实层面来看,这种合法性构建策略也取得了显著效果,中国民众的政治支持一直保持在很高的水平。说服式的合法性构建策略能够取得成功,一方面在于中国传统的总体性、情感化国家观念以及以国家为中心的治理逻辑得以延续至今,另一方面在于合法性论证的官方话语框架在中国现代化发展过程中,持续根据民众反馈进行了调整和重构。

从国家自上而下的合法性论证来看,中国的合法性话语构建展现出不同于西方的逻辑。西方规范主义合法性理论呈现出理性化、有限性的特征,强调国家需要用一套正式的规范准则来体现民众的自愿同意,这一内涵产生的重要历史背景是西方社会的发展以及社会与政权力量的博弈。而区别于西方"国家—社会/个人"的二元对立关系,中国的发展始终是在国家主导的逻辑下进行的。不论是在帝制时代还是在现代中国,资本主义在现实和理论中都不存在发展根基,没有孕育出一个与国家力量相制衡的组织。中华人民共和国成立初期影响深远的"阶级斗争"历史,也使民众对社会资本的力量抱有怀疑和抗拒态度,而对总体性国家则表现出完全的信任。在中国治理场景中,社会并非置于国家之外、与国家形成对立关系,而是成为国家的一个建设项目和治理对象(在"五位一体"总体布局中,社会建设与经济、政治、文化、生态建设并列)。单一治理中心的发展模式和治理逻辑可能并不符合学界部分理论的预想,但却十分合乎民意,社会组织和民众甚至欢迎和期待国家的扶持与参与。近年来,国家权力下沉,逐渐吸纳社会力量,全面渗入社会生活,这一行为并没有引起民众的反抗与不满,反而进一步加强了以国家为主导的治理逻辑。简而言之,"国家政权是否有存在的必要"这个在西方的历史发展中被提出并经历了西方思想界充分论证的问题,在中国却并未被提出和讨论过。帝制中国和现代中国的治理权利正当性不是在理论论证中得到的，也不是靠实践中的日常积累形成的，而是天然的、先入为主的。而对当局的合法性构建，中国依据普通民众的总体性国家观念，更强调道德化和实用主义；西方国家依据公民的有限性国家观念，则更重视制度化、规范化和理性化的合法性构建。

不同的合法性话语折射出国家权力运行的不同历史渊源和内在逻辑。西方和中国的合法性话语构建模式都只是国家证明其发生及存在合理性的方式之一，是与其特定的历史、文化和社会发展背景相联系的，是社会需要的产物，并不存在优劣高下之分。但在对中国合法性构建进行评价时，国内学者常常忽视中国规范主义层面官方话语框架的说服策略，将其视为不规范的、非系统的宣传，而使用西方理性化、有限性的国家观念和标准来审视中国合法性构建中的程序性问题。这种审视和批判在过去带有启蒙色彩，被认为是"科学的""进步的"以及"现代化的"。但问题在于，对一个国家的合法性研究应当基于其历史发展和现实治理逻辑，而不能基于学者的知识背景和理论偏好。作为审视者，研究者需要从中国的政治实践出发，依据其历史发展路径、国家治理逻辑和合法性构建策略，提炼概括出本土的合法性论证话语，展现其本真面目；而非使用西方的合法性理论评价中国的实际情况，得出中国面临着合法性危机的结论，并期待国家做出契合西方合法性理论范式的改变。

综上所述，在中国治理场景下反思和重构合法性话语，需要摆脱西方合法性理论范式的牵引。学界应立足本土，提取符合中国发展实际的合法性理论，完善官方构建合法性话语框架的研究。

## 三 自下而上的合法性描述话语

在社会科学发展的大背景下，政治学的话语从"伦理的""哲学

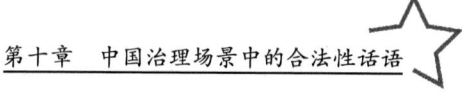

的"向"科学的"转化；主张去除传统规范主义层面对道德伦理、程序规范和价值理性的探讨，陈述政治生活中的事实。合法性研究话语的内容也发生了转向，由从理论上论证"国家为什么有统治权力"变为从事实上判断"民众为什么愿意服从国家统治"。马克斯·韦伯作为经验主义合法性理论的奠基人，关心政治实践中的"实然"问题，构建了价值中立的合法性理论。韦伯指出，"对于统治来说，这种说明其合法性理由的方式，不是一种理论或哲学推论的事情，而是对经验的统治结构极为现实的差异进行阐述，其原因就在于任何权力甚至任何一般生存的机会都十分普遍地存在着进行自我辩护的需要"[①]。因此，判定一种政治统治是否具有合法性，并不需要从伦理或政治哲学的角度遵循某种价值标准，而只要被统治者相信这种政治统治是合法的，并认同和支持它，那么它就具有合法性。这就是说，"可以从被统治者的自由的信任中，引申出统治的合法性来"[②]。在此基础上，韦伯从实际的政治实践出发，将合法性类型分为三种：传统型，"建立在一般的相信历来使用的传统的神圣性和由传统授命实施权威的统治者的合法性之上"；法理型，"建立在相信统治者的章程所规定的制度和指令权利的合法性之上"；卡理斯玛型，"建立在非凡地献身于一个人以及由他所默示和创立的制度的神圣性，或者英雄气概，或者楷模样板之上"。[③] 韦伯所倡导的经验主义研究路径拓宽了合法性研究视野，得到了行为主义政治学派的肯定，逐渐成为现代政治分析的主流范式。其他主张经验和实证研究的政治学者如帕森斯、李普塞特、伊斯顿、阿尔蒙德、亨廷顿、杰克曼等沿循了这一研究思路，丰富了经验主义合法性的相关理论，并追加补充了其他合法性来源。例如，伊斯顿指出，"通常的合法性概念意味

---

① [德] 马克斯·韦伯：《经济与社会》下卷，林荣远译，商务印书馆1997年版，第276—277页。

② [德] 马克斯·韦伯：《经济与社会》上卷，林荣远译，商务印书馆1997年版，第298页。

③ [德] 马克斯·韦伯：《经济与社会》上卷，林荣远译，商务印书馆1997年版，第241页。

着相信在合法原则界限内当局的统治权力和成员的服从权利"[1]，其来源有三种——意识形态、结构和个人品质，其中最重要的是在成员中加强意识形态信念。阿尔蒙德认为，长期积淀形成的传统文化等因素影响着民众对政府的认知，进而影响民众对政府合法性的评判。[2] 20世纪以来，随着调查统计技术的发展与成熟，公民调查（citizen survey）逐渐成为经验主义合法性理论的重要支撑。行为主义政治科学重视对普通民众的政治意见、态度和主观愿望的实证测量，以科学的技术手段探求民众愿意服从国家统治的原因。

  关于中国合法性来源的探究，部分学者沿用了经验主义合法性的研究范式，根据中国的实际情况进行了一定的调整和补充。赵鼎新指出，古代对"天命"的重视在现代中国被延续下来，使"绩效"在政治合法性中始终占据着重要地位；他在韦伯的"合法性三种类型"划分基础上，将合法性划分为绩效合法性、程序合法性、意识形态合法性。[3] 林尚立认为，中国共产党在实践过程中通过提升制度有效性而巩固了合法性，并打开了"事实合法性"这一维度。[4] 同样，朱云汉也指出，中国政府能获得民众的高度政治支持，其重要原因是中国民众对政治体系合法性的评判标准依据实质的面向，而非程序的面向；中国政府长期且持续地达到了"为民"政府（"for the people" government）的目标，因此能获得中国公众的高度政治支持。[5] 近年来，学界关于政治心理的实证研究也完善了经验主义合法性理论，通过对中国民众政治态度的特征和对政治支持、信任来源进行科学的测量与研究，为合法性研究奠定了

---

  [1] ［美］戴维·伊斯顿：《政治生活的系统分析》，王浦劬译，华夏出版社1999年版，第347页。
  [2] ［美］加布里埃尔·A. 阿尔蒙德、西德尼·维巴：《公民文化——五个国家的政治态度和民主制》，徐湘林等译，东方出版社2008年版，第439页。
  [3] 赵鼎新：《政权合法性与国家社会关系》，载《合法性的政治：当代中国的国家与社会关系》，台湾大学出版中心2017年版，第24页。
  [4] 林尚立：《当代中国政治：基础与发展》，中国大百科全书出版社2017年版，第238页。
  [5] Chu Yun-han, "Sources of Regime Legitimacy and the Debate over the Chinese Model", *China Review*, Vol. 13, No. 1, 2013, pp. 1–42.

基础。描述性研究证实了"中国民众的政治支持度高"[1]"政治认同感强"[2]"对政府的信任程度高"[3]这些结论,从"民心"这个角度来看,当代中国政府不会面临统治的合法性危机。实证研究中对合法性来源的解释则形成了"制度主义"和"文化主义"两大路径。制度主义以理性选择理论为依据,从经济学的"理性人假设"出发,指出民众的政治认知、态度、选择等是建立在衡量与计算自身利益得失之上的。肖唐镖、王欣通过10年间对60个村庄的四波跟踪调查发现,政府绩效始终是影响农民政治信任的主要因素。[4] 李艳霞研究发现,公众对政治体系治理绩效的感知和儒家文化传统会影响公众的政治信任,但是,公众对政府治理绩效的评价对政治信任的影响力度更大,是公众政治信任的主要来源。[5] 卢春龙、张华通过"农村公共文化服务现状调查"发现,威权价值观和意识形态动员对于基层政府政治信任的支撑难以为继,经济绩效对于提升政治信任的积极作用有所削弱,而政治绩效特别是公共服务绩效成为提升基层政府政治信任最为重要的因素。[6] 文化主义路径则认为文化传承、社会化经历、传统价值观和社会资本等文化因素是影响民众政治态度的关键变量,不仅是合法性的主要来源,更是对保持政体的韧性发挥了至关重要的作用。马得勇指出,理性选择理论解释路径忽略了社会文化因素对政治信任形成的影响,在一个具有专制或威权主义

---

[1] 陈捷:《中国民众政治支持的测量与分析》,中山大学出版社2011年版,第21—54页。

[2] Tang Wenfang, *Populist Authoritarianism: Chinese Political Culture and Regime Sustainability*, New York: Oxford University Press, 2016, pp. 136–151.

[3] 郑君君:《政治沟通在政治认同与国家稳定关系中的作用——基于6159名中国被试的中介效应分析》,《政治学研究》2015年第1期。

[4] 肖唐镖、王欣:《"民心"何以得或失——影响农民政治信任的因素分析:五省(市)60村调查(1999—2008)》,《中国农村观察》2011年第6期。

[5] 李艳霞:《何种信任与为何信任?——当代中国公众政治信任现状与来源的实证分析》,《公共管理学报》2014年第2期。

[6] 卢春龙、张华:《公共文化服务与农村居民对基层政府的政治信任——来自"农村公共文化服务现状调查"的发现》,《政法论坛》2014年第4期。

统治历史的国家，人们对政府的信任不仅基于政府的表现，也基于人们对权威的崇拜和依赖；一个人的权威主义价值观念越强，其对政府的信任度会越高。① 池上新也认为，权威主义的政治价值观对民众的政府信任水平有促进作用，但是这种影响会随着市场化进程的推进越发弱化，而民主主义的政治价值观对民众的政府信任水平不具有统计意义上的显著影响。② 郑振清等人的研究发现，传统的权威价值是影响民众政治支持的重要因素，民众对分配公平问题的主观感受也显著影响着政治支持；而经济绩效对民众政治支持的促进作用已经减弱，并让位于政治制度绩效。③ 总的来说，制度主义路径从理性选择的视角关注政府绩效对民众政治态度的影响，文化主义路径则更强调传统价值观、社会资本等文化因素对民众政治态度的影响，这两种研究路径都对解释中国政治合法性来源有一定的说服力，彼此也并不排斥，存在互补性关系。

民众政治心理相关的实证研究用更加科学、规范的方式挖掘中国政治合法性的关键来源及其特征，为合法性话语构建提供了经验依据。但目前的学术研究也存在随意化、模糊化和碎片化的局限：首先，现有研究对政治信任、认同和支持的概念界定和区分较为模糊，对三组概念内涵和外延的理解和运用较为粗浅，导致理论话语的含糊及概念含义的重复；而在实证研究过程中，概念化的草率处理也导致变量的操作化方式不一致，使各种研究结论难以形成对话，甚至出现矛盾。因此，构建中国治理场景下的合法性话语的基础性工作是对国内政治态度相关实证研究的概念化与操作化进行检视与反思。其次，民众政治态度的理论构建工作未能适配中国政治社会固有的结构和文化特点，没有与中国政治实践的基础理论范式形成融合。④ 最后，近年来政治心理领域的实证研究

---

① 马得勇：《政治信任及其起源——对亚洲8个国家和地区的比较研究》，《经济社会体制比较》2007年第5期。
② 池上新：《市场化、政治价值观与中国居民的政府信任》，《社会》2015年第2期。
③ 郑振清、苏毓淞、张佑宗：《公众政治支持的社会来源及其变化——基于2015年"中国城乡社会治理调查"（CSGS）的实证研究》，《政治学研究》2018年第3期。
④ 赵健池、王正绪：《政治信任：概念史回溯与实证研究反思》，《复旦学报》（社会科学版）2021年第1期。

视角越发微观，测量的关键变量也越发精细（涵盖权威主义价值观、自由民主价值观、社会资本、经济绩效、制度绩效、央地关系结构、城乡差别、社会不平等结构、政府回应等方面），这在一定程度上难以对民众政治态度做出整体、全面的把握和判断。此外，既有研究也没有详细阐述民众政治态度与政治合法性之间的关系，未将实证研究的结论与合法性话语有机衔接起来，难以提炼出中国合法性话语的中观和宏观理论。

## 四　重构中国治理场景中的合法性话语

在回顾了中国政治合法性论证与合法性描述两方面研究的发展历程，并比照西方的历史发展背景与研究语境后，可以发现国内的合法性话语与现实政治生活存在一定的断裂，既有话语体系存在宏观理论缺失、微观理论不完善、实证数据不充足、概念定义不准确等局限。这些问题存在的根本原因是，国内学界在构建本土合法性话语时，未考虑到中西方历史发展、现实背景、文化传统等方面存在的巨大差异，忽视了中西方国家观念、治理逻辑与"国家—社会/个人"关系的区别，在合法性的规范研究和实证研究中直接借鉴和套用西方合法性理论。因此，有必要将"合法性"置于中国治理场景之下，在审慎借鉴西方合法性话语理论后，重构符合本土历史发展背景和政治实践情况的合法性话语。主要建议为以下三点。

第一，摆脱"西方价值中心主义"倾向，立足本土政治实践，挖掘中华优秀传统文化资源。西方规范主义合法性理论被介绍和引进到中国时，就带着浓厚的"西方价值中心主义"色彩。当人们提到合法性的"应然"状态时，都不由自主地将合法性的规范主义价值归为西式的"自由主义""民主程序"以及有限国家的"政权架构"，并进一步认为只有当中国的合法性建构符合西方价值规范时，中国才不会出现合法性危机。但是，中西方国家的治理逻辑、民众的国家观念、"国家—社会/个人"关系等存在本质性区别，用西方合法性话语分析中国问题，必然会陷入理论与现实断裂的尴尬境地。为了拒绝将西方政治价值理论作为衡量中国合法性的尺度，更好地挖掘中国本土的合法性话语资源，研究者应该在借鉴外来概念的同时，梳理和总结中国独特的历史发展及精神特质，在此基础上创造和发展符合中国政治发展和文化语境的概念话语。就此而言，中国治理场景中的合法性话语构建，应该回到中国历史和传统政治文化中去寻找理论渊源；理顺中国合法性论证方式随着历史演进发生的变化与不变之处，挖掘中国政治文化传统的特质，将合法性话语与传统政治文化储备联系起来。

第二，健全理论视野，填补国家合法性论证话语的不足。现阶段，关于经验主义合法性来源的实证研究成果较为丰富，但官方自上而下的合法性论证理论未能得到充分讨论。在构建中国治理场景中的合法性话语时，如果只是立足于"是否得到民众支持"这一经验性原则而缺乏实质性的价值支撑，那么由此确立的合法性就仅仅具备心理学意义，容易被窄化为民众政治心理实证研究。合法性构建过程应该被描述为国家政权和民众之间的持久的反馈循环，这是合法性话语中包含的动态过程。国家的合法性论证和民众的合法性输入是一个问题的两个方面，一方面，官方话语框架作为政治权力论证和辩护的手段，是民众合法性输入的重要来源和基础。民众对政权的认同、信任和支持，必然是基于国家提供的合法性论证之上的。另一方面，国家的合法性论证也要考虑民众的政治态度，对官方话语框架进行补充和调整，以符合民众的期待。因此，关于国家合法性论证、官方话语框架以及"国家—社会/个人"关系等理论的研究都不应该被忽视，反而应当作为合法性话语构建的基石。

第三，加强经验性研究，为合法性话语的构建奠定基础。现阶段，政治学界兴起的民众政治心理研究（政治信任、支持、认同等），是合法性研究在经验层面的有益探索；这些实证研究成果是合法性理论构建

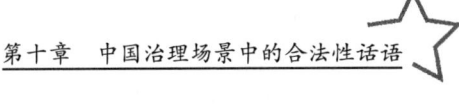

的基础，为重构本土合法性话语提供了科学性依据。但值得注意的是，目前政治心理领域的研究对其核心概念的内涵尚缺乏基本共识，也没有统一、细致的操作化方式和分析规范，缺乏一个学界普遍认可的测量框架，导致研究结论未能形成理论对话，难以有效地形成系统性的理论积累。此外，此类实证研究的视野微观，测量的相关变量也逐渐精细化，未能挖掘出具有根本性解释力的发生机制，难以与合法性理论衔接起来。因此，未来的实证研究应当着手厘清概念内涵，形成统一标准的操作化方式，建立综合系统的测量框架，以便更加科学全面地理解民众的政治态度、探究合法性来源；并在此基础上，提炼关于合法性的中观和宏观理论，促进政治心理实证研究为合法性话语的构建做出实质性贡献。

# 第十一章

## "民心政治"的实践与表达

### ——兼论中国政治心理学研究的拓展

作为中国共产党治国理政中总结凝练的实践模式与标志性政治话语,"民心政治"缘起于传统中国民本思想,却又与民本政治、民意政治相区别。通过解析中国治理场景中的"民心政治",可以发现,民心是中国民众政治心理各要素的总括性概念,是当代中国政治合法性的话语表述。在政治现实中,党和政府通过实践"民心政治"赢得民心,从而持续生产政治合法性。"民心政治"的研究视角,能帮助我们更全面地测量与呈现当代中国民众的政治心理,更准确地理解当代中国政治中某些政府行为的内在意涵,进而为政治心理学基础理论和政治学话语体系的创新做出贡献。

## 一 引言

"民心是最大的政治"[1],在当代中国政治文件及政治领导人的讲话

---

[1] 习近平:《中共中央关于党的百年奋斗重大成就和历史经验的决议》,《人民日报》2021年11月17日第1版。

中，经常能发现与民心相关的话语表述。如"江山就是人民，人民就是江山，人心向背关系党的生死存亡"①，"得民心者得天下，失民心者失天下，人民拥护和支持是党执政最牢固的根基"② 等。作为当代中国政治合法性的话语表述，民心是民众的主观政治取向，是中国民众政治心理各要素的总括性概念，民心向背是直接关乎执政者合法地位是否稳固的"晴雨表"。中国共产党自成立之初就将"以人民为中心"作为执政理念，将"民心所向"作为执政目标，在政治实践的发展中逐渐形成了"民心政治"的执政模式与政治话语表述。

中国共产党追求的"民心政治"主要围绕赢得民心而展开，其实质是党和政府在治国理政的过程中始终坚持"以人民为中心"。那么，民心是什么？民心向背是如何发生的？自古以来，这些问题就是中外政治学术界和实践界关注的焦点。学者认为民心可以转化为现代政治学话语即政治信任，在现代化的民意调查中，学者们将政治信任度、政府满意度等视为民心向背的程度。③ 那么，中国共产党所追求的民心是否等同于现代政治心理学研究的"政治信任""政治支持""政治认同"等概念？作为党和政府治国理政实践中生产的标志性话语，民心在政治心理学研究中应如何呈现与测量？"民心政治"的实践及其话语会对当代中国政治心理学研究带来怎样的启发？或许我们可以通过剖析当代中国"民心政治"的政治实践来寻求答案。

中国共产党具有强大的标志性话语生产能力，在其治国理政实践中生产的政治话语，对于当代中国政治研究有着重要的启发性意义。因而，中国政治研究者有必要回应和解析这些话语，进而链接政治学的学术表达与政治现实。"民心政治"则可能构成解析中国民众政治心理的

---

① 习近平：《在党史学习教育动员大会上的讲话》，《求是》2021 年第 7 期。
② 习近平：《在党的群众路线教育实践活动总结大会上的讲话》，《人民日报》2014 年 10 月 9 日第 2 版。
③ 肖唐镖、王欣：《"民心"何以得或失——影响农民政治信任的因素分析：五省（市）60 村调查（1999—2008）》，《中国农村观察》2011 年第 6 期；刘伟、彭琪：《政府满意度、生活满意度与基层人大选举参与——基于 2019 年"中国民众政治心态调查"的分析》，《政治学研究》2021 年第 2 期。

话语契机与分析视角。将"民心政治"作为理解中国民众政治心理结构与变迁的总体性视角，是从传统中国的政治历史与当代中国的政治实践出发，全面地理解包括态度、认知、情感、期待、评价等在内的当代中国民众政治心理的构成要素及其变迁原因。在古今中西比较的基础上，本章尝试解析中国治理场景中的"民心政治"，进而为理解中国民众的政治心理提供基础视角，为政治心理学基础理论和政治学话语体系的发展做出贡献。

## 二 "民心政治"：从传统中国到当代中国

从传统中国到当代中国，民心一直受到执政者的高度重视。然而，在中国主流政治话语中时常出现的民心，并非当代中国政治中的原创性话语，而是对传统中国民本政治的传承发展，对马克思主义理论的逻辑延展，更是对中国共产党在革命、建设、改革过程中政治经验的凝练与总结。通过对传统中国政治思想进行梳理，对当代中国政治思想源流及其实践进行归纳总结，可以呈现"民心政治"的"源"与"流"。

### （一）"民心政治"的缘起

"民心政治"可溯源至传统中国政治思想的核心，即民本思想。[①]民本思想的核心内容是民惟邦本，普通民众关系政权存立。早在上古典章《尚书》中就有"民惟邦本，本固邦宁"（《尚书·五子之歌》）的论述。可见，民本政治非常重视民众在国家中的重要地位和作用。例如，孟子提出"民为贵，社稷次之，君为轻。是故得乎丘民而为天子，得乎天子为诸侯，得乎诸侯为大夫"（《孟子·尽心下》），其中，"贵"强调的是民在政权存立中的重要性，得民心者方能成为君主，并提出"得天下有道：得其民，斯得天下矣；得其民有道：得其心，斯得民

---

[①] 储建国：《善钧从众：道心与人心之间》，《天府新论》2021年第1期。

矣"(《孟子·离娄上》),"保民而王,莫之能御也"(《孟子·梁惠王上》),只有得到民众的支持,才能得到民心,进而成为君王。因而,君王合法性的获得与维系主要取决于其执政行为是否符合民众的要求。[1] 民本政治思想强调要重视民心,战国竹简《厚父》篇提出:"民心惟本,厥作惟叶"[2],"民心惟本"意为民心是政治的根本。就民心与政治统治之间的关系而言,民心向背决定了政权的兴替。[3] 春秋时期,《管子·牧民》中指出,"政之所兴,在顺民心;政之所废,在逆民心"(《管子·牧民》),即顺应民心能保持政权的兴盛,而与民心相逆则会导致政权的更替。由此观之,在传统中国政治的治世哲学中,民心是政治之本,决定了政权存亡;在传统中国的政治话语中,民心一直被用于论证政权的合法性。

传统中国国家权力的合法性来源于以民心为基础的天命。"天视自我民视,天听自我民听"(《尚书·泰誓中》),虽然统治者的权力源自"天命",但民意是天意的具体呈现内容。[4] "民之所欲,天必从之"(《尚书·泰誓上》),不能脱离民意来理解天命,天命天意主要通过具备表征性的民心和具体的天象来呈现[5]。因而,民本政治的实践与维系,关键在于统治者施行"仁政",从而避免失去天命与民心。儒家一直主张"仁政",孔子提倡统治者应该"博施于民而能济众"(《论语·雍也》),"为政以德,譬如北辰,居其所而众星共之"(《论语·为政》)。也就是说,统治者如能广施德政,便会得到民众的拥护,从而赢得民心。孟子也认为,统治者与民同忧乐,才能得到民众的认可与

---

[1] 陈赟:《自发的秩序与无为的政治——中国古代的天命意识与政治的正当性》,《中州学刊》2002年第6期。
[2] 清华大学出土文献研究与保护中心编:《清华大学藏战国竹简(伍)》下册,中西书局2015年版,第110页。
[3] 叶方兴:《作为传统政治话语的"民心":蕴涵及其功能》,《河南师范大学学报》(哲学社会科学版)2010年第5期。
[4] 胡百精:《中国舆论观的近代转型及其困境》,《中国社会科学》2020年第11期。
[5] 任锋:《论作为治体生成要素的民心:一个历史政治学的分析》,《天府新论》2021年第1期。

支持,"乐民之乐者,民亦乐其乐;忧民之忧者,民亦忧其忧"(《孟子·梁惠王下》)。虽然传统中国政治主要采取君主世袭制,但统治者如果不能满足民众的需求,就会失去天命和民心。因而,在中国历史长河中,上天的启示——包括祥瑞和灾异——都同样受到统治者和普通民众的重视。祥瑞之兆被认为是上天给统治者良好德行的奖励,秋日丰收、久旱甘霖、冬日瑞雪、枯木逢春、五彩祥云等都被视为明君在世的吉兆;而灾异则被认为是上天因统治者失德而降下的惩罚,如洪水、干旱、地震、瘟疫等都被视为统治者治国不当的不祥之兆。因而,这些灾异在鞭策统治者为政以德的同时也会激发被统治者的反抗。[1] 因此,统治者必须重视民心所向,回应民生需求,为民谋求福祉,从而赢得民心。总而言之,民本思想强调民心对政权的重要作用,主张统治集团应当体察民情、把握民意、回应民心需求并广施德政,从而维护政权的合法性,但并不鼓励民众为个体利益而进行政治表达。因而,民本政治追求的是全体民众集体利益的公平与公正,反对普通民众出于个体利益向统治者提出要求[2]。作为传统中国的核心政治思想之一,民本思想深刻影响了传统中国与当代中国的政治实践,并塑造了中国民众的政治心理,"进而成为评判中国民主实践的合法性的重要依据之一"[3]。

与此同时,中国共产党所追求的"民心政治"继承发展了马克思主义群众史观的思想脉络,遵循了马克思主义群众史观的基本原理。在马克思主义群众史观看来,人民群众是"社会历史的创造者",是推动社会进步、发展与变革的主体性力量。因此,作为马克思主义政党,中国共产党尊重人民群众的主体地位,倾听人民群众的意见诉求,代表人民群众的根本利益,重视政党的群众基础。"人民立场是中国共产党的

---

[1] 邓曦泽:《天命、君权与民心的纠缠——中国古代政治合法性观念研究》,《四川大学学报》(哲学社会科学版) 2019 年第 5 期。

[2] 王正绪、赵健池:《民本贤能政体与大众政治心理:以政治信任为例》,《开放时代》2021 年第 4 期。

[3] 林尚立:《民主与民生:人民民主的中国逻辑》,《北京大学学报》(哲学社会科学版) 2012 年第 1 期。

根本政治立场"①，中国共产党强调将群众路线作为基本遵循与根本工作方法，在中国革命、建设与改革时期，重视创造性地发挥人民群众的主体性地位，推动了中国社会的不断发展进步。② 由此观之，与传统中国民本政治不同的是，当代中国"民心政治"中的"民"是具有政治主体性的人民群众，③ 是能够不断发挥能动性与创造性，不断推动社会历史进步、发展与变革的人民群众。因而，"民心政治"重视发挥民众的主体性作用，鼓励民众参与政治生活，行使政治权力。

### （二）何谓"民心政治"？

经由前述分析可知，"民心政治"是在传统中国民本政治文化的影响与马克思主义中国化的实践中生成的。作为一个诞生于政治实践的概念，在将其运用到政治学研究之前，我们首先应理解其构成成分。从其实践内容来看，民心政治主要由以下三部分构成：民心的维度与特质，民心政治的主体对象，以及民心政治的运作特质。

#### 1. 民心的维度与特质

在"民心政治"的实践中，党和政府不只关注民众的行为，更关注心理层面与民众的沟通与互动，且非常重视人民群众的利益、意见和期待。这就使党和政府关注的民心具备多重维度，从本质上来说，党和政府对民心的关注体现的是其从总体上把握民众政治心理要素的追求。因而，民心是一个包含多维度与多层次的总括性概念，其至少应该包含三个层次：一是政治认知，二是政治情感，三是政治评价。具体来看，政治认知涵盖了民众对政治体系及其人员、政治活动的理解与想象；政治情感主要涉及民众对政治体系及其人员、政治活动的正向情感与负向

---

① 胡伟：《民心是最大的政治——习近平关于民主重要论述的理论基础》，《毛泽东邓小平理论研究》2018 年第 8 期。
② 唐亚林：《以人民为中心的治理观：中国共产党领导国家治理的基本经验》，《中国行政管理》2021 年第 7 期。
③ 王培洲：《民心是最大的政治：新时代中国共产党人群众观的内在逻辑》，《社会主义研究》2021 年第 2 期。

情感；政治评价主要包括民众对于政治体系及其人员、政治活动的判断，以及形成这种判断的价值基础。这三个层次实际上存在一个过程性的逻辑递进关系，政治认知是政治情感和政治评价的基础。

相较于民意，"民心政治"中的民心相对稳定，其稳定性主要体现在民心是民众总体的、长远的、全局的、稳定的愿望和需求。民心是民众共性心理的公开或潜隐表露，从表面上看，民心的公开表露可以具体体现为易于流动与演变的民意或舆论。实际上，民心包括但又不仅限于民意①。相对于民心来说，民意是民心的表征性维度，二者之间的确存在区别。民意主要由民众个体的碎片化意见构成，且会根据具体情况与不同时刻变化②，因而具有流动性③。民心则不会轻易流动或演变，也难以全面测知，其突出特点是相对稳定性，不是民众随意表达的诉求。但是民心也并不是一成不变的，例如，在20世纪五六十年代的经济发展水平之下，民众的普遍需求是吃饱穿暖等基础性生存需求。而在经济发展水平不断提升之后，民众的其他需求开始凸显，比如，食品安全、大病医疗、个人数据隐私保护等。因此，相较于民众的诉求与偏好，民心的形成更为长久和稳定。

2. 民心政治的主体对象

由前文的梳理可知，"民心政治"虽继承了传统中国民本政治的思想内核，却在当代中国治国理政的实践中不断发展完善，并呈现出与传统中国民本政治不同的特质。历朝历代思想家提出的民本思想，即使能够在一定程度上照顾到普通民众进行政治表达的权利，也并不鼓励民众个体进行政治表达，更不主张民众参与政治。其根本目的是维护封建政权的合法性，通过施民以利来赢得民心，从而统治广土众民，这与现代

---

① 潘维：《当代中华体制——中国模式的经济、政治、社会解析》，载潘维主编《中国模式：解读人民共和国的60年》，中央编译出版社2009年版，第4页。
② [美]戴维·杜鲁门：《政治过程——政治利益与公共舆论》，陈尧译、胡伟校，天津人民出版社2005年版，第238—240页。
③ 童兵："民意中国"的破题——兼议民意及其特征，《南京社会科学》2014年第3期。

政治中对民众主体性的重视有着显著差异。从子民、臣民、庶民到现代的公民，"民"的内涵是嬗变的。从传统中国到当代中国，"民"不再是一个被动的被治理者的概念，而是一个具备主体性的治理参与者；"民"也不再被动接受政府的政策，而是主动参与并表达意见和诉求。因而，虽然传统中国民本政治与当代中国"民心政治"均重视以民为本，但"民心政治"更重视民众的主动表达与参与，更强调党和政府主动理解并调控民心。

当代中国政治中的"民心政治"实践主要体现在党和政府坚持"以人民为中心"的治理理念，重视民众的主体性作用，在治国理政实践中全面、即时、持续地关注并调控中国民众的政治心理。因此，在"民心政治"的治理模式中，民众并不是被动地卷入治理过程中，而是可以主动发挥其主体性作用并参与到政治过程中。故而，要理解"民心政治"和其中的民心就需要从中国共产党、普通民众以及二者之间的互动视角分别展开分析。换言之，"民心政治"并不是一个静态的概念，"民心政治"的实践过程实际上呈现了国家与社会、政党与民众的互动过程。

3. 民心政治的运作特质

"民心政治"的核心是党和政府对于民心的重视，强调在治国理政中"坚持人民主体地位，充分体现人民意志、保障人民权益、激发人民创造活力"[1]，全面、即时、持续地关注并调控民心；民众也并不是被动地卷入治理过程中，而是充分发挥主动性与创造性，积极参与到治国理政的过程中来。因而，在党和政府治国理政的过程与实践、话语与表达中处处体现着"民心政治"的治理思维与目标。总的来看，作为一种政治形态的民心政治，具备全面性、时效性、可调控性、互动性以及文化性等运作特质。

---

[1] 习近平：《高举中国特色社会主义伟大旗帜　为全面建设社会主义现代化国家而团结奋斗——在中国共产党第二十次全国代表大会上的报告》，《人民日报》2022年10月26日第1版。

第一,"民心政治"具有全面性。在传统中国民本思想影响下,当代中国"民心政治"的首要特质,体现在中国政治实践中的总体主义倾向上。这种总体主义倾向可以归纳为两方面:一是重视全体民众的心理和倾向,二是重视民众生活的大小事项。所谓重视全体民众的心理和倾向,即关注每一位民众的意志、想法和需求。虽然中国共产党追求的"民心政治"要求其基于人民群众的立场对民心进行总体把握,但在其政治实践中,中国共产党对每一位民众的意志、想法和需求都给予了相当的关注与回应。例如,党和政府举全国之力开展的精准扶贫工程,其主要目标即保障每一位民众的物质生活,与此对应的是,不少地方政府提出了类似"精准扶贫,不掉一村,不漏一户,不落一人"的口号与目标。此外,党的二十大报告指出"江山就是人民,人民就是江山。中国共产党领导人民打江山、守江山,守的是人民的心。治国有常,利民为本。为民造福是立党为公、执政为民的本质要求。必须坚持在发展中保障和改善民生,鼓励共同奋斗创造美好生活,不断实现人民对美好生活的向往。我们要实现好、维护好、发展好最广大人民根本利益,紧紧抓住人民最关心最直接最现实的利益问题,坚持尽力而为、量力而行,深入群众、深入基层,采取更多惠民生、暖民心举措,着力解决好人民群众急难愁盼问题,健全基本公共服务体系,提高公共服务水平,增强均衡性和可及性,扎实推进共同富裕"[①]。这也是"民心政治"在新时代中国共产党治国理政中的体现,意义重大。首先,从民心信息的识别、吸纳与回应的过程来看,中国共产党尽量做到全覆盖。无论是制度内的信息反馈渠道,如信访制度、市长信箱、信息公开制度等;还是制度外的渠道,如民众在微博、微信等社交媒体中的表达与评论,都能够得到党和政府的关注。其次,重视民众生活的大小事项,则体现在政府关心民众日常生活的方方面面,无论是民众生活的衣食住行,还是柴

---

① 习近平:《高举中国特色社会主义伟大旗帜 为全面建设社会主义现代化国家而团结奋斗——在中国共产党第二十次全国代表大会上的报告》,《人民日报》2022年10月26日第1版。

米油盐酱醋茶等细小的问题，都能够得到关注。因而，"民心政治"体现了关注民众生活中每件"小事"的治理理念，因为每一件看起来微小的事情都可能会影响民心。民生无小事，党和政府通过做好这些"小事"，向民众传递了其强大的治理能力与治理决心。

第二，"民心政治"注重时效性。也即是说，党和政府不仅注重回应的全面性，更强调回应的效率。① 这主要体现在中国共产党和各级政府紧跟民意、舆情与热点，强调民心所向。整体来看，党和政府对民众诉求有着极快的反应速度与极高的回应性，且体现出问题导向式回应的特征。在具体的政治实践中，主要体现为政府对民意的回应效率，比如对民众举报、信访的高度回应性，对舆情舆论以及对主要领导批示政令的快速反应。如前文所述，民众日常生活的"小事"往往承载着民心，如果这些"小事"迟迟得不到党和政府的关注，就可能会成为影响一个群体的"大事"②。因此，中国共产党所追求的"民心政治"强调对民意、舆情与热点关注的即时性回应，将民众心系的事情一件件办好，细水长流地赢得民心。

第三，"民心政治"的可调控性。这种可调控性主要体现在中国共产党既捕捉民意、回应民心，又宣传引导、塑造共识，不是被动地受民意支配或左右。本质上，民心是一种政治心理，虽然其具备的多种维度使其难以测量，但仍可以通过其表征性维度，如政治信任、政治支持、政治认同等来反映其发展与变化。民心是社会稳定的晴雨表，党和政府可以通过其表征性维度来捕捉民意，从而研判应如何回应民众并赢得民心。由于当前处于社会转型期，当代中国民众的意愿和偏好也在不断流

---

① 近年来，学界产出了不少关于政治回应的作品都说明了党和政府政治回应的全面性与时效性。可参见张楠迪扬《"全响应"政府回应机制：基于北京市12345市民服务热线"接诉即办"的经验分析》，《行政论坛》2022年第1期；王磊、易扬《公共卫生危机中的数字政府回应如何纾解网络负面舆情——基于人民网"领导留言板"回复情况的调查》，《公共管理学报》2022年第4期；赵金旭、王宁、孟天广《链接市民与城市：超大城市治理中的热线问政与政府回应——基于北京市12345政务热线大数据分析》，《电子政务》2021年第2期。

② 潘维：《信仰人民——中国共产党与中国政治传统》，中国人民大学出版社2017年版，序，第11页。

动与变迁，① 这就需要党和政府在此过程中对"真假民心"予以判定。与此同时，由于信息的碎片化和自媒体平台良莠不齐，新闻反转事件也在不断地影响着民众的态度。因而，党和政府在治理过程中，并不是完全跟随流动的民意与舆论来决策，而是一方面在流动的民意与舆论中了解民情、把握民心，另一方面则通过政治宣讲②、官方媒体平台等多种政治沟通方式引导民心，进而塑造政治共识，而不是试图"治理民心"。

第四，"民心政治"具有互动性。其具体的互动主要体现在治理过程中党与民众之间的对接、互动与依赖。从党和政府的视角来看，一方面，在治国理政过程中，党和政府既重视自上而下的信息传播，又强调在主动理解民心的基础上展开决策，而不是被动地受民意支配。譬如，调研、巡察等③均是党和政府主动了解民情民意的工作方式与工作制度。另一方面，党和政府也鼓励个体民众自下而上进行政治表达、参与社会治理，重视收集民众的意见建议与情感反馈。从普通民众的视角来看，这种互动性主要体现在民众的主动表达与参与。在当代中国政治情境中，民众主动参与治理过程的渠道与途径不断增加。尤其是新媒体时代的到来，让更多普通民众得以通过互联网获知更多的信息，以更便利的渠道发声。因此，要全面理解民心与民心政治不仅应从中国共产党与民众的视角分别展开分析，也应该重视党与民众的互动过程。

第五，"民心政治"的文化性。这主要表现在对民心的理解不能仅基于主观政治取向的视角，也需要从整体宏观政治社会文化的视角展开分析。在传统中国民本政治思想的影响下，在党和政府长期累积的执政绩效与民众美好生活的建设中，中国政治社会已经形成了一种"恒常"

---

① 童兵：《"民意中国"的破题——兼议民意及其特征》，《南京社会科学》2014年第3期。

② 刘伟、肖舒婷：《作为政治沟通方式的百姓宣讲：运作逻辑及其功能》，《中共天津市委党校学报》2021年第4期。

③ 赵秀玲：《习近平基层调研与中国政治发展》，《学习与探索》2022年第6期；周光辉、陈玲玲：《巡视巡察：应对规模治理"失察难题"的长效机制》，《行政论坛》2022年第1期。

的社会政治心理文化。在这种文化取向的影响下，民众相应有着这样一种文化心理观念，即对于执政者有效治理、执政者应德才兼备、执政者应为民请命、执政者应取信于民、执政者应亲民爱民等的期待与认可。[①] 因而，在宏观政治文化的影响下，普通中国民众存在的这种政治观念，实际上会影响其对于党和政府的评价标准。在此基础上，"民心政治"具备一定的文化象征意蕴。

综合前文的论述，我们可以将民心政治理解为一种"以人民为中心"的政治形态，也是党建构人类文明新形态的重要组成部分。具体而言，党和政府在治国理政实践中重视民众的主体性作用，强调全面地、即时地、持续地关注并调控中国民众的政治心理；而普通民众则主动表达其意见与诉求并参与到社会治理中，从而实现与党和政府的良性互动。

## 三 "民心政治"与政治合法性

作为当代中国政治实践中生产的标志性话语，"民心政治"能够总括性地概括中国政治与治理过程的逻辑。"民心政治"的逻辑起点源于对政治合法性（legitimacy）的追求[②]，民心源自民众对政权体系的认同、支持与信任等心理要素，是一个认知性概念。通过比较"民心"与西方政治合法性话语的"民意"，我们可以进一步理解"民心政治"与"民意政治"[③] 的区别，以及"民心政治"如何通过群众路线、政

---

[①] 尚虎平：《古代中国国家兴盛的规律及当代的扬弃——一个面向"实绩晋升"文化的探索性解释》，《行政论坛》2021年第1期；汪新建：《何以"治心"——兼论心理学如何服务社会治理》，《南京师大学报》（社会科学版）2021年第4期。

[②] Legitimacy一词常被学者们翻译为合法性、正当性、正统性等，但目前尚未能有最理想的译法。本章的研究目标不仅仅局限于合法性的相关讨论，因此没有详细对译法进行更深入的比较与说明。为方便与学界同行对话，文中主要使用合法性这一译法，一是因为目前使用这一翻译的研究成果较多，二是因为学者们虽对此有不同的译法，但却对其有着默会的理解。

[③] 本章的研究重点不在于对当代世界多种政治形态进行类型学划分，在此处仅是讨论西方选举政治建基于聚合民意之上，因而暂将这种政治形态称为民意政治。

治沟通、政治回应、民生政治等一系列"民心所向"的政治实践赢得民心，从而持续生产政治合法性。

### （一）民心与民意：中西方政治合法性话语

不同的政治形态有着不同的政治合法性话语。如前文所述，传统中国的合法性建构主要依赖"天"与"民"。"天是形而上的，是合法性的终极来源；民是形而下的，是合法性的最终实现对象。"[①] 因此，传统中国建构的合法性基础可以概括为以民心为基础的天命政治。

在当代中国政治合法性话语体系中，民心是政治合法性的重要来源。实质上，当代中国治国理政的核心逻辑就是"民心政治"。因而，党和政府工作的落脚点是以人民为中心，具体的工作方式与工作内容则围绕赢得民心展开。为何是围绕赢得民心展开？这就需要回归政治哲学中的一个原初问题，即政治合法性问题。政治合法性概念与理论的奠基人马克斯·韦伯认为，"任何统治都企图唤起并维持对它的'合法性'的信仰"[②]。也就是说，任何政权体系的存在都必须获得民众对其合法性的认可。当代中国民众对党和政府合法性的认可即可以概括为民心所向。也即是说，中国共产党执政的合法性基础和来源就是民心，民心是衡量民众政治认同、政治信任、政治支持等政治心理的尺度与标准。作为当代中国政治合法性话语体系中的核心概念，民心是党和政府想要获得的政治合法性来源（魅力、绩效、程序等）的总括。"民心政治"即是其为"唤起并维持"民众的合法性信念而进行的一系列合法化活动或者说合法化实践。中国共产党坚持把"民心政治"作为获得并不断生产执政合法性的基础，在政治实践中形成了更适切于当代中国的政治合法性理论和话语。

在西方代议制政府的政治话语体系中，民意是政治合法性的重要来

---

[①] 邓曦泽：《天命、君权与民心的纠缠——中国古代政治合法性观念研究》，《四川大学学报》（哲学社会科学版）2019年第5期。

[②] ［德］马克斯·韦伯：《经济与社会》上卷，商务印书馆1997年版，第239页。

源。从权力的来源与程序来看,西方民主政治的权力来源于公民在竞争性选举中的授权,其制度基础是建立在个人主义基础上的政治家与公民之间的"社会契约"①,即公民通过周期性的选举,将权力委托给政治家,政治家代表公民行使权力。因此,传统民主理论认为,代议制民主建立在被统治者同意的基础上,而这种同意主要取决于民众诉求能够通过代表性程序表达并得以满足。② 民众投票选举出政治家的过程也是个体民意汇聚的过程,"选票是民意的表达,多数选票意味着多数人的意见,决定着最后的输赢。通过定期的公开选举,社会根据票数来计算民意倾向,决定谁能获得胜利,获得执掌公共权力的资格"③。因而,选举政治主要通过选票来汇集分散的民意,形成多数人的共识性意见和共同偏好。政治家当选后理应将选民委托的权力用于回应与满足民意,并根据选民的需求和意见制定政策。

美国政治学家罗伯特·达尔(Robert Alan Dahl)认为,"民主国家的一个重要特征,就是政府不断地对公民的选择作出响应,公民在政治上被一视同仁"④。由此可知,民意政治的重点之一是政府对民众偏好的回应性。虽然西方民主政治的初衷是通过选举政治来代表与回应民众的需求和诉求,但是竞争性选举政治中也可能会存在偏误,使其未必可以达到理想效果。一方面,政治家在选举过程中,会通过各种政治承诺与政治方案来吸引有着共同利益的选民。另一方面,在当选后,政治家并不会回应全部民意,相反,他们只会回应少数人的意见与偏好,或者说,政治家只会回应对自己有利的那部分人的需求。与此同时,在竞争性选举的政治实践中,民意主要被视为基于民意调查收集的个体意见的

---

① 唐亚林:《顺天应人:人心政治的"源"与"流"》,《天府新论》2021年第1期。
② David Easton, "A Re-Assessment of the Concept of Political Support", *British Journal of Political Science*, Vol.5, No.4, 1975, pp.435-457.
③ 韩志明:《选举民主与协商民主的比较——以民意信息处理为中心的技术分析》,《清华大学学报》(哲学社会科学版)2019年第1期。
④ [美]罗伯特·达尔:《多头政体——参与和反对》,谭君久、刘惠荣译,商务印书馆2003年版,第11页。

集合，① 在此基础上，民意的一个特点是基于多数民众个体意见而形成。② 虽然民意调查能在一定程度上呈现民意，但是基于民意调查收集的意见往往会受到个人经历、访谈环境、题项的措辞与排列等因素的影响。③ 换言之，民意调查中公众舆论的形成不可避免地受到人为因素与环境因素等的影响，从而易于波动与变化。总而言之，在选举政治基础上汇聚的民意实质上并非卢梭所说的建基于公共利益之上的"公意"，而是建基于个体利益之上的"众意"④。从本质上看，西方选举政治的正当性本身建立在汇聚多数人而不是全部人的民意基础上，建立在回应个体利益偏好而不是共同利益偏好的基础上，这与当代中国"民心政治"追求全体民众满意的目标是截然不同的。作为人民整体意志的民心，建基于人民稳定的公共利益追求之上，是个体民意中共同呈现的部分。因而，民心与民意的区别，在某种程度上与卢梭所说的"公意"与"众意"的区别是一致的。⑤ 由此，建基于西方政治制度之上的政治合法性理论，并不能完全适用于当代中国政治合法性的理论与实践。

## （二）"民心政治"实践中政治合法性的持续生产

为赢得民心，实现政治合法性的持续生产，党和政府的政治实践围

---

① 尽管学者们对于民意（public opinion，或称公共舆论、公众舆论）的界定略有不同，但是对于大多数学者来说，民意实际上是"对全国代表性民意调查的反应的总和"。换言之，学者们通常基于民意调查来将民意的概念具体操作化。参见 John Zaller, "Positive Constructs of Public Opinion", *Critical Studies in Mass Communication*, Vol. 11, No. 3, 1994, pp. 276 – 287; Herbert Blumer, "Public Opinion and Public Opinion Polling", *American Sociological Review*, Vol. 13, No. 5, 1948, pp. 542 – 549。

② [美] 戴维·杜鲁门:《政治过程——政治利益与公共舆论》，陈尧译、胡伟校，天津人民出版社2005年版，第238—240页。

③ [美] 约翰·R. 扎勒:《公共舆论》，陈心想、方建锋、徐法寅等译，中国人民大学出版社2013年版，第33—45页。

④ 参见 [法] 让·雅克·卢梭《社会契约论》，何兆武译，商务印书馆2003年版，第35—42页。

⑤ 卢梭认为，公意并不是公民各种个体意志的汇聚，个体意志的汇聚只能产生众意；公意产生于个体意志中共同的部分。关于"公意"和"众意"的进一步讨论，参见 [法] 卢梭《社会契约论》，何兆武译，商务印书馆2003年版，第35—42页。

绕"民心政治"展开。通过不同形式的"民心政治"实践,党和政府能够全面把握民意并及时做出回应,从而基于人民群众的总体立场把握民心,进而实现有效的政民互动,并持续生产政治合法性。

1. 执政党建设与群众路线

开展"民心政治"的基础是党持续进行执政党建设与坚持群众路线的工作方法。其一,作为使命型政党和群众型政党,中国共产党一直十分注重自身的执政党建设,"并以强烈的使命感和责任感作为政党组织的内驱力和每个党员的首要激励因素"[1]。在加强执政党建设的过程中,党广泛开展了群众路线实践教育、"三严三实"专题教育、"两学一做"学习教育等活动。从思想上加强党员干部的群众观教育,坚定党员干部的理想信念,使党员干部保持百姓情怀,鼓励党员干部主动而不是被动联系人民群众,从而真正为人民群众做实事。因此,"民心政治"要求党和政府深入人民群众中,实现与民众的有效互动,从而了解民情民意。其二,中国共产党自成立以来,就将群众路线作为其重要的思想路线和工作方法,开展"民心政治"实践。因而,群众路线不仅有利于通过政民互动实现对民情民意的整合,更有利于中国共产党基于人民群众的总体立场把握民心,是建构政民互动机制的本土化资源,[2] 也是"民心政治"的重要实践方式。群众路线的具体内容体现了"民心政治"的实践逻辑,从价值导向来看,"一切为了群众,一切依靠群众"强调一切工作的出发点都是人民,一切工作的终极目标都是让人民满意。从具体工作方法来看,"从群众中来,到群众中去"强调要深入群众捕捉民意,并回应民意。相较于西方国家选举政治中政治家对选举承诺的回应,群众路线的实践不是为了迎合选民偏好或维护利益集团的利益,而是要求党员干部在决策之前充分地、主动地了解民众真正的需求和建议。实际上,群众路线有助于决策者更多地了解基层群众

---

[1] 唐皇凤:《使命型政党:执政党建设的中国范式》,《浙江学刊》2020年第1期。
[2] 孟天广、田栋:《群众路线与国家治理现代化——理论分析与经验发现》,《政治学研究》2016年第3期。

的情况，更多地听取基层群众的诉求，从而能够更全面地回应民众，进而赢得民心。更重要的是，群众路线"承认人民群众具有价值或智识上的优先性"①，注重发挥人民群众的主体性作用。因而，群众路线的实践十分重视汲取民智，并通过调研、视察、巡察等多种方式来了解与关注民情民意。与此同时，党和政府也会通过"到群众中去"开展"三下乡"活动、宣讲活动等来进行宣传引导，进而培植观点、塑造共识、凝聚民心。

2. 政治沟通与聚民心

"民心政治"的实践首先需要在将民意作为基础的前提下开展政治沟通，而党和政府与民众持续进行政治沟通的过程即是民心持续供给的过程。由前述分析也可知，党和政府开展"民心政治"的实践前提是吸纳民意与汲取民智，这样才能在具备充分信息的基础上回应民众需求。因而，在"民心政治"的实践过程中，通常需要党和政府不断与民众进行沟通，把握民众的心理诉求，分析与引导民众需求，从而及时调节情绪并化解矛盾。从具体的沟通实践来看，可以分为制度性沟通、媒介沟通和其他沟通方式。一是制度性沟通，主要是指党和政府通过人大、政协、信访等制度来实现与民众的沟通与互动。比如，民众可以将自己的需求和期盼通过人大代表、政协委员传递给党和政府。在了解民意民情的基础上，党和政府再通过这种沟通方式回应民意、为民众办实事并促进民众利益的实现。② 二是媒介沟通，主要表现为党和政府通过电视、广播、报纸（如《人民日报》《光明日报》等）、政务新媒体（如微信、微博、抖音等新媒体平台的官方账号）等向民众传递信息。一方面，通过媒介向民众传递基础性信息，这种基础性信息包括与民众密切相关的法律、制度、政策、公告等；另一方面，通过媒介向民众传递信息的过程，也是政治社会化的过程。实际上，"民心政治"能够通

---

① 韩志明、顾盼：《民意技术的形与质——群众路线与协商民主的技术比较》，《河南社会科学》2017年第8期。

② 常士䦺：《党心与民心相连：国家凝聚力之源泉》，《学术界》2021年第4期。

过全国范围内的政治沟通来实现全民政治教育，使得中国民众对"国家政治"有着基本意识，从而有利于对民心进行引导和调控，促进共识的达成。此外，宣讲、标语、口号、海报等也都是当代中国比较常见的政治沟通方式。

3. 政治回应与守民心

"知屋漏者在宇下，知政失者在草野"（《论衡·书解》），"民心政治"的基础目标就是要了解和回应民众的诉求。当代中国"民心政治"强调的回应民心，主要着眼于政府制定的政策在多大程度上能够满足民众的诉求与需求，而中国政府一向对民众的诉求与需求有着较强的回应性。这种较强的回应性主要体现在对民意的全面回应与主动回应上。一方面，相较于西方选举政治中政治家对选民偏好的回应，党和政府重视对民意的普遍回应；另一方面，强调党员干部应主动去了解民情民意，而不是仅仅等待民众的主动诉求与主动参与。这种回应民意的动力和约束，主要来自群众路线等政治价值观对于党员干部的培养与要求，来自政治体系内自上而下对民意诉求的政绩考核，来自民众对执政党和政府绩效的检验和监督。因而，随着政治参与和政治表达的方式与渠道不断增多，中国民众进行政治参与和政治表达的热情也不断高涨。在回应民意的压力下，除了通过已有的信访制度、市长信箱、领导留言板等方式和渠道来回应民众，中国共产党及其带领下的各级人民政府拓展了一系列新的工作方式来促进对民意的回应，如北京市12345接诉即办平台、武汉市"民有所呼、我必有应"工作机制等。这些回应民意的工作方式分别从不同维度和不同层次对民意进行了吸纳与回应，这不仅有利于促进民主决策，也有利于化解民众不满情绪、缓和社会矛盾，进而稳定社会秩序。

4. 民生政治与暖民心

"治国有常，利民为本"（《淮南子·氾论训》）。民生问题涉及民众的基础生存权利，关乎民众每日生活中的吃穿住行等基础性问题。因而，"民生政治与每一个人的生活相关，是一种关乎人民日常生活细节的生活政治"①。为了实现民生改善的目标和完成民生建设的任务，一直以来，中国各级党政领导干部也从政治和国家的层面高度重视民生问题，中央和各级地方政府相继推出了各种保障和改善民生的政策制度以及社会保障规划，并建设了一系列的民生工程。无论是三大攻坚战还是关系民众日常生活的早餐工程，都是政府关注的重点。当代中国的民生工程实际上涉及养老、教育、医疗、就业、住房等关乎民众生存、发展、权益的方方面面。由此可见，党和政府重视解决民众急难愁盼的问题，将民生问题看作重大的政治问题。② 与此同时，民生改善和民生福利的满足是促进政治认同和社会稳定的基础，是当代中国绩效合法性的重要来源。如果作为绩效合法性重要来源的民生问题处理不好，可能会催生出不稳定因素，进而威胁到政权稳定性与合法性。因而，中国共产党始终将民生问题看作重大的政治问题，将民众的认可与认同贯穿于民生建设之中，将"持续满足人民美好生活需求的国家实力的持续增长"作为建构"民心政治"的基础。③

## 四　当代中国政治心理学研究中的"民心政治"

在党和政府的倡导下，在学术界部分学者的自觉努力下，政治学的本土化与话语体系重构的工作一直在进行中。④ 学者们呼吁"中国政治学研究需要回归中国实践和中国经验研究，加快构建主体性体系"⑤。

---

① 赵丽江、马广博、刘三：《民生政治：当代中国最重要的意识形态》，《武汉大学学报》（哲学社会科学版）2012年第3期。
② 刘俊祥：《民生国家论——中国民生建设的广义政治分析》，《武汉大学学报》（哲学社会科学版）2013年第4期。
③ 唐亚林：《人心政治论》，《理论与改革》2020年第5期。
④ 刘伟：《话语重构与我国政治学研究的转型》，《复旦学报》（社会科学版）2018年第3期。
⑤ 王浦劬、臧雷振：《中国社会科学研究的本土化与国际化探讨——兼论中国政治学的建设和发展》，《行政论坛》2021年第6期。

"民心政治"作为当代中国重要的政治实践，或许是政治学者从学术立场回应和解析中国政治实践及其话语的契机。民心是中国民众各种政治心理的总括性概念，是当代中国政治合法性的重要话语表述，已有政治心理学研究为理解中国民众的政治心理与行为做出了重要贡献，分别从微观层面和中观层面测量和呈现了民众的政治态度，在一定程度上呈现了民心。

### （一）政治态度研究：民心在当代中国政治心理学研究中的主要呈现

在当代中国政治心理学实证研究中，学者们通常用政治认同、政治信任、政治支持等民众的主观政治取向来呈现民心。[①] 然而，根据前文对"民心政治"内涵与特质的梳理，政治认同、政治信任、政治支持等民众的政治主观取向虽然能够在一定程度上反映民心，但却难以完全等同于民心，并且"在一定程度上使得对民众政治态度难以做出整体、全面的把握和判断"[②]。民心是具有多维度、多层次的复合概念，其不仅仅指可测度的民意信息，也包括潜隐的态度、期待、情感等信息。因而，研究者在进行概念的操作化过程中，问卷设计的题项往往难以全面地、准确地反映民心的真正意涵。也就是说，民心这一多维度的复合概念可能会在问卷设计的过程中被简化。即使实证测量政治认同、政治信任、政治支持等政治心理学概念的结果能够准确地反映这些概念本身的内涵，也仅能反映民心的部分维度。

从政治态度的实证测量来看，在目前较为权威的各大调查中，其测

---

① 郑建君：《政治沟通在政治认同与国家稳定关系中的作用——基于6159名中国被试的中介效应分析》，《政治学研究》2015年第1期；刘伟、肖舒婷、彭琪：《政治信任、主观绩效与政治参与——基于2019年"中国民众政治心态调查"的分析》，《华中师范大学学报》（人文社会科学版）2021年第6期；郑振清、苏毓淞、张佑宗：《公众政治支持的社会来源及其变化——基于2015年"中国城乡社会治理调查"（CSGS）的实证研究》，《政治学研究》2018年第3期。

② 刘伟、黄佳琦：《中国治理场景中的合法性话语：反思与重构》，《北大政治学评论》2021年第2辑。

量题项的设计未能有效地根据中国政治文化与政治实践的特征进行相应地调适。在西方政治实践与政治文化背景中设计的题项,可能存在语言的模糊性与难以理解性,且难以给当代中国的受访民众提供足够的理解情境。① 这就会使受访者在并未完全理解题项的基础上回答问题,或造成问卷敏感用语带来的测量误差。因而,中国政治心理学研究"不能忽视中国文化和中国特性"②。由于中西政治制度与政治文化的差异,研究者将诞生于西方政治背景中的概念与理论运用于当代中国政治研究中时需要更为谨慎。尤其是政治心理与政治文化的研究领域中的概念与理论,更难以摆脱中国传统政治文化与政治现实的影响。政治文化与政治心理研究者在直接使用西方现有的概念来解释当代中国民众的政治心理时,可能会遭遇不适。最终导致难以呈现当代中国民众的政治心理全貌,进而难以准确解释受之影响下的政治行为以及未来中国政治的发展趋势。因而,根据当代中国的政治现实进行概念创新,或是对传统中国政治历史中的话语进行再阐释与再改造就显得极为必要。作为传统中国治世哲学及当代中国政治实践中的重要话语,民心涵盖了民众的态度、情感、期待、认知、价值观等多种政治心理要素,或许能够在一定程度上启发当代中国政治心理学研究。总而言之,自传统中国政治文化与当代中国政治实践中发展而来的"民心政治"的研究视角,也许能启示我们进一步评估与调适西方政治心理学实证研究中的概念和理论框架,进而推动当代中国政治心理学实证研究的发展。

### (二)微观个体数据:民心在当代中国政治心理学研究中的测量

从当代中国政治心理学的具体研究来看,研究者在微观层面致思颇多,譬如世界价值观调查、亚洲晴雨表调查、中国综合社会调查、中国民众政治心态调查、网民社会意识调查等均对当代中国民众的政治认

---

① 赵健池、王正绪:《政治信任:概念史回溯与实证研究反思》,《复旦学报》(社会科学版)2021年第1期。

② 尹继武:《政治心理学的争辩议题述评》,《心理科学进展》2011年第11期。

同、政治信任、政治参与等方面有着较为细致的测量，但相对缺乏从宏观和中观层面来理解与建构当代中国民众政治心理的研究。由这些调查数据可知，中国政府在民众中有着较高的支持度和信任度，但有的学者研究发现，这种信任与支持的持续性和稳定性不强。[1]"支持率一旦下降，在中国马上就可能会转换为政治不稳定。总之，民调支持率反映的是民众对时下政府绩效的态度。"[2] 由此观之，常用数据库调查的当代中国民众政治心理数据也许更多反映的是短期的、不稳定的民众政治态度，而党和政府追求的民心包含的是民众总体的、长期的、稳定的政治态度。因此，在对微观个体民众的测量中呈现的民众政治态度，与党和政府追求的民心难以完全等同。

当代中国政治心理学实证研究普遍采用问卷调查的研究方法，以精准测量民众的政治态度、政治价值观等。这实际上是以阿尔蒙德为代表的政治文化研究范式，即用微观个体数据来测量宏观的政治文化。"政治文化研究的特征之一就是具有丰富多样的政治态度研究。"[3] 的确，要想更深层次地解释中国民众政治认同、政治信任、政治支持等程度较高的原因，就必须考虑政治文化的因素。作为政治文化实证研究的创始人，阿尔蒙德和维巴认为政治文化的定义非常广泛，而他们研究中的政治文化指的是"特定的政治取向"，也即民众"对于整个政治体系及其各个部分的态度，对于在该系统中自我角色的态度"[4]。虽然阿尔蒙德等人研究的重点实际上是为了维持西方自由民主政体的持续存在及其运作，但他们开创了通过民意调查与微观截面数据来分析政治文化与政治心理的研究传统。目前为止，微观个体层面的数据仍旧是政治心理研究及政治文化研究中的重点。然而，学者们也曾经批评与反思政治心理学

---

[1] 李艳霞：《何种信任与为何信任？——当代中国公众政治信任现状与来源的实证分析》，《公共管理学报》2014年第2期。
[2] 赵鼎新：《国家合法性和国家社会关系》，《学术月刊》2016年第8期。
[3] [美]罗伯特·E.戈定主编，[美]拉塞尔·J.达尔顿、[德]汉斯-迪尔特·克林格曼编：《牛津政治行为研究手册》，王浦劬主译，人民出版社2018年版，第160页。
[4] [美]加布里埃尔·A.阿尔蒙德、西德尼·维巴：《公民文化——五个国家的政治态度和民主制》，徐湘林等译，东方出版社2008年版，第12—13页。

研究过度使用截面数据，比如有学者认为，阿尔蒙德与维巴虽然通过对微观个体态度的分析来探索五个国家的政治文化，但他们对政治文化概念的探究仅仅停留在表面。①

当代中国"民心政治"旨在从宏观和整体层面来全面理解民心。在实际操作的测量上，学者们通常用微观个体层面的数据来测量宏观层面的民心，通过将分散的个人数据进行汇总和整合来展现"民心向背"的程度。民心作为一个多维度的主观概念，较难通过标准化手段进行测量，这主要有以下几方面原因：一是民心作为一个多维度的复合性概念本身难以用一组题项来衡量。与此同时，作为一个政治心理学概念，民心这一概念能否被准确测量也依赖测量题项的有效性。二是由于政治心理学研究的部分议题具有一定的敏感性，当民众被问及相关问题时，可能会选择性回避或者无法给出真实的答案②。三是，微观个体的偏好、意愿、态度等可能会受到情境因素的影响——比如民众个体的认知能力、民众个体过往经历、民众个体的从众心理、访问人的语言表达能力、访问的环境与时机等——从而使个体民众（或代表样本的民众）的回应未必能真正反映民心，或是未必能够代表民众的公共利益。从具体的研究过程来看，研究者主要通过随机抽样的方式聚集微观个体数据，并对其整体分布特征进行分析来呈现整个国家民众的政治态度。一方面，以微观个体民众的数据集合来呈现的民意，可能会在一定程度上忽略个体民众在各种群体中的群体心理特征及其是否能够影响该群体意见的形成③。另一方面，如前文所述，自传统中国以来，中国的政治文化与政治实践都强调集体优先于个体，而西方民主实践的基点是以个人为本位④，更注重的是民

---

① ［美］罗伯特·E.戈定主编，［美］拉塞尔·J.达尔顿、［德］汉斯-迪尔特·克林格曼编：《牛津政治行为研究手册》，王浦劬主译，人民出版社2018年版，第160页。

② 王浦劬、季程远：《论列举实验在敏感问题调查中的应用——以非制度化政治参与为验证》，《中国软科学》2016年第9期。

③ Herbert Blumer, "Public Opinion and Public Opinion Polling", *American Sociological Review*, Vol. 13, No. 5, 1948, pp. 542 – 549.

④ 林尚立：《论以人民为本位的民主及其在中国的实践》，《政治学研究》2016年第3期。

众的个体价值。因而，当代中国政治心理学研究不得不思考，微观个体的代表性数据究竟能否全面呈现民心。

**（三）中观群体分析：不同群体政治心理的共性如何呈现为"民心"**

在当代中国政治心理学的研究成果中，关于群体政治心理学的研究较为丰富，比如研究网民政治心理①、大学生政治心理②、农民政治心理③、公务员政治心理④、工人政治心理⑤、中产阶层政治心理⑥等。这些研究均对理解和诠释当代中国民众的政治心理起到了重要的作用。然而，这些研究的基础假设是：各个群体政治心理有其独特性，而其差别的根源就在于不同阶层的民众有着不同的利益需求。那么，值得政治心理学研究者思考的是，不同群体之间的政治心理是否具有共性？这种共性又如何呈现？在政治社会生活中，不同阶层的人对政治事件的反应是不一样的，而且人们的政治态度和政治情感也会随着个人经历等的影响而变化。因而，要想测量并呈现民心，需要在分析不同时期不同阶层或群体政治心理的基础上，把握其共性。

人是群居性动物，一般来说，每个个体都会在不同的群体或者组织中生活，并在其中发挥一定的作用，不同的群体文化或组织文化又会对群体中的个体产生一定的影响。因而，在民众个体影响群体政治心理的

---

① 马得勇、陆屹洲：《信息接触、威权人格、意识形态与网络民族主义——中国网民政治态度形成机制分析》，《清华大学学报》（哲学社会科学版）2019年第3期。

② 马得勇、兰晓航：《精英框架对大学生有影响吗——以实验为基础的实证分析》，《清华大学学报》（哲学社会科学版）2016年第3期。

③ 刘伟：《普通人话语中的政治：转型中国的农民政治心理透视》，北京大学出版社2015年版。

④ 曾润喜、斗维红：《公务员群体的新媒体使用与信任——媒体紧密度、个体决策权的调节作用》，《情报杂志》2019年第9期。

⑤ 吴清军：《市场转型时期国企工人的群体认同与阶级意识》，《社会学研究》2008年第6期。

⑥ 熊易寒：《中国中产阶层的政治倾向及其对舆情的影响》，《湘潭大学学报》（哲学社会科学版）2019年第5期。

同时，群体的政治心理也能够影响群体中每一位民众的政治心理。在此基础上，当前群体政治心理学的研究领域主要涉及群体政治文化、政治认同、民族主义等研究议题。与此同时，不同群体中民众的政治心理也有其共性，这种共性主要通过民众对整个国家、民族及政权体系的认同、信任、支持、期待、情感等要素来呈现。由此观之，这些要素均是民心的重要组成部分，可以说，群体政治心理的共性特征能够通过民心来呈现。因而，党和政府在"民心政治"的实践中，重视与民众之间的双向政治沟通，关注并回应每一群体的偏好、诉求与意愿。

### （四）政治心理学研究中的时代命题：如何处理政治心理的流变？

作为一门实践科学，政治学不可避免地要研究当代政治实践，又将不可避免地被政治实践所影响，进而服务于政治实践。① 当代中国政治学是在改革开放以后重建的学科，因而，西方政治学的概念、理论和议题对改革开放后政治学的重建有着重要的影响。在此背景下，作为政治学和心理学交叉学科的政治心理学，同样诞生于维护西方自由民主体制的运作这一命题。因而，要推动中国政治心理学话语体系的不断发展完善，就需要从传统中国政治哲学与政治文化中寻求启示，从中国本土经验出发建构适切的政治心理学理论和概念，更要思考当代中国政治心理学研究应该如何嵌入当代中国社会转型的时代命题之中。一方面，时代变迁与社会转型会对民众的政治心理产生直接影响。在社会历史的长河中，民心虽稳定，但也并不是一成不变的。以当代中国民众的政治心理为例，其不仅受到传统中国历史文化的影响，更受到当代中国社会发展中政治、经济、文化等方方面面的影响。譬如，伴随改革开放而来的经济社会迅速发展，使中国民众的"获得感"得到持续提高。② 另一方面，通过伴随社会发展进步而产生的新技术、新方法等也能间接影响民

---

① 房宁：《谈谈当代中国政治学方法论问题》，《政治学研究》2016年第1期。
② 王浦劬、季程远：《我国经济发展不平衡与社会稳定之间矛盾的化解机制分析——基于人民纵向获得感的诠释》，《政治学研究》2019年第1期。

众的心理与行为。互联网政务服务平台的搭建与新兴社交媒体等的兴起，在一定程度上促进了民众的政治参与和政治表达。相较于传统媒体，微博、微信、抖音等新的政治传播方式会以更快的速度影响民众政治认知、态度与行为的变迁。因而，民众在互联网政务服务平台、社交媒体等互联网平台中的政治态度、政治认知、政治表达以及政治行为等都是研究民众政治心理变迁的动态"民心"资料。[1]

## 五 拓展基于中国实践的政治心理学研究

的确，当前已有的政治心理学研究已经在一定程度上呈现了当代中国的民心。但是，具体研究多呈现微观个体层面的政治态度，不同群体政治心理的共性如何呈现民心？如何处理政治心理的流变？要回答这些问题，则需要从中观和宏观理论层面开展政治心理学研究，"民心政治"也许可以成为拓展中国政治心理学研究的切入点。

### （一）将政治认知/情感/期待等纳入分析，补充政治信任/支持/认同研究

在当代中国政治心理学实证研究中，政治信任、政治支持与政治认同等议题是学者们的核心研究议题，关于这些研究主题也产生了很多经典的研究成果。但是，这些研究成果大多建基于西方政治文化中诞生的概念、视角与理论框架。实际上，政治信任、政治支持、政治认同等概念本就自西方舶来，在其落地生根的过程中，学者们较少考量传统中国文化与当代中国政治现实对民众政治心理的影响，因而使这些经典概念与理论难以全面呈现民心。与此同时，党和政府追求的民心所向不仅仅是党和政府的一种政治宣言，更是整个当代中国政治的价值取向与奋斗

---

[1] 郑建君：《大数据背景下的社会心理建设》，《哈尔滨工业大学学报》（社会科学版）2019年第4期。

目标。作为党和政府持续获得合法性的重要政治实践,"民心政治"实践中对民心的关注与重视,不仅仅是关注民众的政治信任、政治支持与政治认同程度,也关注包含民众的认知、情感、期待、评价等因素,强调的是党和政府基于人民群众立场对民众政治心理的总体性把握。从已有研究来看,目前关于中国民众政治认知、政治情感等的研究还较为缺乏①。因而,为全面呈现与测量党和政府所追求的民心,进而分析受此影响的政治事件与过程,当代中国政治心理学研究有必要拓展研究民众的认知、情感、期待等心理。

### (二) 从个人生命史的角度,深度挖掘不同群体的心理历程

虽然"民心政治"这一研究视角的起点,在于把握当代中国政治文化影响下的民众政治心理共性,但关于群体中的个体心理历程研究,仍旧能够为研究群体政治心理学提供新颖的研究视角和意想不到的研究发现。如前文所述,关于中国的群体政治心理研究已经有了较为丰硕的成果,但是研究多以问卷调查为基础展开,较少从微观个体视角开展深度访谈与文本分析。② 实际上,通过深度访谈来关注个人的经历和感受,深度挖掘民众个人的生命史,能够在一定程度上补充量表调查中无法测量的心理要素,从而能够更完整全面地呈现不同群体的心理历程。此外,对于微观个体生命史的研究结论也不完全是个性化的,其研究结论也许能够帮助我们更深入地解释不同群体的政治心理及其形成变迁的原因等,帮助补充解释全国性抽样调查数据的结果,进而帮助我们更全面地解释和阐释当代中国民众政治心理的共性。

### (三) 基于对不同群体政治心理的研究,形成对中国公众主流意向的判断

从"民心政治"的研究视角出发,展开对不同群体政治心理的研

---

① 季乃礼、阴玥:《30余年来我国政治心理学研究述评》,《学习论坛》2020年第3期。
② 刘伟、王柏秀:《政治心理学的学科发展与前沿议题——"政治心理与行为"研讨会(2019)会议综述》,《政治学研究》2019年第5期。

究，意在通过整合分析不同群体政治心理的特质，进而形成对中国公众"民心"的判断。不同群体的政治心理既有其共性，又有其差异性特质，要形成对中国公众"民心"的判断，就需要对不同群体的政治心理展开深入分析。因为单一群体的公众并不能代表全体中国公众，例如，学者在对中国网民代表性展开研究的过程中发现，网民并不能代表全体公民，并且网民的政治态度也与全体公民有着较大的偏差。[1] 此外，政党最重要最基础的功能之一即是沟通。中国共产党在实践"民心政治"的过程中，也在不断沟通不同群体间的诉求与利益，促进群体间共识的达成。作为群众型政党，中国共产党一直致力于与不同群体中的公众进行沟通，从而在掌握不同群体政治心理特征的基础上，把握公众主流意向，并制定更符合全体公众的普遍利益而不是偏向于某一群体利益的政策。此外，在分析群体政治心理特征的基础上，不同群体的心理特质与行为对于政权体系的作用、政府组织的心理行为动机等议题，都值得学界进行深入研究。

**（四）基于不同时期民众政治心理的研究，把握中国民众稳定的心理倾向**

政治文化与政治实践对于民众政治心理的影响是显而易见的。中华人民共和国成立以来，随着中国社会的转型与发展，中国民众的政治心理发生了一定程度的变迁。每一阶段民众政治心理的特质实际上都值得学者们进行深入研究，只有对每一阶段民众政治心理有更好的理解，才能从中把握民众政治心理变迁的原因，以及其中稳定不变的部分，比如，中国民众对于党和政府的政治信任程度一直稳定处于较高水平。民心具有稳定性，其稳定性主要体现在对政治制度、政权体系等的态度、期待、认知等心理因素上，而民众的需求与偏好等则可能会根据不同时期的特点而不断变迁。学者们可以尝试在分析不同时期民众政治心理的

---

[1] 林奇富、殷昊:《反思互联网政治参与：代表性的视角》，《学术月刊》2020年第10期。

基础上，呈现中国民众政治心理的变迁趋势，进而从中把握和理解中国民众稳定的心理倾向。

**（五）围绕当代中国政治实践中的独特过程展开"过程—事件"研究**

政治心理学的研究内容不仅包括政治实践中的政治心理，还包括受政治心理影响的政治实践。与此同时，作为一门实践科学，其研究成果应服务并应用于政治实践的发展和政治行为研究的推进。政治心理学研究也随着政治实践过程而不断得以丰富和完善。相较于政治学的传统学科视角，政治心理学研究更为关注政治行为背后的心理因素，强调从政治心理因素出发来解释政治行为和政治过程，主要关注的是行为产生的心理逻辑。基于"民心政治"的研究视角展开"过程—事件"研究，能够让我们更好地理解当代中国政治过程中的某些行为——例如送温暖、"打虎""拍蝇"、抗击疫情、党员下沉、对口支援、政治宣讲等——及其政治意涵。与此同时，也能够从政治心理的视角剖析这些政治行为产生的过程。

# 六　结语

何谓民心政治？"民心政治"是当代中国共产党在治国理政中生产的重要实践模式和政治话语表达方式。民心是当代中国民众政治心理各要素的总括性概念，是当代中国政治合法性的话语表述。本章全面回顾了传统中国民本思想和当代中国治理场景中的"民心政治"，并比照了中西方政治心理学研究背景的差异。我们发现，中国政治心理学研究亟须在回应与解析中国政治实践与政治话语的基础上，反思研究的基础前提与假设。在西方政治心理学研究路径的影响下，当前中国政治心理学实证研究常使用的概念、理论与量表设计，不能完全契合当代中国政治文化与政治实践的现实。实际上，传统中国政治哲学和当代中国政治实践，早已启示"民心"对于中国政治合法性的重要作用。因而，研究者在确定研究的概念和理论前，应尝试比较源自西方政治心理学的各既成概念，与中国共产党治国理政中所追求的"民心"这一概念的共性与差异性。在此基础上，立足于当代中国"民心政治"的实践逻辑，链接中国的政治现实与中国政治学的学术表达，梳理、总结与传承传统中国政治文化思想内核，吸收与借鉴西方政治的概念与理论，调适与完善中国政治心理学的概念理论和框架。进而更全面地阐释中国民众的政治心理，并力求实现与西方政治心理学研究的对话。由此观之，"民心政治"是我们理解当代中国民众政治心理的基础性视角和理路，能够帮助我们进一步思考当代中国政治实践与当代中国民众政治心理，进而为中国政治心理学基础理论和政治学话语体系的发展做出贡献。

# 附 录
# 政治心理学的学科发展与前沿议题

为促进国内高校从事《政治心理学》教学的教师之间的交流，更为促进政治心理与行为实证研究的代表性学者之间的学术交流，2019年5月18日，由武汉大学政治与公共管理学院主办、武汉大学地方政治研究中心与武汉大学政治学与行政学系联合承办的"政治心理与行为"（2019）学术研讨会在武汉大学召开。在此次研讨会上，来自全国众多高校与科研院所的38位专家学者齐聚一堂，围绕会议主题"政治心理与行为"，就政治心理学的学科发展、教学经验与研究方法，以及政治心理与行为实证研究领域的前沿问题展开了深入研讨，取得了广泛共识。

## 一 政治心理学的学科发展

20世纪80年代，中国政治学界开始接触政治心理学，经过近40年的发展，取得了诸多成绩。如何梳理和总结学科发展与教学经验？如何设置中国政治心理学研究的新议程？如何为学科发展储备人才？如何构建教学联盟与学术共同体？这些都是与会学者关心与讨论的话题。

### (一) 议程设置与学科反思

学科的发展，需要以完善的议程设置与丰富的研究议题为支撑。王海洲教授从议程设置角度，对如何构建学术共同体以推动学科发展进行了阐述。当前，中国政治心理学的发展取得了长足进步，但是，仍未形成学科意识与学术共同体。从学科发展规律看，议程设置是培育学术共同体的重要一环。对于中国政治心理学，需要做到三个方面：（1）构建教学联盟，不仅教师之间要加强学术交流与互动，而且要加大人才培养与储备，形成以本土培养为主、引进与联培为辅的综合模式。（2）大力开展学术研讨会活动。即围绕关乎学科发展的深度专题和开放性议题展开持续研讨。（3）构建专属学科阵地。在一定程度上，是否拥有学科专属期刊是学科成熟的标志之一。中国政治心理学学科应努力编辑专属的辑刊或期刊，这对学科发展具有极其重要的作用。

刘伟教授则从议题选题角度讨论了中国政治心理学研究的拓展方向。怎样选择研究议题？首先，需要以研究对象的选择为前提，即选择值得研究且能够接触的政治心理主体。其次，需要适度跳出公民与选民的研究范式。中国的"政治人"在转型期较为复杂、混合和尴尬的政治心理与行为都值得深入挖掘。而要从中发现新的事实和逻辑，需要研究者基于理解性而非建构性的目标，呈现他们言行背后深刻的政治情景与社会—心理机制。最后，应将量化研究和质性研究等研究方法综合使用。不仅应加强量化研究和试验研究，也应加强质性研究，如典型政治人物的深度个案研究，口述史与深度访谈研究，基于人类学深描的阐释性研究以及对特定心理的过程—事件分析。

在学科发展中，教学活动是重要一环。只有不断总结教学经验、反思教学内容，才能进一步完善教学活动，从而为学科发展培养高质量的后备人才。李蓉蓉教授认为，任何教学活动都是教师之教与学生之学的有机结合，政治心理学教学也应是教—学—再教的循环过程。如何体现学科独特性是政治心理学教学的关键部分。交叉性、内隐性、双向性与方法多元化是政治心理学的学科特征。在教的过程中，要更多体现政治心理学的内隐性与解释政治现象的独特视角与价值；要围绕学科特点对教学内容与策略进行设计；要处理好三大关系，即政治学、心理学与政治心理学三大学科之间的关系，西方理论与中国现实的关系，以及学科局限与学科发展的关系；此外，还应着重提升学生的科学性思维、综合性思维与创新性思维。另外，在教学过程中，不仅要解决学生对政治心理学产生的神秘感与陌生感、学科知识难以迁移以及方法缺失问题，还应解决好政治心理学的学科之困、教材之困与培养之困等问题。

此外，话语体系的构建与研究视野的拓展，对于学科发展同样是至关重要的。黄建钢教授认为，从学科分类及我国政治心理学发展现状来看，由于政治心理学研究人员几乎都来自政治学，因此该学科应被定义为心理政治学。在学术研究中，学者不仅要关注学术研究成果，还应关注现实生活中与政治心理相关的事实与成果。对于学科发展而言，首先，政治心理学需要构建一套与中国人心理特征和思维习惯相吻合的学科专属话语体系；其次，学者要有国际视野，这种视野不是用国际来观照中国现实，而是用中国眼光与话语去观察与研究国际问题；最后，学者不仅要有为学科服务的意识，更要有为国家服务的意识。

### （二）政治心理学的学科发展梳理

梳理和回顾政治心理学的学科发展历程，可以为后续研究奠定基础；同时，国外的学科发展经验，也可以为政治心理学在中国的发展提供参照视野。

关于政治心理学在中国的发展，季乃礼教授和阴玥博士从宏观与微观两个层面对发展现状进行了梳理。从研究成果上看，中国政治心理学经历了起步阶段（1980—2004年）、迅速发展阶段（2004—2014年）与平稳发展阶段（2014年至今）。根据关键词共现图谱，再现了研究主要内容、关注问题及研究热点；同时根据关键词聚类图谱发现，国内研究主要议题是政治认同、政治信任和政治参与等。围绕主要议题开展的实证性研究颇为丰富，对政治态度和政治效能感的测量较为成熟和规范，而在对政治认同的测量上则较为杂乱，缺少共识性的、可供参考的测量标准；在研究对象及方法上，多是以某地方性群体为主体开展问卷调查，或是以某些现成的全国性调查数据为来源，而从微观个体角度的研究成果较少，深入访谈及文本分析较欠缺。与国外研究相比，国内研究议题相对狭窄，缺少对当代和历史政治人物的心理描述以及对人际与群际关系的政治心理研究，引介的一些理论与测量方法不能与中国政治现实很好互动。总而言之，国内政治心理学研究起步较晚，目前处于借鉴发展和本土发展的叠加期，受传统与现代政治文化研究的影响较大，政治心理学理论体系尚未建构完成。此外，政治心理学师资力量较为欠缺、科研扶持有限。未来，政治心理学研究领域与空间还有待开拓。

王倍倍博士则详细阐述了俄罗斯政治心理学研究的基本概况与研究范式。从发展阶段上看，主要有：早期阶段（1992—2000年），主要研究转型期政治文化与政治制度的转变以及颜色革命；发展阶段（2000年至今），主要研究政治社会化与政治认知。2000年，莫斯科国立大学政治社会学与政治心理学教研室成立，研究主要集中于政治精英心理特征、俄罗斯民族形成、国家认同、公民政治社会化等议题；主要课程有人格与政治、政治社会学、政治心理学、现代俄罗斯政治身份的形成、政治家心理肖像方法等；此外，政治认知是其研究核心。影响政治认知的核心因素包括时间、空间、客观、主观：不同时间段与地域因素会影响政治认知；客观因素包括政治文化、政治环境、政治体系、制度、领导人、政权、国家等认知客体；主观因素涉及研究对象的性别、年龄、受教育程度、职业等社会要素与情感、需求、动机、价值观等心理因素。

### （三）政治心理学中的方法运用

方法是学术研究的工具。缺乏科学、完善和多元的研究方法，学者就无法进行高质量的学术研究，更谈不上推进学科的发展。无论是方法论层面的反思还是具体研究方法的运用，都是引导学术研究的路标。游宇博士认为，在政治心理学的研究中，多元方法研究中最重要的是怎样根据相应目标来选择合适个案。社会科学研究的核心任务是因果推断与实证导向的理论建构，而探寻因果关系与厘清因果机制是因果分析过程中紧密相关的两大部分。在个案选择策略上，以变量为导向的大样本统计分析，重在选择典型案例与异常案例，并尝试从"正"与"反"两方面来进行机制分析；对于中等规模样本的定性比较分析，在定性比较分析会后，可通过选择典型案例来实现因果机制的完整性，或者通过选取异常案例来实现因果逻辑的一致性。为了能够充分挖掘多元方法研究在因果推断中的潜力，需要从认识论和方法论上对跨案例研究与后续个案选择策略进行正确衔接，避免跳入认识论与方法论的"陷阱"。也就是说，在设计研究之初，需明确研究客体、核心研究目标、可供研究案例总体以及不同因果分析路径的作用边界，从而选取恰当案例。

在具体研究方法的运用上，谢宇格博士阐述和反思了罗夏墨迹测验在政治心理学领域的应用。相较于传统自评量表而言，罗夏墨迹测验能够最大限度绕开心理防御机制与自我图式概念对真实主要人格的遮蔽，可以在一定程度上了解被试的真实心理状态，进而更加准确地预测被试行为。但由于罗夏墨迹测验在政治心理学领域的应用还存在一些理论和技术问题，需要在未来应用发展中就认知和情绪解释指标进行论证，对其解释指标与被测量心理因素之间的效度对接进行理论化与系统化研究，从而推进其理论应用。

在讨论环节，郑建君副研究员认为，政治心理学研究生的培养需要强调四个意识：问题意识、理论意识、方法意识与规范意识；而对于研究者而言，则需要培养领域意识。此外，李艳霞教授指出，学科发展与知识生产密切相连。知识生产阶段是想象与实践不断互动的过程，两者之间相互纠葛，想象过程就是概念建构过程，研究过程是理论验证过程。然而，政治心理学学科发展还未达到完全的理论对话、理论共识与理论建构阶段。

总之，国内政治心理学是一门比较年轻的学科，正处于学科发展的初级阶段，还未形成共享的学科意识和拥有学科归属感的学术共同体。因此，应加强学术共同体的建设，努力构建实体性组织，为研究者提供教学经验与学术研究的交流平台；此外，还应以问题导向和理论贡献为目标，强化研究主体意识，广泛吸纳人才，提升学科开放性；在师资力量的培育与储备上，应以本土培养为主、引进人才为辅；研究视野应将国内与国际视野相结合，不能局限于国内政治，还应以中国眼光去观看世界。

## 二 政治心理学的前沿议题

中国特色社会主义进入新时代，为政治心理学研究提供了新机遇与新现象，同时也提出了新问题与新挑战。在新机遇与新挑战下，与会学者围绕"政治心理与行为"，就"政治人格""政治参与""政治认同""政治信任""群体政治心理与行为"等前沿议题分享了各自的研究成果，并展开了激烈的讨论。

### （一）政治人格与行为

在政治心理学领域，对政治人格的研究是一个重要方面。而在政治人格的研究中，威权主义人格是一个焦点议题。马得勇教授对威权主义根源及其在中国的样态进行了实证分析。威权主义人格包括个体、行为和文化三个层面。他认为，威胁问题伴随人类的演化过程，这是威权主义——自由至上主义的演化论（进化论）根源；事实威胁抑或是想象威胁都会激发威权主义由心理冲动变成行为；当代中国政治文化的本质是威权主义文化，它与中国传统的王权主义文化存在内在关系；对于一个具有浓厚威权主义文化的国家来说，威权主义文化本身可能是社会进步和政治文明的负资产；对于一个过度偏向威权主义一端的社会来说，它的体制和文化向自由主义一端的移动无疑会释放出巨大的活力和创造力。对社会主义民主政治来说，文化建设和体制建设缺一不可。

李艳霞教授则对现代犬儒主义的概念进行了解析。她认为，由于现代犬儒主义所具有的内隐性、多维性与背离性等特征，使得其概念建构与测量存在困难。因此，需要从概念建构出发，遵从理论情景原则，以前人对犬儒主义的分析为基础，在社会心理、行为与文化的论域中，从思想溯源、本质挖掘与特征归纳三个层面对现代犬儒主义概念进行解析，力图搭建思想溯源—本质属性—外部特征为主线的多层次概念结构。现代犬儒主义是社会公共哲学和公共伦理匮乏的体现，改变社会犬儒化的趋势可谓任重而道远；建立现代犬儒主义概念、结构与测量体系，全面研究现代社会的犬儒主义现象，深入探讨公众犬儒主义态度的影响因素，从而治愈现代犬儒主义的精神顽疾是当代知识界需要认真思考的重要议题。

同时，刘成博士对开放性人格与大学生公民参与行为之间的关系进行了实证考察。他认为开放性人格是预测公民参与行为的变量之一，但开放性人格的不同维度对公民参与的影响具有异质性。相关性分析表明，在创造力、想象力、亲社会多样性倾向、公民参与变量的相关关系中，除开放性人格与公民参与不相关外，其他变量两两间均呈显著正相关关系。回归分析表明，高开放性人格的大学生具有更高的亲社会多样性倾向，同时高亲社会多样性倾向的大学生更有可能做出公民参与行为；同时，对不同影响路径的分析表明，在开放性人格影响大学生公民参与过程中，亲社会多样性倾向起着完全中介作用，进而验证了人格特质影响公民参与的社会属性路径。

### （二）政治参与的心理机制

影响政治参与的因素有哪些？政治参与给公众带来了什么益处，以及参与背后的动机是什么？这些都是重要的研究议题。孟天广副教授认为，在政治生活中，互联网对政治参与的影响最大。学界存在两种观点：一是积极主义，认为互联网带来了正向作用，使政治知识在公众间扩散，帮助公众建立了社会关联，提供了政治参与的重要机会窗口；二是认为互联网带来了去政治化。如果互联网能够带来去政治化，那么互联网去政治化会对政治参与产生哪些影响？他通过研究发现，互联网示范城市的建设为网民提供了更多的政治参与机会；网络娱乐在互联网与政治参与之间起到了中介作用，而网络商业化则直接影响政治参与。可以说，政府互联网去政治化战略未能控制互联网发展所带来的民主效应。

郑建君副研究员则实证分析了政治知识对政治参与的影响及其作用边界。他通过文献回顾、抽样调查与数据分析发现：首先，政治知识的提升是个体向成熟政治人转变的重要途径，也是个体持续政治社会化的重要实现形式。在此过程中，既要重视培养反映公民素质的一般性政治知识，更要加强对具体政治参与活动相关规则、程序等方面的教育，从而促进公民在现实中的政治参与。其次，不但要让每位公民平等享有改革开放发展成果并提升获得感，更要让大家感受到公平公正的社会参与氛围以增强安全感，进而提高个体对政治合法性的知觉水平和参与社会公共事务的心理动能。最后，对媒体使用影响效应的关注，不应仅局限于媒介传播形式与内容的差异，还应关注上述特征对媒介使用主体的认知、态度等主观心理因素的影响。

在政治参与行为中，选举是重要的途径。叶茂亮副教授以定量方式探讨了选举与幸福感之间的关系。研究发现，选举本身并不能提高村民的幸福感，而直接提名候选人则可以影响幸福感。其影响渠道主要有两个：村民直接提名让村民有机会选到能够代表自身利益的村干部，村干部则通过帮村民致富、为村民说话、协调村民利益等方式，提升村民对他们的信任和业绩认同；村民直接提名提升了公共产品支出占比，从而使村民能够享受到更多的由村庄提供的生产服务、教育、医疗、基础设施和其他公益性服务。

行为背后往往有其特定的心理机制。对于人大代表而言，其政治参与的心理动力机制如何？这是一个值得探讨的问题。蔡金花博士从双重动机视角着眼，基于地方人大代表建议文本对人大代表利益表达的动机问题进行了分析。从数据分析结果看，人大代表都能做到公私利益表达并重，以公为主、兼顾私利。但是不同职业身份代表的公私利益表达动机强度不一。从文本分析结果看，不同职业身份代表倾向于围绕本职工作来表达利益诉求。以本职工作为利益诉求表达中心，既体现了人大代表追求公共利益的动机，也体现了追求私人利益的动机。

### （三）政治认同的形成逻辑

在政治生活中，政治认同是政治共同体稳定与发展的重要基础。如何认识、测量、塑造和巩固政治认同，长期以来都是政治心理学界关心的问题。王海洲教授认为，智能化时代是一个日常交叠的时代，日常工作与日常生活交叠在一起。那么日常工作的碎片化与日常生活的混杂化，会不会影响包括基层政府领导干部在内的政治精英的伦理状态？他从晋升角度运用政治现象学与非结构式访谈相结合的混合研究方法发现：日常交叠影响基层政府领导干部对"公共事务"和"政治精英/公务员"的深入反思，在错乱的时空观和多元的价值观下，"公共事务"与"普通事情"无异，"公务员"沦为一种"谋生"职业。在可观察范围内，日常交叠冲突甚至损害了政府领导干部的伦理状态，影响政府领导干部对职业的认同程度，提高了损伤政治信念和政治责任的可能性。

政治稳定是一个国家繁荣发展的重要前提。边疆地区的稳定对中国的发展尤为重要。那么，如何在新时代背景下为国家发展构建牢固的认同基础？薛洁教授认为，认同具有不同层次，既有属于国家层面的制度认同、政权认同、价值认同、身份认同、领土认同等，也有属于民族层面的族群身份认同。那么，在边疆少数民族地区，政府在构建其国家认同与民族认同的不同层次之间实际发挥着怎样的作用，需要通过规范的调研设计与实证分析来认识与掌握。其本人的研究设计内容主要包括调研对象的选择、调研地区的选取、具体的调研步骤、测量维度与指标提纲的设计等。最后,她指出,此项调研的核心目的并不是强调民族认同,而是为了促进国家认同的构建;要通过考察政治符号的政治属性来探析其在构建国家认同与民族认同中所做的贡献。

同时,建构政治认同需要有历史思维,应注重从我国传统思想中挖掘出有益的思想成分。常铁军副教授认为,"大一统"是描绘中国古今理想政治形态的核心符码,不仅凝聚了政治共识,也是对认同政治的理想追寻,被普遍识别、认同和遵循。经过两千多年的发展演变,其内涵逐步演化为追求思想、观念、政治制度、政令等政治系统的和谐、一致和同一,具有深厚的精神和文化内涵以及深刻的政治认同内涵和功能,其蕴含的现代性因子与现代社会具有相融通、相适应的一面,能够促进当代中国政治认同建构。而要发挥其在促进中国特色社会主义政治认同建构中的作用,要以新的政治时间坐标来重塑政治认知和政治关系,强化对中国特色社会主义的政治认同;要深刻认识到新与旧的相对性与连续性,从而增强"四个自信"和政治认同,汇聚实现中华民族伟大复兴中国梦的精神和力量。

### (四) 政治信任的本土机制

任何国家的稳定与发展,都离不开有效治理;有效治理的实现需要以公众的信任与支持为前提。如何对政治信任进行全方位解析并把握其在社会治理中的作用机制,就显得尤为重要。上官酒瑞教授对中国社会转型期的政治信任进行了结构性解释。现实生活中存在一种政治信任"谜题",即政治信任度高而政治信任感低。要解释它,需从三方面入手:一是从历史的角度,将政治信任偏好性放在"前后"关系中去看。从"前后"结构关系看,与其说政治信任出现了衰微趋势,倒不如说是政治信任发生、演化或修复、重构所需要的资源、条件、环境,在结构转换期发生了不适应、不协调、不匹配。二是要看到"上下"关系中政治信任的级差性。差序政治信任的背后有很多解释,如文化论、制度论、传播论等。三是要看到"左右"关系中政治信任的聚合性。社会公众并未很好地区分政治制度、政策、党和政府,而是将其都看作是政府或国家,同时也不会区分社会信任和政治信任,而是将政治信任看作社会信任的叠加,对制度和政策的信任也会聚合为对政治角色的信任,不信任制度和政策其实是不信任执行政策的人。

李艳丽教授则以案例的形式阐述了仪式在构建信任,进而促进基层社会有效治理中的机制。她以社会资本理论为基础,分析了吹笙挞鼓舞在瑶村治理中的作用。吹笙挞鼓舞以宗教、祭奠仪式与文化形式在村庄治理中发挥作用。吹笙挞鼓舞是水滨瑶族形成民族认同的重要载体,提升了村民信任,扩大了村民横向关系网络,提高了村民互动频率,拓展了水滨村向外的垂直关系网络,从而成为瑶村良好秩序形成的重要资源。因此,吹笙挞鼓舞在村庄规范的形成与村庄治理绩效的提升中发挥了重要作用。

### (五) 群体政治心理与行为

人类是社会性、政治性动物,个体是以群体的形态参与社会政治生活的,群体心理现象存在于人类所有政治活动中。不同群体的政治心理与行为在不同情境下有其自身特点。多位学者围绕该议题展开了探讨。熊易寒教授基于观察与实证分析对群体性事件中不同群体之间的沟通联系机制进行了解析。他发现,集体行动中抗争者与政府领导干部之间存在频繁放风现象。群体性事件走向具有不确定性,这对抗争者与政府领导干部来说是一种风险。而风险控制需要在不确定情境下构建一种信息沟通机制,这种机制就是"放风",它能提供能力信号、决心信号和信任信号,解决信息"双盲"问题,最终达到比较好的沟通效果。总之,来自第三方(上级政府问责和公共舆论压力)的不确定性使得抗争者与政府领导干部之间产生了共谋动机,但要产生共谋行为,必须解决信任问题。

语言或文本分析是洞悉群体政治心理与行为的重要方法。孔凡义副教授基于语言分析对上访者语言表达方式背后所蕴含的文化与心理进行了分析。在建构基于情、理、法三维分析框架的基础上，通过语言文本分析发现：利益是农民工上访者的主要诉求。对于上访者而言，情的表达带有强烈的人格化色彩，须引起他人共鸣，包括悲情、愤怒与挫折感等三个方面；理的表达包括情理、公理、天理以及生存伦理；而在法的表达中，其利用法律武器捍卫自己利益的能力依然较弱。总之，在当前上访者的表达方式中，讲理偏多，情仅次于理，法非常少，这总体反映了中国人当前的文化心理结构。

严行健副教授则通过对弹幕文本的混合型测量，探析了我国青少年网民的民族主义特征。他利用语料库方法、百度 AI 文本情感极性判断、补充质性批判话语分析等方法，基于经济社会维度、文化维度、情感维度，对青少年网民民族主义特征进行了测量与分析，研究发现，在经济社会维度上，青少年网民对全球化问题不敏感，甚至是温和支持。在文化维度上，由民族危机引发的文化危机感所产生的文化民族主义在弱化；民族主义情绪仍然存在，但由"惧外"发展为崇外/蔑外梯度；民族主义情绪仍然会在民族危机记忆事件中被唤醒；对中华文化产生了更高的自信感，而对民族主义冲动则有一定程度的遏制。在情感维度上，在强烈的民族自豪感基础上是理性的爱国主义；虽无明显的狭隘民族主义，但出现一种"求赞"心态；自豪感与狭隘性交织，是一种特殊的民族主义情感评价并兼有亚文化特征。

## 三 结语

伴随改革开放与中国政治学的恢复、发展，中国政治心理学经过近 40 年的发展，无论是在人才培养还是研究成果上，都取得了不错的成绩。但就学科发展而言，尚未形成一门独立而成熟的学科。政治心理学是以政治生活中的各种心理想象为研究对象，并运用多元方法对相关议题进行学术研究的学科，其关注的是政治现象背后的内在心理机制。改革开放40多年，中国在经济、政治、社会、文化、生态以及党的建设等方面取得了巨大成就。当前，中国特色社会主义已经进入新时代，这为政治心理学的研究提供了丰富的政治事实和作用舞台。未来，政治心理学在中国的发展，需要学者有现实关怀与理论抱负，关注中国问题，特别是要对相关领域问题进行本土化研究与探讨，从而为中国政治心理学的发展、中国现实政治发展、社会进步与国家富强贡献力量与智慧。

政治心理与行为是政治学实证研究的标志性领域，也是作为前沿交叉学科的政治心理学关注的主要议题。此次会议，为中国政治心理学研究者提供了交流的机会与平台，进一步提升了与会学者对中国政治心理学的学科发展方向、教学活动的开展以及未来研究议程的设置等问题的认识，并且在学术共同体建设、师资力量的培养与储备等方面形成了广泛共识，但也在具体的研究议题与方法上存在一定的争论。共识的形成与争论的存在，不仅证明了中国政治心理学发展所取得的成就，更表明了学科发展道路的艰巨性与持久性，而这都需要广大政治心理学学者继续不遗余力地贡献智慧与努力。

# 参考文献

## 一　中文文献

蔡金阳、张同龙：《取消农业税对农民收入影响的实证研究》，《农业科学与技术》（英文版）2012年第3期。

曹正汉：《中国上下分治的治理体制及其稳定机制》，《社会学研究》2011年第1期。

常士訚：《党心与民心相连：国家凝聚力之源泉》，《学术界》2021年第4期。

陈峰：《国家、制度与工人阶级的形成——西方文献及其对中国劳工问题研究的意义》，《社会学研究》2009年第5期。

陈捷：《中国民众政治支持的测量与分析》，中山大学出版社2011年版。

陈文、陈科霖：《当代中国政治制度研究70年的进路与逻辑》，《政治学研究》2019年第6期。

陈文：《城市社区业主维权：类型与特点探析》，《贵州社会科学》2010年第4期。

陈锡文：《农业和农村发展：形势与问题》，《南京农业大学学报》（社会科学版）2013年第1期。

陈先红、张明新：《中国社会化媒体发展报告·2013卷》，华中科技大学出版社2013年版。

陈晓运：《去组织化：业主集体行动的策略——以 G 市反对垃圾焚烧厂建设事件为例》，《公共管理学报》2012 年第 2 期。

陈映芳、龚丹：《私域中的劳动和生活》，《同济大学学报》2015 年第 6 期。

陈映芳：《"农民工"：制度安排与身份认同》，《社会学研究》2005 年第 3 期。

陈映芳：《行动力与制度限制：都市运动中的中产阶层》，《社会学研究》2006 年第 4 期。

陈赟：《自发的秩序与无为的政治——中国古代的天命意识与政治的正当性》，《中州学刊》2002 年第 6 期。

程倩：《政府信任关系：概念、现状与重构》，《探索》2004 年第 3 期。

池上新：《市场化、政治价值观与中国居民的政府信任》，《社会》2015 年第 2 期。

储建国：《善钧从众：道心与人心之间》，《天府新论》2021 年第 1 期。

楚成亚、徐艳玲：《变迁、分化与整合：当代中国政治文化实证研究》，山东大学出版社 2010 年版。

崔岩：《流动人口心理层面的社会融入和身份认同问题研究》，《社会学研究》2012 年第 5 期。

邓曦泽：《天命、君权与民心的纠缠——中国古代政治合法性观念研究》，《四川大学学报》（哲学社会科学版）2019 年第 5 期。

丁忠甫：《农民工政治认同的形成机理》，《云南行政学院学报》2020 年第 2 期。

董毅：《基层民众的媒介接触与政治信任》，博士学位论文，复旦大学，2011 年。

范士明：《新媒体和中国的政治表达》，《二十一世纪》网络版 2008 年 3 月号总第 72 期。

房宁：《谈谈当代中国政治学方法论问题》，《政治学研究》2016 年第 1 期。

费孝通：《乡土中国》，生活·读书·新知三联书店1985年版。

高学德、翟学伟：《政府信任的城乡比较》，《社会学研究》2013年第2期。

耿静：《政府信任的差序化：基层治理中的"塔西佗陷阱"及其矫正》，《理论导刊》2013年第12期。

管玥：《政治信任的层级差异及其解释：一项基于大学生群体的研究》，《公共行政评论》2012年第2期。

郭小安：《网络政治参与和政治稳定》，《理论探索》2008年第3期。

郭于华、沈原：《居住的政治——B市业主维权与社区建设的实证研究》，《开放时代》2012年第2期。

郭于华：《倾听底层：我们如何讲述苦难》，广西师范大学出版社2011年版。

郭于华、常爱书：《生命周期与社会保障》，《中国社会科学》2005年第9期。

郭于华：《作为历史见证的"受苦人"的讲述》，《社会学研究》2008年第1期。

韩冬临：《想象的世界：中国公众的国际观》，社会科学文献出版社2012年版。

韩志明：《选举民主与协商民主的比较——以民意信息处理为中心的技术分析》，《清华大学学报》（哲学社会科学版）2019年第1期。

韩志明、顾盼：《民意技术的形与质——群众路线与协商民主的技术比较》，《河南社会科学》2017年第8期。

郝铁川、竺常赟：《试论习近平同志关于人大理论和工作的新阐述》，《学习与探索》2019年第8期。

何俊志：《当代中国人大代表选举研究的话语比较》，《探索》2018年第3期。

贺雪峰：《村庄的含义》，载《新乡土中国：转型期乡村社会调查笔记》，广西师范大学出版社2003年版。

贺雪峰：《半熟人社会》，载《新乡土中国：转型期乡村社会调查笔记》，广西师范大学出版社2003年版。

贺雪峰：《国家与农民关系的三层分析——以农民上访为问题意识之来源》，《天津社会科学》2011年第4期。

胡百精：《中国舆论观的近代转型及其困境》，《中国社会科学》2020年第11期。

胡鹏：《政治文化新论》，复旦大学出版社2020年版。

胡荣、范丽娜、龚灿林：《主观绩效、社会信任与农村居民对乡镇政府信任》，《社会科学研究》2018年第6期。

胡荣、胡康、温莹莹：《社会资本、政府绩效与城市居民对政府的信任》，《社会学研究》2011年第1期。

胡荣、刘艳梅：《中间阶层在公共领域中的维权行为——厦门市U小区公摊纠纷个案分析》，《中共福建省委党校学报》2006年第8期。

胡荣：《农民上访与政治信任的流失》，《社会学研究》2007年第3期。

胡荣：《社会资本与城市居民的政治参与》，《社会学研究》2008年第5期。

胡荣：《社会资本与中国农村居民的地域性自主参与——影响村民在村级选举中参与的各因素分析》，《社会学研究》2006年第2期。

胡伟：《民心是最大的政治——习近平关于民主重要论述的理论基础》，《毛泽东邓小平理论研究》2018年第8期。

胡泳：《博客在中国》，《二十一世纪》网络版（香港）2008年9月号总第78期。

胡泳：《谣言作为一种社会抗议》，《传播与社会学刊》（香港）2009年总第9期。

胡元梓：《中国民众何以偏好信访——以冲突解决理论为视角》，《华中师范大学学报》（人文社会科学版）2011年第2期。

黄典林：《从"盲流"到"新工人阶级"——近三十年〈人民日报〉新闻话语对农民工群体的意识形态重构》，《现代传播》（中国传媒大学学报）2013 年第 9 期。

黄冬娅：《国家如何塑造抗争政治——关于社会抗争中国家角色的研究评述》，《社会学研究》2011 年第 2 期。

黄红：《改制后东北国有企业工人的社会心理困境分析》，《学术交流》2009 年第 6 期。

黄荣贵、桂勇：《互联网与业主集体抗争：一项基于定性比较分析方法的研究》，《社会学研究》2009 年第 5 期。

黄信豪：《解释中国社会差序政府信任：体制形塑与绩效认知的视角》，《政治科学论丛》2014 年第 1 期。

黄岩：《国有企业改制中的工人集体行动的解释框架》，《公共管理学报》2005 年第 11 期。

黄宗智：《集权的简约治理——中国以准官员和纠纷解决为主的半正式基层行政》，《开放时代》2008 年第 2 期。

季乃礼、阴玥：《30 余年来我国政治心理学研究述评》，《学习论坛》2020 年第 3 期。

蒋晓平：《城市社区业主维权研究中的理论与进路：一个文献综述》，《中共福建省委党校学报》2014 年第 3 期。

柯红波：《腐败与公众信任——基于政府官员的调查与解读》，《中共杭州市委党校学报》2009 年第 6 期。

孔德永：《政治认同的逻辑》，《山东大学学报》（哲学社会科学版）2007 年第 1 期。

郎友兴、谢安民：《行政吸纳与农民工政治参与的制度化建设——以浙江省乐清市 L 镇 "以外调外" 实践为例》，《理论与改革》2017 年第 4 期。

郎友兴：《政治追求与政治吸纳——浙江先富群体参政议政研究》，浙江大学出版社 2012 年版。

李保臣、李德江：《生活满意感、政府满意度与群体性事件的关系探讨》，《中南民族大学学报》（人文社会科学版）2013 年第 2 期。

李惠春、杨雪冬:《社会资本与社会发展》,社会科学文献出版社 2000年版。

李金铨:《从儒家自由主义到共产资本主义》,载《超越西方霸权:传媒与文化中国的现代性》,牛津大学出版社 2004 年版。

李连江:《差序政府信任》,《二十一世纪》2012 年第 3 期。

李连江:《差序政府信任》,复旦大学制度建设研究中心《动态与政策评论》总第 22 期,2012 年 5 月。

李伟民、梁玉成:《特殊信任与普遍信任:中国人的信任结构与特征》,《社会学研究》2002 年第 3 期。

李亚妤:《互联网使用、网络社会交往与网络政治参与》,《新闻大学》2011 年第 1 期。

李艳霞:《何种信任与为何信任?——当代中国公众政治信任现状与来源的实证分析》,《公共管理学报》2014 年第 2 期。

李艳霞:《何种治理能够提升政治信任?——以当代中国公众为样本的实证分析》,《中国行政管理》2015 年第 7 期。

李瑶:《找回"面子":下岗失业工人的自尊维持》,《中国农业大学学报》(社会科学版)2008 年第 3 期。

李莹:《中国农民工政策变迁》,社会科学文献出版社 2013 年版。

李永刚:《我们的防火墙:网络时代的表达与监管》,广西师范大学出版社 2009 年版。

梁漱溟:《中国文化要义》,学林出版社 1987 年版。

梁莹:《基层政治信任与社区自治组织的成长》,中国社会科学出版社 2010 年版。

林南:《社会资本:关于社会结构与行动的理论》,上海人民出版社 2005 年版。

林奇富、殷昊:《反思互联网政治参与:代表性的视角》,《学术月刊》2020 年第 10 期。

林尚立:《当代中国政治:基础与发展》,中国大百科全书出版社 2017

年版。

林尚立：《论以人民为本位的民主及其在中国的实践》，《政治学研究》2016年第3期。

林尚立：《民主与民生：人民民主的中国逻辑》，《北京大学学报》（哲学社会科学版）2012年第1期。

刘爱玉：《国有企业制度变革过程中工人的行动选择》，《社会学研究》2003年第6期。

刘爱玉：《制度变革过程中工人阶级的内部分化与认同差异》，《政治与公共行政》2004年第6期。

刘春泽：《社会分层逻辑下的农民工利益认同探析》，《中国青年研究》2017年第2期。

刘杰：《历史、逻辑与规则：公务员日常行为研究》，中国社会科学出版社2022年版。

刘俊祥：《民生国家论——中国民生建设的广义政治分析》，《武汉大学学报》（哲学社会科学版）2013年第4期。

刘明兴、徐志刚、刘永东等：《农村税费改革、农民负担与基层干群关系改善之道》，《管理世界》2008年第9期。

刘能：《怨恨解释、动员结构和理性选择——有关中国都市地区集体行动发生可能性的分析》，《开放时代》2004年第4期。

刘伟：《村民自治的运行难题与重构路径——基于一项全国性访谈的初步探讨》，《江汉论坛》2015年第2期。

刘伟：《话语重构与我国政治学研究的转型》，《复旦学报》（社会科学版）2018年第3期。

刘伟、肖舒婷：《民心政治的实践与表达——兼论中国政治心理学研究的拓展》，《政治学研究》2023年第2期。

刘伟、黄佳琦、彭琪：《中国民众政治心理调查报告（2019）》，载徐勇、邓大才主编《政治科学研究》2020年卷·上，中国社会科学出版社2021年版。

刘伟、黄佳琦：《中国治理场景中的合法性话语：反思与重构》，《北大政治学评论》2021年第2辑。

刘伟、彭琪：《政府满意度、生活满意度与基层人大选举参与——基于2019年"中国民众政治心态调查"的分析》，《政治学研究》2021年第2期。

刘伟：《普通人话语中的政治：转型中国的农民政治心理透视》，北京大学出版社2015年版。

刘伟：《群体性活动视角下的村民信任结构研究——基于问卷的统计分析》，《中国农村观察》2009年第4期。

刘伟、汪昱均：《业主维权困局何以形成？——基于B市Q区S小区业主维权事件的过程分析》，《理论月刊》2019年第8期。

刘伟、王柏秀：《政治心理学的学科发展与前沿议题——"政治心理与行为"研讨会（2019）会议综述》，《政治学研究》2019年第5期。

刘伟、肖舒婷、彭琪：《政治信任、主观绩效与政治参与——基于2019年"中国民众政治心态调查"的分析》，《华中师范大学学报》（人文社会科学版）2021年第6期。

刘伟、肖舒婷：《作为政治沟通方式的百姓宣讲：运作逻辑及其功能》，《中共天津市委党校学报》2021年第4期。

刘伟、颜梦瑶：《国企改革后下岗职工政治认同的生成机制》，《学海》2018年第3期。

刘伟：《政策变革与差序政府信任再生产——取消农业税的政治效应分析》，《复旦学报》（社会科学版）2015年第3期。

刘伟：《治理转型背景下的农民政治心理研究》，华中师范大学政治学研究院博士后出站报告，2014年。

刘伟：《自生秩序、国家权力与村落转型——基于对村民群体性活动的比较研究》，博士学位论文，复旦大学，2008年。

刘欣、朱妍：《中国城市的社会阶层与基层人大选举》，《社会学研究》2011年第6期。

刘学民:《网络公民社会的崛起——中国公民社会发展的新生力量》,《政治学研究》2010年第4期。

卢春龙、张华:《公共文化服务与农村居民对基层政府的政治信任——来自"农村公共文化服务现状调查"的发现》,《政法论坛》2014年第4期。

卢春龙:《中国新兴中产阶级的政治态度与行为倾向》,知识产权出版社2011年版。

卢海阳、郑逸芳、黄靖洋:《公共政策满意度与中央政府信任——基于中国16个城市的实证分析》,《中国行政管理》2016年第8期。

马丹:《社会网络对生活满意度的影响研究——基于京、沪、粤三地的分析》,《社会》2015年第3期。

马得勇、兰晓航:《精英框架对大学生有影响吗——以实验为基础的实证分析》,《清华大学学报》(哲学社会科学版)2016年第3期。

马得勇、陆屹洲:《信息接触、威权人格、意识形态与网络民族主义——中国网民政治态度形成机制分析》,《清华大学学报》(哲学社会科学版)2019年第3期。

马得勇:《政治信任及其起源——对亚洲8个国家和地区的比较研究》,《经济社会体制比较》2007年第5期。

《马克思恩格斯选集》第1卷,人民出版社1995年版。

马庆钰:《论家长本位与"权威主义人格"——关于中国传统政治文化的一种分析》,《中国人民大学学报》1998年第5期。

马雪松:《从"盲流"到产业工人——农民工的三十年》,《企业经济》2008年第5期。

马雪松:《政治世界的制度逻辑》,光明日报出版社2013年版。

孟天广、季程远:《重访数字民主:互联网介入与网络政治参与——基于列举实验的发现》,《清华大学学报》(哲学社会科学版)2016年第4期。

孟天广、田栋:《群众路线与国家治理现代化——理论分析与经验发现》,《政治学研究》2016年第3期。

孟天广、杨明:《转型期中国县级政府的客观治理绩效与政治信任——从"经济增长合法性"到"公共产品合法性"》,《经济社会体制比较》2012年第4期。

孟伟:《城市业主维权行动的利益目标与权利取向》,《黄山学院学报》2007年第2期。

孟伟:《建构公民政治:业主集体行动策略及其逻辑——以深圳市宝安区滢水山庄业主维权行动为例》,《华中师范大学学报》(人文社会科学版)2005年第3期。

闵琦:《中国政治文化——民主政治难产的社会心理因素》,云南人民出版社1989年版。

宁晶、孟天广:《成为政治人:政治参与研究的发展与未来走向》,《国外理论动态》2019年第11期。

潘维:《当代中华体制——中国模式的经济、政治、社会解析》,《中国模式:解读人民共和国的60年》,中央编译出版社2009年版。

潘维:《信仰人民——中国共产党与中国政治传统》,中国人民大学出版社2017年版。

潘祥辉:《去科层化:互联网在中国政治传播中的功能再考察》,《浙江社会科学》2011年第1期。

彭心安:《阶层分化与各层政治信任差异分析》,《厦门特区党校学报》2010年第5期。

齐小林:《当兵:华北根据地农民如何走向战场》,四川人民出版社2015年版。

清华大学出土文献研究与保护中心编:《清华大学藏战国竹简(伍)》下册,中西书局2015年版。

任锋:《论作为治体生成要素的民心:一个历史政治学的分析》,《天府新论》2021年第1期。

上官酒瑞、程竹汝:《政治信任的结构序列及其现实启示》,《江苏社会科学》2011 年第 5 期。

尚虎平：《古代中国国家兴盛的规律及当代的扬弃——一个面向"实绩晋升"文化的探索性解释》，《行政论坛》2021 年第 1 期。

沈传亮：《公务员群体的政治文化研究》，郑州大学出版社 2007 年版。

沈明明等：《中国公民意识调查数据报告》，社会科学文献出版社 2009 年版。

沈士光：《论政治信任——改革开放前后比较的视角》，《学习与探索》2010 年第 2 期。

沈原：《社会转型与工人阶级的再形成》，《社会学研究》2006 年第 2 期。

沈原：《走向公民权——业主维权作为一种公民运动》，载《市场、阶级与社会：转型社会学的关键议题》，社会科学文献出版社 2007 年版。

施芸卿：《再造城民：旧城改造与都市运动中的国家与个人》，社会科学文献出版社 2015 年版。

石发勇：《关系网络与当代中国基层社会运动——以一个街区环保运动个案为例》，《学海》2005 年第 3 期。

孙晶：《文化霸权理论研究》，社会科学文献出版社 2004 年版。

孙立平：《转型社会学的新议程》，《社会学研究》2006 年第 6 期。

孙龙：《公民参与：北京城市居民态度与行为实证研究》，中国社会科学出版社 2011 年版。

孙昕、徐志刚、陶然等：《政治信任、社会资本和村民选举参与——基于全国代表性样本调查的实证分析》，《社会学研究》2007 年第 4 期。

孙永芬：《中国社会各阶层政治心态研究：以广东调查为例》，中央编译出版社 2007 年版。

唐皇凤：《使命型政党：执政党建设的中国范式》，《浙江学刊》2020 年第 1 期。

唐亚林：《人心政治论》，《理论与改革》2020 年第 5 期。

唐亚林：《顺天应人：人心政治的"源"与"流"》，《天府新论》2021年第1期。

唐亚林：《以人民为中心的治理观：中国共产党领导国家治理的基本经验》，《中国行政管理》2021年第7期。

陶振：《农村基层政权公信力流失：一个解释框架的尝试》，《南京农业大学学报》（社会科学版）2012年第1期。

滕朋：《建构与赋权：城市主流媒体中的农民工镜像》，《西安交通大学学报》（社会科学版）2015年第1期。

佟新：《新时期有关劳动关系的社会学分析》，《浙江学刊》1997年第1期。

佟新：《延续的社会主义文化传统》，《社会学研究》2006年第1期。

童兵：《"民意中国"的破题——兼议民意及其特征》，《南京社会科学》2014年第3期。

汪新建：《何以"治心"——兼论心理学如何服务社会治理》，《南京师大学报》（社会科学版）2021年第4期。

王朝明：《城市新贫困人口论》，《经济学家》2000年第2期。

王浩斌：《社会转型期的阶层流动与阶级意识问题》，《东南大学学报》（哲学社会科学版）2016年第3期。

王衡、季程远：《互联网、政治态度与非制度化政治参与——基于1953名网民样本的实证分析》，《经济社会体制比较》2017年第4期。

王衡：《中国特色社会主义民主政治的实证研究》，中央编译出版社2020年版。

王磊、易扬：《公共卫生危机中的数字政府回应如何纾解网络负面舆情——基于人民网"领导留言板"回复情况的调查》，《公共管理学报》2022年第4期。

王丽萍、方然：《参与还是不参与：中国公民政治参与的社会心理分析——基于一项调查的考察与分析》，《政治学研究》2010年第2期。

王培洲：《民心是最大的政治：新时代中国共产党人群众观的内在逻辑》，《社会主义研究》2021年第2期。

王浦劬、季程远：《论列举实验在敏感问题调查中的应用——以非制度化政治参与为验证》，《中国软科学》2016年第9期。

王浦劬、季程远：《我国经济发展不平衡与社会稳定之间矛盾的化解机制分析——基于人民纵向获得感的诠释》，《政治学研究》2019年第1期。

王浦劬、孙响：《公众的政府满意向政府信任的转化分析》，《政治学研究》2020年第3期。

王浦劬、臧雷振：《中国社会科学研究的本土化与国际化探讨——兼论中国政治学的建设和发展》，《行政论坛》2021年第6期。

王浦劬：《政治学基础》，北京大学出版社1995年版。

王绍光：《代表型民主与代议型民主》，《开放时代》2014年第2期。

王绍光、刘欣：《中国社会中的信任》，中国城市出版社2003年版。

王思琦：《政治信任、人际信任与非传统政治参与》，《公共行政评论》2013年第2期。

王晓燕：《成长中的政治人：角色社会化与当代大学生政治心理变迁》，上海社会科学院出版社2010年版。

王向民：《传统中国的情治与情感合法性》，《学海》2019年第4期。

王云芳：《我国取消农业税制的效应分析》，《农业与技术》2005年第6期。

王正绪、赵健池：《民本贤能政体与大众政治心理：以政治信任为例》，《开放时代》2021年第4期。

吴清军：《国企改制中工人的内部分化及其行动策略》，《社会》2010年第6期。

吴清军：《市场转型时期国企工人的群体认同与阶级意识》，《社会学研究》2008年第6期。

吴晓林：《房权政治：中国城市社区的业主维权》，中央编译出版社

2016年版。

吴晓林：《新中国阶层结构变迁与政治整合60年：过程、特征与挑战》，《天津社会科学》2010年第4期。

吴晓林：《中国城市社区的业主维权冲突及其治理：基于全国9大城市的调查研究》，《中国行政管理》2016年第10期。

习近平：《在党史学习教育动员大会上的讲话》，《求是》2021年第7期。

夏建中：《城市新型社区居民自治组织的实证研究》，《学海》2005年第3期。

夏建中：《中国公民社会的先声——以业主委员会为例》，《文史哲》2003年第3期。

向玉琼：《注意力竞争的生成与反思：论政策议程中的注意力生产》，《行政论坛》2021年第1期。

项飙：《普通人的"国家"理论》，《开放时代》2010年第10期。

小康研究中心：《官员信用敲响政务信用警钟》，《领导文萃》2008年第3期。

肖唐镖、王欣：《"民心"何以得或失——影响农民政治信任的因素分析：五省（市）60村调查（1999—2008）》，《中国农村观察》2011年第6期。

肖唐镖、王欣：《中国农民政治信任的变迁——对五省份60个村的跟踪研究（1999—2008）》，《管理世界》2010年第9期。

肖唐镖、易申波：《当代我国大陆公民政治参与的变迁与类型学特点——基于2002与2011年两波全国抽样调查的分析》，《政治学研究》2016年第5期。

谢治菊：《论我国农民政治信任的层级差异——基于A村的实证研究》，《中共浙江省委党校学报》2011年第3期。

熊美娟：《社会资本与政治信任——以澳门为例》，《武汉大学学报》（哲学社会科学版）2011年第4期。

熊美娟：《政治信任研究的理论综述》，《公共行政评论》2010 年第 6 期。

熊易寒：《城市化的孩子：农民工子女的身份生产与政治社会化》，上海人民出版社 2010 年版。

熊易寒：《中国中产阶层的政治倾向及其对舆情的影响》，《湘潭大学学报》（哲学社会科学版）2019 年第 5 期。

徐理响：《论基层群众选举认知与行动间的悖论》，《学术界》2019 年第 11 期。

徐琴：《转型社会的权力再分配——对城市业主维权困境的解读》，《学海》2007 年第 2 期。

徐双敏、陈尉：《取消农业税费后的农村公共产品供给问题探析》，《西北农林科技大学学报》（社会科学版）2014 年第 5 期。

徐勇主编、邓大才执行主编：《中国农民的政治认知与参与》，中国社会科学出版社 2012 年版。

闫健：《居于社会与政治之间的信任——兼论当代中国的政治信任》，《南昌大学学报》（人文社科版）2008 年第 1 期。

阎云翔：《礼物的流动：一个中国村庄中的互惠原则与社会网络》，上海人民出版社 2000 年版。

颜梦瑶、刘伟：《流动工人政治认同生成中的国家因素》，《学海》2020 年第 5 期。

燕继荣：《投资社会资本——政治发展的一种新维度》，北京大学出版社 2006 年版。

杨鸣宇：《谁更重要？——政治参与行为和主观绩效对政治信任影响的比较分析》，《公共行政评论》2013 年第 2 期。

杨瑞清、辜静波：《关于弱势群体引发群体性事件的原因透析》，《求实》2005 年第 12 期。

杨宜音：《当代中国人公民意识的测量初探》，《社会学研究》2008 年第 2 期。

叶方兴：《作为传统政治话语的"民心"：蕴涵及其功能》，《河南师范大学学报》（哲学社会科学版）2010年第5期。

叶敏、彭妍：《"央强地弱"政治信任结构解析——关于央地关系一个新的阐释框架》，《甘肃行政学院学报》2010年第3期。

易申波、肖唐镖：《衰落抑或转型：近年来我国公民政治参与的新动向——基于3波ABS调查数据的分析》，《探索》2017年第3期。

尹继武：《政治心理学的争辩议题述评》，《心理科学进展》2011年第11期。

应星：《"气"与抗争政治》，社会科学文献出版社2011年版。

于建嵘：《利益博弈与抗争性政治——当代中国社会冲突的政治社会学理解》，《中国农业大学学报》（社会科学版）2009年第1期。

于建嵘：《农民有组织抗争及其政治风险——湖南省H县调查》，《战略与管理》2003年第3期。

于建嵘：《转型中国的社会冲突》，《理论参考》2006年第5期。

俞吾金：《马克思对现代性的诊断及其启示》，《中国社会科学》2005年第1期。

喻国明：《九十年代以来中国新闻学研究的发展与特点》，《新闻学研究》1997年总第55期。

袁小平：《从重合到交叠：差序格局的裂变》，载林聚任、何中华主编《当代社会发展研究》第2辑，山东人民出版社2007年版。

曾鹏：《社区网络与集体行动》，社会科学文献出版社2008年版。

曾润喜、斗维红：《公务员群体的新媒体使用与信任——媒体紧密度、个体决策权的调节作用》，《情报杂志》2019年第9期。

张光：《取消农业税：财政影响的不平衡和转移支付政策的调整》，《调研世界》2006年第3期。

张海洋、耿广杰：《生活满意度与家庭金融资产选择》，《中央财经大学学报》2017年第3期。

张紧跟、庄文嘉：《非正式政治：一个草根NGO的行动策略——以广州业主委员会联谊会筹备委员会为例》,《社会学研究》2008年第2期。

张昆:《大众媒介的政治社会化功能》,武汉大学出版社2003年版。

张磊:《业主维权运动:产生原因及动员机制——对北京市几个小区个案的考查》,《社会学研究》2005年第6期。

张明澍:《中国人想要什么样民主》,社会科学文献出版社2013年版。

张明新:《参与型政治的崛起:中国网民政治心理和行为的实证考察》,华中科技大学出版社2015年版。

张明新、刘伟:《互联网的政治性使用与我国公众的政治信任——一项经验性研究》,《公共管理学报》2014年第1期。

张鸣:《乡土心路八十年——中国近代化过程中农民意识的变迁》,上海三联书店1997年版。

张楠迪扬:《"全响应"政府回应机制:基于北京市12345市民服务热线"接诉即办"的经验分析》,《行政论坛》2022年第1期。

张亚泽:《当代中国政府民意回应性的治理绩效及其生成逻辑》,《陕西师范大学学报》(哲学社会科学版)2018年第3期。

赵鼎新:《国家合法性和国家社会关系》,《学术月刊》2016年第8期。

赵鼎新:《政权合法性与国家社会关系》,载《合法性的政治:当代中国的国家与社会关系》,台湾大学出版中心2017年版。

赵健池、王正绪:《政治信任:概念史回溯与实证研究反思》,《复旦学报》(社会科学版)2021年第1期。

赵金旭、王宁、孟天广:《链接市民与城市:超大城市治理中的热线问政与政府回应——基于北京市12345政务热线大数据分析》,《电子政务》2021年第2期。

赵丽江、马广博、刘三:《民生政治:当代中国最重要的意识形态》,《武汉大学学报》(哲学社会科学版)2012年第3期。

赵秀玲:《习近平基层调研与中国政治发展》,《学习与探索》2022年第6期。

郑坚：《网络媒介在城市业主维权行动中的作用》，《当代传播》2011年第3期。

郑建君：《参与意愿的中介效应与政治知识的边界效应——基于政治效能感与参与行为的机制研究》，《南京大学学报》（哲学·人文科学·社会科学）2019年第3期。

郑建君：《大数据背景下的社会心理建设》，《哈尔滨工业大学学报》（社会科学版）2019年第4期。

郑建君：《个体与区域变量对公民选举参与的影响——基于8506份中国公民有效数据的分析》，《政治学研究》2016年第5期。

郑建君：《行动中的政治人：中国公民政治参与实证研究》，中国社会科学出版社2020年版。

郑建君：《"央—地政府信任"一致性与公民参与的关系》，学术交流2020年第8期。

郑建君：《政治沟通在政治认同与国家稳定关系中的作用——基于6159名中国被试的中介效应分析》，《政治学研究》2015年第1期。

郑建君：《政治效能感、参与意愿对中国公民选举参与的影响机制——政治信任的调节作用》，《华中师范大学学报》（人文社会科学版）2019年第4期。

郑建君：《政治信任、社会公正与政治参与的关系——一项基于625名中国被试的实证分析》，《政治学研究》2013年第6期。

郑建君：《政治知识、社会公平感与选举参与的关系——基于媒体使用的高阶调节效应分析》，《政治学研究》2019年第2期。

郑昱：《生活满意度与政府满意度的关系变迁——基于2005年—2010年某省城乡居民社会态度的调查数据》，《天津行政学院学报》2014年第3期。

郑振清、苏毓淞、张佑宗：《公众政治支持的社会来源及其变化——基于2015年"中国城乡社会治理调查"（CSGS）的实证研究》，《政治学研究》2018年第3期。

钟其：《我们的政府值得信任吗？——有关政府信任度的问卷调查》，《观察与思考》2011年第3期。

周葆华、陆晔：《从媒介使用到媒介参与：中国公众媒介素养的基本现状》，《新闻大学》2008年第4期。

周飞舟：《从汲取型政权到"悬浮型"政权——税费改革对国家与农民关系之影响》，《社会学研究》2006年第3期。

周光辉、陈玲玲：《巡视巡察：应对规模治理"失察难题"的长效机制》，《行政论坛》2022年第1期。

周红云：《村级治理中的社会资本因素分析——对山东C县和湖北G市等地若干村落的实证研究》，博士学位论文，清华大学，2004年。

周晓虹：《传统与变迁：江浙农民的社会心理及其近代以来的嬗变》，生活·读书·新知三联书店1998年版。

周晓虹：《理解国民性：一种社会心理学的视角——兼评英克尔斯的〈国民性：心理—社会的视角〉》，《天津社会科学》2012年第5期。

周雪光：《国家治理逻辑与中国官僚体制：一个韦伯理论视角》，《开放时代》2013年第3期。

朱光喜：《小区业主维权难的多维分析》，《城市问题》2010年第12期。

朱健刚：《以理抗争：都市集体行动的策略——以广州南园的业主维权为例》，《社会》2011年第3期。

朱燕、朱光喜：《城市住宅小区业主维权的现状、困境与对策》，《城市》2008年第9期。

朱志玲：《矛盾遭遇对基层政府满意度的影响——以社会公平感、社会安全感为中介变量》，《华东理工大学学报》（社会科学版）2018年第5期。

祝建华：《中文传播研究之理论化与本土化：以受众及媒介效果的整合理论为例》，《新闻学研究》2001年总第68期。

庄文嘉、岳经纶：《政治嵌入，还是嵌入社会——2006—2009年地方人大经费支出的影响因素分析》,《学术研究》2014年第1期。

邹树彬:《城市业主维权运动:特点及其影响》,《深圳大学学报》(人文社会科学版) 2005 年第 5 期。

[德] 马克斯·韦伯:《经济与社会》,林荣远译,商务印书馆1997年版。

[德] 玛利亚·邦德、桑德拉·希普:《意识形态变迁与中共的合法性:以官方话语框架为视角》,周思成、张广译,《国外理论动态》2013年第8期。

[法] 福柯:《福柯集》,杜小真编选,上海远东出版社 2003 年版。

[法] 卢梭:《社会契约论》,何兆武译,商务印书馆 2003 年版。

[美] 戴维·杜鲁门:《政治过程——政治利益与公共舆论》,陈尧译、胡伟校,天津人民出版社 2005 年版。

[美] 戴维·伊斯顿:《政治生活的系统分析》,王浦劬译,华夏出版社 1999 年版。

[美] 费正清:《美国与中国》,张理京译,世界知识出版社 1999 年版。

[美] 弗朗西斯·福山:《信任:社会美德与创造经济繁荣》,郭华译,广西师范大学出版社 2016 年版。

[美] 贺萧:《记忆的性别:农村妇女和中国集体化历史》,张赟译,人民出版社 2017 年版。

[美] 加布里埃尔·A.阿尔蒙德、西德尼·维巴:《公民文化——五个国家的政治态度和民主制》,徐湘林等译,东方出版社 2008 年版。

[美] 罗伯特·达尔:《多头政体——参与和反对》,谭君久、刘惠荣译,商务印书馆 2003 年版。

[美] 罗伯特·E.戈定主编,[美] 拉塞尔·J.达尔顿、[德] 汉斯-迪尔特·克林格曼编:《牛津政治行为研究手册》,王浦劬主译,人民出版社 2018 年版。

[美] 罗纳德·英格尔哈特:《发达工业社会的文化转型》,张秀琴译,社会科学文献出版社 2013 年版。

［美］马克·E.沃伦编：《民主与信任》，吴辉译，华夏出版社 2004 年版。

［美］裴鲁恂：《中国人的政治文化》，胡祖庆译，（台湾）风云论坛出版社 1992 年版。

［美］塞缪尔·亨廷顿：《变化社会中的政治秩序》，王冠华等译，生活·读书·新知三联书店 1989 年版。

［美］塞缪尔·亨廷顿、琼·纳尔逊：《难以抉择——发展中国家的政治参与》，汪晓寿等译，华夏出版社 1989 年版。

［美］唐文方：《中国民意与公民社会》，胡赣栋、张东锋译，中山大学出版社 2008 年版。

［美］威尔特·A.罗森堡姆：《政治文化》，陈鸿瑜译，台北桂冠股份有限公司 1992 年版。

［美］约翰·R.扎勒：《公共舆论》，陈心想、方建锋、徐法寅等译，中国人民大学出版社 2013 年版。

［美］邹谠：《二十世纪中国政治：从宏观历史和微观行动的角度看》，香港牛津大学出版社 1994 年版。

［葡］佩德罗·孔塞桑、罗米娜·班德罗：《主观幸福感研究文献综述》，卢艳华译，《国外理论动态》2013 年第 7 期。

［意］安东尼·葛兰西：《狱中札记》，曹雷雨、姜丽、张跣译，中国社会科学出版社 2000 年版。

［英］E.P.汤普森：《英国工人阶级的形成（上）》，钱乘旦译，译林出版社 2001 年版。

［英］洛克：《政府论》，叶启芳、瞿菊农译，商务印书馆 1964 年版。

［英］宋丽娜、西蒙·阿普尔顿：《中国城市地区的生活满意度：构成要素与决定因素》，肖辉译，《国外理论动态》2014 年第 6 期。

## 二　英文文献

Alex He Jingwei, and Ma Liang, "Citizen Participation, Perceived Public

Service Performance, and Trust in Government: Evidence from Health Policy Reforms in Hong Kong", *Public Performance & Management Review*, Vol. 44, No. 3, 2021.

Angus Campbell, Gerald Gurin, and Warren E. Miller, *The Voter Decides*, New York: Row, Peterson and Company, 1954.

Arthur H. Miller, "Political Issues and Trust in Government: 1964 – 1970", *The American Political Science Review*, Vol. 68, No. 3, 1974.

Arthur H. Miller, "Type – Set Politics: Impact of Newspapers on Public Confidence", *The American Political Science Review*, Vol. 73, No. 1, 1979.

Charles Tilly, *From Mobilization to Revolution*, New York: Random House, 1978.

Chen An, "How has the Abolition of Agricultural Taxes Transformed Village Governance in China? Evidence from Agricultural Regions", *The China Quarterly*, Vol. 219, 2014.

Chen Jie, and Zhong Yang, "Why Do People Vote in Semicompetitive Elections in China?", *The Journal of Politics*, Vol. 64, No. 1, 2002.

Chen Xueyi, and Shi Tianjian, "Media Effects on Political Confidence and Trust in the People's Republic of China in the Post – Tiananmen Period", *East Asia: An International Quarterly*, Vol. 19, No. 3, 2001.

Cheryl Barnes, and Derek Gill, "*Declining Government Performance? Why Citizens Don't Trust Government*", New Zealand State Services Commission, 2000.

Ching Kwan Lee, "The Labor Politics of Market Socialism: Collective Inaction and Class Experiences among State Workers in Guangzhou", *Modern China*, Vol. 24, No. 1, 1998.

Chu Yun – han, "Sources of Regime Legitimacy and the Debate over the Chinese Model", *China Review*, Vol. 13, No. 1, 2013.

Daniel, Stockemer, "What Drives Unconventional Political Participation? A Two Level Study", *The Social Science Journal*, Vol. 51, No. 2, 2014.

David Easton, "A Re – Assessment of the Concept of Political Support", *British Journal of Political Science*, Vol. 5, No. 4, 1975.

Denis McQuail, and Sven Windahl, *Communication Models for the Study of Mass Communication*, London: Longman, 1993.

Dhavan V. Shah et al., "Campaign Ads, Online Messaging, and Participation: Extending the Communication Mediation Model", *Journal of Communication*, Vol. 57, No. 4, 2007.

Dhavan V. Shah et al., "Expanding the 'Virtuous Circle' of Social Capital: Civic Engagement, Contentment, and Interpersonal Trust", Paper presented at t*he Annual Conference of Association for Education in Journalism and Mass Communication*, New Orleans, LA, 1999.

Earl E. Davis, and Margret Fine – Davis, "Social Indicators of Living Conditions in Ireland with European Comparisons", *Social Indicators Research*, Vol. 25, No. 2 – 4, 1991.

Edward Diener et al., "The Satisfaction with Life Scale", *Journal of Personality Assessment*, Vol. 49, No. 1, 1985.

Eran Vigoda – Gadot, "Citizens' Perceptions of Politics and Ethics in Public Administration: A Five – year National Study of Their Relationship to Satisfaction with Services, Trust in Governance, and Voice Orientations", *Journal of Public Administration Research and Theory*, Vol. 17, No. 2, 2007.

Eric Neumayer, and Thomas Plümper, *Robustness Tests for Quantitative Research*, Cambridge, UK: Cambridge University Press, 2017.

Eulàlia P. Abril, and Hernando Rojas, "Internet Use as an Antecedent of Expressive Political Participation among Early Internet Adopters in Colombia", *International Journal of Internet Science*, Vol. 2, No. 1, 2007.

Frank Bealey, *The Blackwell Dictionary of Political Science*, Oxford, UK: Blackwell Publishing Ltd, 1999.

Gene Rowe, and Lynn Frewer, "Public Participation Methods: A Framework for Evaluation", *Science, technology, & human values*, Vol. 25, No. 1, 2000.

Gregory A. Porumbescu, Milena I. Neshkova, and Meghan Huntoon, "The Effects of Police Performance on Agency Trustworthiness and Citizen Participation", *Public Management Review*, Vol. 21, No. 2, 2019.

Herbert Blumer, "Public Opinion and Public Opinion Polling", *American Sociological Review*, Vol. 13, No. 5, 1948.

Hernando Rojas, and Eulalia Puig–i–Abril, E., "Mobilizers Mobilized: Information, Expression, Mobilization and Participation in the Digital Age", *Journal of Computer–Mediated Communication*, Vol. 14, No. 4, 2009.

Hu Li–tze, and Peter M. Bentler, "Cutoff Criteria for Fit Indexes in Covariance Structure Analysis: Conventional Criteria Versus New Alternatives", *Structural Equation Modeling: A Multidisciplinary Journal*, Vol. 6, No. 1, 1999.

Jack M. McLeod, Dietram A. Scheufele, and Patricia Moy, "Community, Communication, and Participation: The Role of Mass Media and Interpersonal Discussion", *Political Communication*, Vol. 16, No. 3, 1999.

Jack M. McLeod, et al., "Reflecting and connecting: Testing a communication mediation model of civic participation", Paper presented to the Communication Theory and Methodology Division, AEJMC annual meeting, Washington, DC, 2001.

James Coleman, *Foundations of Social Theory*, Cambridge MA: Harvard University Press, 1990.

Jan W. Van Deth, "A Conceptual Map of Political Participation", *Acta Po-

*litica*, Vol. 49, No. 3, 2014.

Jasmine Lorenzini, "Subjective Well – being and Political Participation: A Comparison of Unemployed and Employed Youth", *Journal of Happiness Studies*, Vol. 16, No. 2, 2015.

Jean Schroedel et al., "Political Trust and Native American Electoral Participation: An Analysis of Survey Data from Nevada and South Dakota", *Social Science Quarterly*, Vol. 101, No. 5, 2020.

Joel D. Aberbach, and Jack L. Walker, "Political Trust and Racial Ideology", *The American Political Science Review*, Vol. 64, No. 4, 1970.

John James Kennedy, Haruka Nagao, and Liu Hongyan, "Voting and Values: Grassroots Elections in Rural and Urban China", *Politics and Governance*, Vol. 6, No. 2, 2018.

John Zaller, "Positive Constructs of Public Opinion", *Critical Studies in Mass Communication*, Vol. 11, No. 3, 1994.

Joseph N. Cappella, and Kathleen Hall Jamieson, *Spiral of Cynicism: The Press and the Public Good*. New York: Oxford University Press, 1997.

Joseph S. Nye et al. (eds.), *Why People Don't Trust Government*, Cambridge, MA: Harvard University Press, 1997.

Jule Specht, Boris Egloff, and Stefan C. Schmukle, "Examining Mechanisms of Personality Maturation: The Impact of Life Satisfaction on the Development of the Big Five Personality Traits", *Social Psychological and Personality Science*, Vol. 4, No. 2, 2013.

Kenneth Newton, "Mass Media Effects: Mobilization or Media Malaise?", *British Journal of Political Science*, Vol. 29, No. 4, 1999.

Kevin J. O'Brien, and Li Lianjiang, *Rightful Resistance in Rural China*, New York: Cambridge University Press, 2006.

Kim, J. Y., "'Bowling Together' Isn't a Cure – All: The Relationship between Social Capital and Political Trust in South Korea", *International Po-*

litical Science Review, Vol. 26, No. 2, 2005.

Kristen Renwick Monroe, and Connie Epperson, " 'But What else Could I Do?' Choice, Identity and a Cognitive – Perceptual Theory of Ethical Political Behavior", *Political Psychology*, Vol. 15, No. 2, 1994.

Lee B. Becker, and D. Charles Whitney, "Effects of Media Dependencies: Audience Assessment of Government", *Communication Research*, Vol. 7, 1980.

Li Lianjiang, and Karen O'Brien, "Villagers and Popular Resistance in Contemporary China", *Modern China*, Vol. 22, No. 1, 1996.

Li Lianjiang, and Karen O'Brien, "Villagers and Popular Resistance in Contemporary China", *Modern China*, Vol. 22, No. 1, 1996, pp. 28 – 61; Shi Tianjian, "Cultural Values and Political Trust: A Comparison of the People's Republic of China and Taiwan", *Comparative Politics*, Vol. 33, No. 4, 2001.

Li Lianjiang, "Political Trust and Petitioning in the Chinese Countryside", *Comparative Politics*, Vol. 40, No. 2, 2008.

Li LianJiang, "Political Trust in Rural China", *Modern China*, Vol. 30, No. 2, 2004.

Liu Mingxing et al., "Rural Tax Reform and the Extractive Capacity of Local State in China", *China Economic Review*, Vol. 23, No. 1, 2012.

Luke Keele, "The Authorities Really Do Matter: Party Control and Trust in Government", *Journal of Politics*, Vol. 67, No. 3, 2005.

Mahmound A. Wahba, and Lawrence G. Bridwell, "Maslow Reconsidered: A Review of Research on the Need Hierarchy Theory", *Organizational Behavior and Human Performance*, Vol. 15, No. 2, 1976.

Marc J. Hetherington, "The Political Relevance of Political Trust", *The American Political Science Review*, Vol. 92, No. 4, 1998.

Margaret Levi, and Laura Stoker, "Political Trust and Trustworthiness",

*Annual Review of Political Science*, Vol. 3, No. 1, 2000.

Mark Rozell, "Press Coverage of Congress: 1946 – 1992", in Thomas E. Mann, and Norman J. Orenstein, (eds.), *Congress, the Press and the Public*, Washington, D. C.: Brookings Institution/American Enterprise Institute, 1994.

Max Kaase, "Interpersonal Trust, Political Trust and Non – Institutionalised Political Participation in Western Europe", *West European Politics*, Vol. 22, No. 3, 1999.

Michael J. Robinson, "Television and American Politics: 1956 – 1976", *Public Interest*, Vol. 48, No. 1, 1977.

Michael X. Delli Carpini, "Mediating Democratic Engagement: The Impact of Communications on Citizens' Involvement in Political and Civic Life", in Lynda Lee Kaid (ed.), *Handbook of Political Communication Research*, Mahwah, NJ: LEA, 2004.

M. Joseph Sirgy et al., "A Method for Assessing Residents' Satisfaction with Community – Based Services: a Quality – of – life Perspective", *Social Indicators Research*, Vol. 49, No. 3, 2000.

M. Joseph Sirgy et al., "Developing a Measure of Community Well – being Based on Perceptions of Impact in Various Life Domains", *Social Indicators Research*, Vol. 96, No. 2, 2010.

M. Joseph Sirgy et al., "How Does a Travel Trip Affect Tourists' Life Satisfaction?", *Journal of Travel research*, Vol. 50, No. 3, 2011.

Nico H. Frijda, "The Place of Appraisal in Emotion", *Cognition & Emotion*, Vol. 7, No. 3 – 4, 1993.

Patricia Moy, Michael Pfan, *With Malice toward All? The Media and Public Confidence in Democratic Institutions*, New York: Praeger Publishers, 2000.

Patrick F. A. Van Erkel, and Tom W. G. Van der Meer, "Macroeconomic

Performance, Political Trust and the Great Recession: A Multilevel Analysis of the Effects of within - Country Fluctuations in Macroeconomic Performance on Political Trust in 15 EU Countries, 1999 - 2011", *European Journal of Political Research*, Vol. 55, No. 1, 2016.

Paul Perry, and Alan Webster, *New Zealand Politics at the Turn of the Millennium: Attitudes and Values about Politics and Government*, Auckland: Alpha Publications, 1999.

Paul R. Abramson, *Political Attitudes in America: Formation and Change*, New York: Free Press, 1983.

Pippa Norris, *Critical Citizens: Global Support for Democratic Government*, New York: Oxford University Press, 1999.

Pippa Norris, *Democratic Phoenix: Reinventing Political Activism*, New York: Cambridge University Press, 2002.

Raymond A. Bauer, and David B. Gleicher, "Word - of - Mouth Communication in the Soviet Union", *The Public Opinion Quarterly*, Vol. 17, No. 3, 1953.

Richard Cooke, and Paschal Sheeran, "Moderation of Cognition - Intention and Cognition - Behaviour Relations: A Meta - Analysis of Properties of Variables from the Theory of Planned Behaviour", *British Journal of Social Psychology*, Vol. 43, No. 2, 2004.

Richard D. Shingles, "Black Consciousness and Political Participation: The Missing Link", *The American Political Science Review*, Vol. 75, No. 1, 1981.

Richard R. Lau, and David P. Redlawsk, "Advantages and Disadvantages of Cognitive Heuristics in Political Decision Making", *American Journal of Political Science*, Vol. 45, No. 4, 2001.

Rober E. Lane, *Political Life: Why People Get Involved in Politics*, New York: Free Press, 1959.

Robert D. Putnam, "Bowling Alone: America's Declining Social Capital", *Journal of Democracy*, Vol. 6, No. 1, 1995.

Scott Spehr, and Nitish Dutt, "Exploring Protest Participation in India: Evidence from the 1996 World Values Survey", *African & Asian Studies*, Vol. 3, No. 3/4, 2004.

Shaun Goldfinch, Robin Gauld, and Peter Herbison, "The Participation Divide? Political Participation, Trust in Government, and E – Government in Australia and New Zealand", *Australian Journal of Public Administration*, Vol. 68, No. 3, 2009.

Shi TianJian, "Voting and Nonvoting in China: Voting Behavior in Plebiscitary and Limited – Choice Elections", *The Journal of Politics*, Vol. 61, No. 4, 1999.

Sidney Verba, Key Lehman Schlozman, and Henry Brady, *Voice and Equality*, Cambridge: Harvard University Press, 1995.

Stephen D. A. Hupp, Reitman, and Jevemy D. Jewell, "Cognitive – Behavioral Theory", in Hersen, M., and Gross A. M. (eds.), *Handbook of Clinical Psychology*, Vol. 2: *Children and Adolescents*, Hoboken, NJ, US: John Wiley & Sons Inc., 2008.

Stephen Earl Bennett et al, " 'Video Malaise' Revisited: Public Trust in the Media and Government", *The Harvard International Journal of Press/Politics*, Vol. 4, No. 4, 1999.

Steven C. Hayes, "Acceptance and Commitment Therapy, Relational Frame Theory, and the Third Wave of Behavioral and Cognitive Therapies", *Behavior Therapy*, Vol. 35, No. 4, 2004.

Steven Van de Walle, and Geert Bouckaert, "Public Service Performance and Trust in Government: The Problem of Causality", *International Journal of Public Administration*, Vol. 26, No. 8 – 9, 2003.

Sun Tao et al., "Social Structure, Media System, and Audiences in China:

Testing the Uses and Dependency Model", *Mass Communication & Society*, Vol. 4, No. 2, 2001.

Tang Wenfang, *Populist Authoritarianism: Chinese Political Culture and Regime Sustainability*, New York: Oxford University Press, 2016.

Tao Ran et al., "Political Trust as Rational Belief: Evidence from Chinese Village Elections", *Journal of Comparative Economics*, Vol. 39, No. 1, 2011.

Thomas E. Patterson, *Out of Order*, New York: Vintage Books, 1994.

Thomas P. Bernstein, and Lv Xiaobo, "Taxation without Representation: Peasants, the Central and the Local States in Reform China", *The China Quarterly*, No. 163, 2000.

Viles, P., "Hosts, Callers Trash Clinton on Talk Radio", *Broadcasting & Cable*, Vol. 123, No. 28, 1993.

Wang Song – In, "Political Use of the Internet, Political Attitudes and Political Participation", *Asian Journal of Communication*, Vol. 17, No. 4, 2007.

Wang Zhengxu, "Before the Emergence of Critical Citizens: Economic Development and Political Trust in China", *International Review of Sociology*, Vol. 15, No. 1, 2005.

Weiwu Zhang, and Stella C. Chia, "The Effects of Mass Media Use and Social Capital on Civic and Political Participation", *Communication Studies*, Vol. 57, No. 3, 2006.

William A. Gamson, *Power and Discontent*, Homewood: Dorsey Press, 1968.

William P. Eveland et al., "Assessing Causality in the Cognitive Mediation Model: A Panel Study of Motivations, Information Processing and Learning During Campaign 2000", *Communication Research*, Vol. 30, 2003.

William P. Eveland, "The Cognitive Mediation Model of Learning from the

News: Evidence from Non‑election, Off‑year Election, and Presidential Election Contexts", *Communication Research*, Vol. 28, 2001.

William T. Mishler, and Richard Rose, "Trust, Distrust and Skepticism: Popular Evaluations of Civil and Political Institutions in Post‑Communist Societies", *The Journal of Politics*, Vol. 59, No. 2, 1997.

Yang Kaifeng, and Marc Holzer, "The Performance‑Trust Link: Implications for Performance Measurement", *Public Administration Review*, Vol. 66, No. 1, 2006.

Yang Qing, and Tang Wenfang, "Exploring the Sources of Institutional Trust in China: Culture, Mobilization, or Performance?", *Asian Politics and Policy*, Vol. 2, No. 3, 2013.

Yogenda K. Malik, "Trust, Efficacy, and Attitude toward Democracy: A Case Study from India", *Comparative Education Review*, Vol. 23, No. 3, 1979.

### 三 报纸与网络

习近平:《在党的群众路线教育实践活动总结大会上的讲话》,《人民日报》2014年10月9日第2版。

习近平:《决胜全面建成小康社会 夺取新时代中国特色社会主义伟大胜利——在中国共产党第十九次全国代表大会上的报告》,《人民日报》2017年10月28日第1版。

习近平:《中共中央关于党的百年奋斗重大成就和历史经验的决议》,《人民日报》2021年11月17日第1版。

习近平:《高举中国特色社会主义伟大旗帜 为全面建设社会主义现代化国家而团结奋斗——在中国共产党第二十次全国代表大会上的报告(2022年10月16日)》,《人民日报》2022年10月26日第1版。

冯蕾:《给下岗职工家的温暖》,《光明日报》2004年9月7日。

郭强、黄明:《全社会都来关心下岗职工》,《工人日报》2000年9月

19日第1版。

顾兆农：《下岗创业带头人》，《人民日报》2003年5月7日。

刘思扬、孟唤：《朱镕基在辽宁考察强调：坚定不移完善社保体系重点，千方百计做好就业再就业工作》，《人民日报》2002年7月25日。

孟辉、董伟：《新时期工人的榜样》，《人民日报》2002年9月24日。

聂传清、李智勇：《下岗无情　关爱有加》，《人民日报海外版》2003年8月26日。

宋光茂：《胡立华："中国结"织出新生活》，《人民日报》2003年9月23日。

孙建英、王大利：《调整必无情　操作要有情》，《中国纺织报》2000年8月28日第2版。

谭兴元：《路在脚下：访自谋职业一族》，《人民政协报》2000年8月31日。

王彦田：《国企：一鼓作气决战决胜》，《人民日报》2000年9月2日第1版。

王亚欣：《提升政府公信力》，《人民日报海外版》2011年3月16日。

《中共中央关于制定国民经济和社会发展第十四个五年规划和二〇三五年远景目标的建议》，《人民日报》2020年11月4日第1版。

《走出企业的"保护圈"》，《中国煤炭报》2001年9月3日第3版。

《国务院办公厅关于切实做好当前农民工工作的通知》，2008年12月20日，http：//www.gov.cn/zwgk/2008-12/20/content_1183721.htm，访问日期：2020年6月15日。

《国务院关于进一步做好为农民工服务工作的意见》，2014年9月30日，http：//www.gov.cn/zhengce/content/2014-09/30/content_9105.htm，访问日期：2020年6月15日。

《国务院办公厅关于全面治理拖欠农民工工资问题的意见》，2016年1月19日，http：//www.gov.cn/zhengce/content/2016-01/19/

content_5034320.htm，访问日期：2020年6月15日。

《为农民工讨薪维权，广东法援这把"保护伞"够硬气!》，2019年2月1日，https：//static. nfapp. southcn. com/content/201902/01/c1896160. html？colID = 0&firstColID = 5745&appversion = 9200，访问日期：2022年9月3日。

《取消农业税》，2006年3月6日，http：//www. gov. cn/test/2006 – 03/06/content_ 219801. htm，访问日期：2022年9月1日。

《警惕基层干部群体"被污名化"——基层干部形象被误读状况的调查分析》，2013年5月28日，http：//dangjian. people. com. cn/n/2013/0528/c117092 – 21636215. html，访问日期：2022年9月3日。

《执政党和政府如何提高修复公民对政治不信任的能力》，2011年11月9日，http：// news. xinhuanet. com/politics/2011 – 11/09/c_111154039. htm，访问日期：2011年12月1日。

北京社会心理研究所：《北京市民对社会诚信问题的态度》（2007年7月16日），2009年8月1日，中国民意网（http：//www. minyi. org. cn/Article/diaochabaogao/200707/40. html）。

国际先驱导报：《怀疑成中国人生活方式 地方政府越来越不被相信》，2011年1月17日，http：//news. cntv. cn/society/20110117/104339. shtml，访问日期：2011年12月15日。

国家经济贸易委员会：《关于在若干城市进行企业"优化资本结构"试点的请示》，1994年8月23日，https：//www. pkulaw. com/chl/c740cf80858bde57bdfb. html？keyword = 关于在若干城市进行企业"优化资本结构"试点的请示 &way = listView，访问日期：2022年8月31日。

国家统计局：《2017年农民工监测调查报告》，2018年4月27日，http：//www. stats. gov. cn/tjsj/zxfb/201804/t20180427_ 1596389. html，访问日期：2020年6月10日。

广东省人力资源和社会保障厅：《保障农民工过好年，广东打出欠薪治理"组合拳"→》，2018年1月29日，https：//static.nfapp.south-cn.com/content/201801/29/c938506.html？colID=0&firstColID=1297&appversion=9200，访问日期：2022年9月3日。

广东省人力资源和社会保障厅：《广东打响"百日清案"攻坚战，农民工工资争议案件春节前基本审结》，2018年11月20日，https：//static.nfapp.southcn.com/content/201811/20/c1679614.html？colID=0&firstColID=1297&appversion=9200，访问日期：2022年9月3日。

人民日报：《习近平在第十八届中央纪律检查委员会第六次全体会议上的讲话》，2016年5月3日，http：//cpc.people.com.cn/n1/2017/0823/c64094-29489862.html，访问日期：2020年5月17日。

人民日报：《网络舆情监测显示民众对政府专家及媒体信任度低》，2011年9月8日，http：//leaders.people.com.cn/GB/15616025.html，访问日期：2011年10月11日。

新华社：《习近平在庆祝改革开放四十周年大会上的讲话》，2018年12月18日，http：//www.xinhuanet.com/politics/leaders/2018-12/18/c_1123872025.html，访问日期：2020年5月17日。

中国互联网络信息中心：《第44次中国互联网络发展状况统计报告》，2019年8月30日，http：//www.cac.gov.cn/2019-08/30/c_1124938750.htm，访问日期：2020年5月17日。

中国青年报：《逾八成人称现在社会谣言很多 因官方信息不透明》，2011年9月8日，https：//www.chinanews.com.cn/gn/2011/09-08/3314052.shtml，访问日期：2011年11月15日。

郭良：《中国互联网的发展及其对民意的影响》，2004年4月26日，http：//www.usc.cuhk.edu.hk/wk-wzdetails.asp？id=3329，访问日期：2006年5月5日。

秦海霞：《信用小康三忧一喜》，2006年10月12日，http：//politics.people.com.cn/GB/8198/71979/71980/4910531.html，访问日期：2009年10月1日。

姚金伟:《权力运行的脱节与中国政治信任的现状分析》(2011年11月9日),求是理论网(http://www.qstheory.cn/zz/xsyj/201111/t20111109_122477.htm),访问日期:2011年12月1日。

上官酒瑞:《现代政治信任建构需要新理念》,2011年5月30日,http://theory.gmw.cn/2011-07/06/content_2191467.htm,访问日期:2011年12月5日。

张俊:《我》,2019年5月27日,https://www.zgshige.com/c/2019-05-27/9779037.shtml,访问日期:2022年8月31日。

# 后　　记

　　书稿编排修改完毕，回顾过往，不免感慨。

　　自研习政治学以来，政治心理就一直是一个让我着迷的领域。大学时上的第一门专业课是《政治学原理》，其中就有专门的一章"政治心理"；到了高年级阶段，则有"政治心理学"的专业课，算是比较全面地初涉这一领域。写本科毕业论文时，惊叹于卢梭对人性的洞察；写硕士毕业论文时，更是深感政治精英之间的互动决定了国家的命运，其中的心理过程幽深而微妙。2005年以来，我开始酝酿博士论文并组织相关的乡村治理调查，村干部和农民的心理过程更成为时常聚焦的问题。在某种意义上，我的博士论文虽然采用了结构主义的视角，研究对象虽然是村民群体性活动，但主要问题其实就包括农民的心理与行为。从2009年开始，我在武汉大学为政治学本科生开设专业课"政治心理学"，算是专注于政治心理的教学和研究了。自2010年起，我开始推进以农民政治心理为主题的系列深度访谈，在这些访谈材料的基础上，完成了对农民政治心理的初步研究。

　　也正是随着"政治心理学"的教学和农民政治心理的研究，我产生了对中国民众各群体政治心理与行为展开系列研究的想法。近十年来，除了坚持对农民政治心理的挖掘，我和博硕士生、部分同行就工人、市民、基层公务员、大学生、网民等群体展开了专项调查和访谈，完成了相关的论文。2019年，在学校的支持下，我还组织完成了中国民众政治心理的全国性调查，获得了难得的一手数据；在这一数据的基

# 后　记

础上，我所带领的研究团队发表了一系列的研究成果。有了深度访谈材料和全国性数据做基础，我对政治心理关联的政治学基本问题也有了拓展性思考；在国内同行的支持下，我还组织了多次深度工作坊，探讨了政治心理的学科发展与前沿议题。在既有研究经验的基础上，我对合法性话语和民心政治也做了尝试性的理论反思和构建。无意之间，经过十余年的积累和努力，我的政治心理研究已渐成体系、初具规模，并且涵盖了经验和理论、定性和定量。

精选后收入本书的相关章节已在专业杂志发表过，并根据著作出版要求作了进一步修改完善。在此，我诚挚地感谢审稿专家提出修改意见，同时诚挚地感谢相关杂志对文章的接纳。当然，更应该感谢的是我的合作者。收入本书的部分章节，显然是学术合作的成果。我也要感谢在多次学术场合就相关主题发言时，提出批评或建议的多位前辈和同行。肖舒婷博士对书稿做了初步的编辑和整理工作，中国社会科学出版社编辑郭曼曼女士居间联络，学院对书稿的出版给予了一定资助。这些都是需要感谢的。

| 章节 | 作者 | 发表刊物 | 项目基金 |
| --- | --- | --- | --- |
| 第一章　中国民众政治心理调查报告（2019） | 刘伟、黄佳琦、彭琪 | 《政治科学研究》2020年卷（上），中国社会科学出版社2021年版 | 武汉大学"双一流"建设引导专项子项目"中国民众政治心态调查"（413100034） |
| 第二章　政府满意度、生活满意度与基层人大选举参与 | 刘伟、彭琪 | 《政治学研究》2021年第2期 | 武汉大学"双一流"建设引导专项子项目"中国民众政治心态调查"（413100034） |
| 第三章　政治信任、主观绩效与政治参与 | 刘伟、肖舒婷、彭琪 | 《华中师范大学学报》（人文社会科学版）2021年第6期，《中国社会科学》（内部文稿）2021年第2期 | 湖北省教育厅重大项目"普通人的政治观念与国家治理的优化路径"（16ZD038）；武汉大学"双一流"建设引导专项子项目"中国民众政治心态调查"（413100034） |

续表

| 章节 | 作者 | 发表刊物 | 项目基金 |
|---|---|---|---|
| 第四章　国企改革后下岗职工政治认同的生成机制 | 刘伟、颜梦瑶 | 《学海》2018年第3期 | 教育部哲学社会科学重大项目"当代中国政治制度的实践发展与理论创新"（JZD0322） |
| 第五章　流动工人政治认同生成中的国家因素 | 颜梦瑶、刘伟 | 《学海》2020年第5期 | 武汉大学"双一流"建设引导专项子项目"中国民众政治心态调查"（413100034） |
| 第六章　群体性活动视角下的村民信任结构研究 | 刘伟 | 《中国农村观察》2009年第4期 | |
| 第七章　政策变革与差序政府信任再生产 | 刘伟 | 《复旦学报》（社会科学版）2015年第3期 | 国家社会科学基金青年项目"农民政治支持与乡村社会管理的路径选择研究"（12CZZ048） |
| 第八章　业主维权困局何以形成 | 刘伟、汪昱均 | 《理论月刊》2019年第8期 | 教育部重大攻关项目"当代中国政治制度的实践发展与理论创新研究"（13JZD022） |
| 第九章　互联网的政治性使用与中国公众的政治信任——一项经验性研究 | 张明新、刘伟 | 《公共管理学报》2014年第1期 | 国家社会科学基金青年项目"转型期新媒体传播与政治信任研究"（12CXW046） |
| 第十章　中国治理场景中的合法性话语——反思与重构 | 刘伟、黄佳琦 | 《北大政治学评论》第十辑，商务印书馆2021年版 | 国家社会科学基金重大研究专项项目"新时代中国特色政治学基本理论问题研究"（18VXK003） |
| 第十一章　"民心政治"的实践与表达 | 刘伟、肖舒婷 | 《政治学研究》2023年第2期 | 国家社会科学基金重大研究专项项目"新时代中国特色政治学基本理论问题研究"（18VXK003） |
| 附录　政治心理学的学科发展与前沿议题 | 刘伟、王柏秀 | 《政治学研究》2019年第5期 | |

# 后　记

对政治体系而言，民众心理是其运转的基础。对政治分析而言，心理属于能动维度，具有不可替代的解释力。心理外化则为行为，因此，政治心理研究也紧密关联着政治行为研究，合称"政治心理与行为"。因为人心的复杂和政治的复杂，也因为研究技术和学术空间的诸多规制，政治心理与行为的研究具有相当的难度，而国内学界这一领域的积累并不充分。希望本书的出版能够对推进国内政治心理与行为的实证研究和理论建构有一定的参考价值。

当然，本人的研究还很不成熟，本书的内容还有待商榷和完善。敬请学界同行和专家批评指正。学术的路还很长，希望自己今后在政治心理领域还有更深更新的探索。

刘伟于珞珈山

2023年4月20日